국제기구와 글로벌거버넌스

국제기구와 글로벌거버넌스

이홍종 지음

한국학술정보

이 저서는 2018년 정부(교육부)의 재원으로 한국연구재단 대학인문역량
강화사업(CORE)의 지원을 받아 수행된 저서임.

목 차

제1장 국제법과 국제기구

제2장 국제정치와 국제기구

3장 글로벌거버넌스와 국제기구

제4장 "국제기구와 글로벌거버넌스"를 이해하는 대 도움이 되는 영화들

국제법과 국제기구

1. 국제법

1.1. 국제법이란 무엇일까요?

세계에는 여러 나라들 사이에 다툼이 벌어지면 어떻게 할까요? 나라 간에 문제가 생겼을 때 해결해 주는 법이 바로 국제법이다. 국제법은 국제사회의 법으로서 주로 국가 간의 관계를 규율하는 법이다(정인섭 2017, 2).

국제법은 국제 성문법인 조약과 여러 국가들의 관행으로 인정되는 국제 관습법으로 구성되어 있다. 먼저 조약은 여러 국가의 대표가 모여 나라들 사이의 문제를 해결할 방법을 공식적으로 약속한 것이다. 이렇게 조약은 원칙적으로 참여한 국가들 간에 지키기로 합의한 것이기 때문에 조약을 체결하지 않은 나라들은 조약을 지켜야 할 의무가 없다. 이에 비하여 국제 관습법은 문서로 된 조약은 아니지만, 오랜 시간 동안 국제 사회에서 일반적인 관행으로 널리 사용되어 왔기 때문에 그래서 국제법의 중요한 부분을 차지하고 있다. 이렇게 국제법은 국가 상호 간의 관계를 정하는 법이기 때문에 그 주체는 당연히 국가가 되어야 하지만 국제 교류가 활발하게 이루어지고 국가 간의 협력 체제도 긴밀해져 가면서, 국제기구들과 국제비정부기구(INGO International non-governmental organization)들도 국제법의 주체로 인정을 받고 있다. 국가는 수천 년 전부터 생겼지만 오랫동안 국가들 간의 국제법이라고 할 만한 것이 없었다. 중세가 지나고 근대에 들어와서야 국제 교류가 활발해지면서 국제 관습이 생겼고 이것이 국가 간의 법으로 인정받기 시작했다. 그 무렵 그로티우스(Hugo Grotius)라는 학자가 『전쟁과 평화의 법』(*De Jure Belli ac Pacis*, 1625)이라는 책을 썼고 이 책을 계기로 국제법이 법 이론으로 자리 잡으며 점점 발달하였다.[1]

  20세기에 들어와 제1차 세계대전을 치른 후 전쟁을 피하고 평화를 모색할 국제법과 국제기구의 필요성을 느끼게 되었다. 그래서 미국 윌슨(W. Wilson)대통령의 주도로 국제연맹(League of Nations LN)이 만들어졌다. 제1차 세계대전은 미증유의 엄청난 피해를 준 "대전(大戰)" 그리고 유럽 전체가 개입된 "세계대전"이었다.

  국가들이 이해관계에 따라 소규모로 동맹하거나 연합하는 것으로는 국제 문제에 효과적으로 대처하기가 어렵다는 것을 깨달았던 것이다. 그래서 국제법을 바탕으로 탄생한 것이 국제연맹, 국제연합(United Nations UN)이라는 범세계적인 국제기구이다. 또한 20세기 이후 기술 혁신으로 인하여 국가들 간의 시간적·공간적 거리가 단축되고 사람과 물자의 국제적 교류가 활발해졌다. 세계화(globalization) 시대가 열리면서 전 세계가 하나의 지구촌이 되고 세계 공동체가 되

---

1) https://terms.naver.com/entry.nhn?docId=2847123&cid=47305&categoryId=47305(검색일: 2018. 8. 18).

었다.[2]

1.2. 국제법의 법적 성격

국제법의 법적 성격에 대한 의문은 근대 국제법의 생성과 더불어
시작된 오래된 질문이다. 그렇지만 분명한 사실은 세계화의 진척에
따라 오늘날 국제법의 법적 성격을 부인하는 주장은 줄어들고 있다.
그 이유는 다음과 같다. 첫째, 국제법은 자주 위반된다거나 위반자
에 대한 제재 수단이 미약하다는 결함이 있다는 이유만으로 국제법
의 법적 성격을 부인하려는 태도는 설득력이 없다.[3] 예를 들어, 북
한과 같이 국제법을 위반한 국가에 제재가 실시되고 있고 국제범죄
를 저지른 자는 국제형사재판에 회부하기도 한다. 결국 자주 위반된
다거나 위반자에 대한 제재가 충분히 확보되지 못한다는 것은 정도
의 문제에 불과하다는 의견도 있다. 둘째, 현실의 국제사회에서 각
국은 국제법상의 문제들을 단순한 도덕이나 예양(禮讓)상의 문제가
아니고 "법률"의 문제로 취급되어 왔다. 셋째, 한국을 포함한 전 세
계 거의 모든 국가의 헌법이 국제법을 "법"으로 수용하고 있다. 넷
째, 국제법의 법적 성격을 부인하는 태도는 국제사회에서의 정의실
현을 위한 올바른 방향이 될 수 없다. 1990년 8월 이라크의 쿠웨이
트 침공과 같은 사태를 "위법한 행위"가 아니고 단지 도의적으로 부
적절한 행위에 불과하다고 평가한다면 바람직한 것이 아니다(정인

---

[2] https://terms.naver.com/entry.nhn?docId=2847123&cid=47305&categoryId=47305(검색일: 2018. 8. 19).

[3] 국제법에서도 위반사항에 대하여 전혀 제재가 없는 것은 아니다. 피해국에 의한 자조(自助)행위가
일반적으로 제재수단으로서 인정되고 있는 사실 외에 제1차 세계대전 후에는 한정된 범위 내에서이
지만 국제조직(국제연맹이나 국제연합)에 의한 집합적 제재의 형태도 인정하게 되어 있다. 따라서
국제법을 법이 아니라고 할 수는 없으나, 국제사회 전체를 지배하는 권력기구가 존재하지 않기 때문
에 국내법에 비하여 법의 제정·적용·집행 면에서 다른 특징이 인정되고 있다.
https://terms.naver.com/entry.nhn?docId=1067196&cid=40942&categoryId=31719(검색일: 2018. 9.11).

섭 2017, 5-6).

1.3. 우리는 왜 국제법을 준수하는가?

법이 효력을 가지려면 그 법을 위반했을 때에 대한 제재가 있어야 한다. 즉, 구속력과 강제력이 있어야만 법이라고 할 수 있다. 국제법이 법으로서 자리를 잡는 것이 늦었던 이유는 강제력의 뒷받침이 없었기 때문이다. 20세기에 들어와서야 국제법의 강제력이 강화되었다. 그러나 아직도 국제법은 강제력을 즉각적이고 효과적으로 사용하지 못하고 있다. 여러 나라가 함께 참여하는 다자간 조약은 명백한 국제법임에도 불구하고 가입한 국가가 마음대로 탈퇴하거나 불참해도 제재를 하지 못하고 있다.[4]

현실적 구속력이 아직 미약한 국제법이 준수된다면 그 이유는 무엇일까? 첫째, 국제법은 국제사회의 공통 이익을 보장해 주기 때문에 준수된다. 예를 들어 각국은 지구 환경보호라는 공통의 이해를 갖는다. 둘째, 국제법은 각국은 관행과 합의를 바탕으로 성립했기 때문에 준수될 수 있다. 셋째, 국제사회에서의 신뢰는 국가의 중요한 자산이기 때문에 각국은 되도록 국제법을 준수하려고 노력한다. 오늘날 세계화 시대에 각국은 고립되어 살기 힘들며 거의 모든 방면에서 상호의존적이다. 넷째, 상호주의가 국제법의 준수를 확보시켜 준다. 예를 들어, 자국 내 특정 국가의 외교사절이 부당한 대우를 받게 되면 곧바로 상대국에 체류하는 자국 외교관의 지위가 위태로워질 수 있다(정인섭 2017, 6-8).

국제법의 전통적 이론에 의하면 국제관습법이 확립된 경우 국가

---

4) https://terms.naver.com/entry.nhn?docId=2847123&cid=47305&categoryId=47305(검색일: 2018. 9. 10).

가 그 효력을 다투지 않는 한 그 형성과정의 참가여부를 불문하고 모든 국가를 구속한다. 그러나 이러한 전통적 이론에 맹종을 거부하는 도전세력이 등장하여 바야흐로 서구적 전통의 국제법은 커다란 시련에 직면하였다. 다시 말하면 공산권과 신생제국은 이념상의 이유 또는 국제관습법의 형성과정 불참여 등을 이유로 전통적 관습법을 전면적으로 인정하지 않는다. 전통국제법 중에는 서구의 비서구에 대한 압제의 수단으로 사용되었던 것들이 없지 않으므로, 이와 같은 주장은 상당한 이유가 있다고 보아야 할 것이다.[5]

1.4. 일반국제법과 특수국제법

국제법은 일반국제법과 특수국제법으로 나누어진다. 전자는 보편적 국제공동체에 적용되는 규칙들을 말하며, 국제관습·조약 및 법의 일반원칙이 그의 연원이 된다. 후자는 특수국제공동체, 즉 국제관계에 있어 2개 또는 3개 이상의 국가들 사이에 불가피하게 생기는 특수한 연대성으로 인하여 성립하는 공동체들에 적용되는 규칙들을 말하는데 그 연원은 주로 조약이다. 일반적으로 이들 일반국제법과 특수국제법 양자는 통일성을 유지하면서 존립하게 된다.[6]

1.5. 국제법의 종류

국제법의 종류에는 여러 가지가 있다. 가장 흔하게 존재하는 것이 조약이다. 조약은 국제법 주체 간에 맺어진 합의로써 조약을 체결한

---

5) https://terms.naver.com/entry.nhn?docId=525352&cid=46625&categoryId=46625(2018. 9. 11).

6) https://terms.naver.com/entry.nhn?docId=525352&cid=46625&categoryId=46625(검색일: 2018. 9. 11).

당사국만 구속하게 된다. 조약은 한 국가를 대표하는 국가 원수가 문서로써 체결하며, 보통은 의회에서 동의를 얻어 국가 법질서로 반영되게 된다. 조약은 조약이란 명칭에 국한되지 않고 협약, 협정, 규약, 헌정서, 합의서 등 어떠한 명칭이라도 국가 간에 체결된 구속력 있는 합의를 조약이라 부른다. 조약은 국가 간에 체결되는 것이 보통이지만, 국제기구에 가입하고 조약을 체결함으로써 국제 사회 보편적 법규범으로 써도 기능을 하게 된다. 대표적인 것이 UN헌장이다. 유엔에는 대부분의 국가들이 가입하고 헌장에 가입함으로써 국제연합이 주장하는 국제 법질서에 동의하며, 이로써 국제 사회를 규율하는 법질서로 인정받게 된다. 뿐만 아니라 양 국가 간에 특별한 사항이나 사정을 위해 체결하기도 하는데 이는 국가 간에만 효력을 발휘하게 된다. 다음으로 국제 관습법이 있다. 이는 국가 간의 묵시적 합의로 법규범으로 확립된 것으로써 국제 사회에서 장기간에 걸쳐 형성된 관행이 국제 행위 주체에게 인정되어 법규범으로서의 효력을 획득한 법으로 국제 관습법은 조약과는 달리 체결 행위 과정이 불필요하고, 국제 행위 주체의 명시적인 의사와는 상관없이 모든 국제 사회 행위주체에 영향을 행사하고 이들을 구속하게 된다. 대표적인 것으로는 외교관에 대한 면책 특권, 내정 불간섭, 포로에 관한 인도적 대우 등 당연히 국제 사회에서 지켜야 하는 법규범 등이 여기에 포함된다. 마지막으로 법의 일반 원칙이 있다. 법은 각 나라 또는 사회마다 특수한 사항에 대비하기 위해서 특수성을 가지기는 하지만, 보편적 특성이 있다. 따라서 법의 보편적 특성들은 여러 국가에 걸쳐서 공통적으로 나타나게 되며, 각 국가의 국법 질서는 이를 당연하게 인정하고 있다. 예를 들어 민사법 상의 신의 성실의 원칙이라든지 권리 남용 금지의 원칙 등 국가 간의 거래 계약 체결에 따른 규율 문제는 보편성을 강하게 요구하게 된다. 특히 세계화 추세에 따른 국가 무역 거래의 활발은 거래법의 보편화를 추구하고 이로써 국제 사회에서 양 국가 간의 분쟁을 해결하는 하나의 수단으로 작용하게 된다. 따라서 이러한 보편적 법원칙들도 국제 사회를 규율하는 법원으로 존재하게 된다.[7]

1.6. 조약

조약은 국가 간의 문서에 의한 합의로써 양 국가 간의 구속력 있는 의사의 합치를 말한다. 조약은 그 명칭과는 상관이 없으며, 국가를 대표하는 국가 원수에 의해 체결된다. 우리 헌법 6조에서는 '헌법에 의해 체결 공포된 조약과 일반적으로 승인된 국제 법규는 일반법과 같은 효력을 지닌다.'라고 규정 하고 있다. 조약의 체결과 비준은 대통령의 권한이다. 우리나라의 대통령은 국가를 대표하는 국가 원수의 지위를 지니고 있기 때문이다. 단 조약을 체결, 비준할 때에는 국무 회의의 심의 과정을 지켜야 한다. 또 우리 헌법 제60조에는 "국회는 상호원조 또는 안전보장에 관한 조약, 중요한 국제조직에 관한 조약, 우호 통상 항해 조약, 강화조약, 국가나 국민에게 중대한 재정적 부담을 지우는 조약 또는 입법사항에 관한 조약의 체결 비준에 대한 동의권을 갖는다."라고 규정하는데, 이는 특정한 사항에 대하여 국민의 대표로 구성된 국회의 동의를 얻음으로써 국가 원수의 조약의 내용을 통제하고 국민의 권리를 보장하며, 국가 원수의 조약체결에 대한 민주적 정당성을 부여하는 역할을 하게 된다. 이렇게 국가 원수인 대통령에 의해 체결 비준되고, 국회의 동의를 얻은 조

---

7) https://terms.naver.com/entry.nhn?docId=2060659&cid=47333&categoryId=47333(검색일: 2018. 9. 11).

약은 법률과 동일한 효력을 갖게 된다. 조약이 국내법에서 효력을 발휘할 수 있기 위해서는 조약의 체결 비준 공포 절차가 합법적으로 이루어져야 하고, 조약의 내용이 우리 헌법질서에 어긋나지 않아야 한다. 그러므로 국회의 동의를 얻어 체결 공포된 조약이라 하더라도 내용이 헌법에 위반될 때에는 국내법적 효력을 가질 수 없다. 그리고 조약의 내용도 헌법 재판소의 통제를 받음으로써 헌법질서에 반하지 않도록 요구되고 있다.[8]

1.7. 한국에서 국제법의 중요성

한국은 1880년 초까지 국제법의 배후에 제국주의의 마수가 있다고 생각하여 이를 멀리하였다. 1876년에 강화도조약이 체결되었으나, 이 조약은 1875년의 강화도사건의 결과로서 강압적인 것이었고, 이 조약 후에도 국제법은 받아들여지지 않았다. 그러나 1882년에 중국의 도움으로 조미수호통상조약이 평온한 분위기에서 체결되었고, 곧 이어 영국·이탈리아·러시아·프랑스와도 같은 조약이 체결되었다. 이러한 조약의 체결과 더불어 우리 나라는 국제법을 받아들였다. 그와 동시에 한국은 조약과 국제관습의 모든 규칙들을 존중할 것을 표명하였다. 또한 중국어로 번역된 『만국공법 萬國公法』과 『공법회통 公法會通』이라는 제목의 유럽 국제법학자들의 저술들이 1880년대에 들어와 일부 식자들에 의하여 읽혀졌으며, 오늘날의 외무부에 해당하는 부서에서 활용되었다. 그러나 조선시대의 이같은 법제의 도입과 조약의 체결에 관한 정책 및 노력은 국제법에 대한 중요성과 필요성을 절감하지 못하여 일관성이 결여되었다. 그리하여 국

---

8) https://terms.naver.com/entry.nhn?docId=2060659&cid=47333&categoryId=47333(검색일: 2018. 9. 11).

제법에 대한 전문가를 양성하지 않고 그의 보급도 등한시하였다. 국제법의 이해 부족은 외국에 의한 우리나라의 책임추궁의 남용과 외국인들에 의한 치외법권 등의 남용을 도와주었고, 이러한 남용과 국제법의 일부제도들에 대한 반대는 국제법 자체에 대한 반발로 나타났다. 즉, 일방에서의 국제법의 수용 및 활용과 또 다른 일방에서의 그에 대한 반발이 공존하였다. 그 뒤, 1905년의 을사조약으로 일본에게 외교권을 강탈당하고 1910년의 경술국치에 의하여 주권을 상실당하면서부터 1948년 국권을 완전히 회복할 때까지 우리나라는 국제법 주체로서 공공연하게 행동하지 못하였다. 1948년 7월 17일 공포된 <대한민국헌법>은 "이 헌법에 의하여 비준, 공포된 조약과 일반적으로 승인된 국제법규는 국내법과 동일한 효력을 가진다."고 명시하였다. 그 뒤 여러 차례의 개헌이 있었으나, 이 규정의 내용은 그대로 유지되고 있다. 헌법상의 국제법규에 관한 규정은 한국에 대하여 효력을 갖는 모든 조약과 일반국제법의 규칙들은 개별적인 특별한 입법조치 없이 국내법적 효력을 가진다는 것을 의미한다. 이러한 국내법적 효력은 국제법의 고유한 효력인 국제법적 효력을 전제로 하며, 아울러 국제법을 성실하게 준행할 대한민국의 결의를 표명한 것이다. 국제법과 관련된 한국의 학회 및 기관으로 1953년에 대한국제법학회가 창립되어 1956년부터 연 1, 2회 논총을 발간하고 있으며, 연구발표회를 가지는 등 활발한 활동을 전개하고 있다. 또, 1964년에는 국제법협회 한국지회가 발족하여 오늘날까지 꾸준한 활동을 펼치고 있다.9)

국제법이 강대국의 선도로 만들어진다는 사실은 부인할 수 없으

---

9) https://terms.naver.com/entry.nhn?docId=525352&cid=46625&categoryId=46625(검색일: 2018. 9. 11).

나 강대국을 상대로 하는 교섭에서는 국제법 이상의 유용한 틀이 없다. 예를 들어, WTO 협정과 같은 조약이 성립되어 있지 않았다면 우리는 미국이나 중국을 상대로 한 무역 분쟁의 해결에 있어서 어려움을 겪을 것이다(정인섭 2017, 29).

한국의 지정학적 위치와 통상국가로서 우리나라가 계속 경제적 번영과 함께 국제질서에서 자신의 역할을 찾기 위해 향후 추구해야 할 대외전략을 국제법의 시각에서 다음과 같이 제시해 본다. 첫째, 국제법을 존중하며 국제법의 발전에 기여한다. 둘째, 환경보호나 인권존중과 같은 인류의 공통가치를 실현하려는 국제법적 노력을 지지하며 적극 동참한다. 셋째, 국제문제의 다자적 해결 노력을 중시하며 국제기구의 활동에 적극 참여한다, 넷째, 국제분쟁의 평화적 해결을 지지하며 이를 위한 국제 사회의 노력에 기여한다. 마지막으로, 과도한 자민족 중심주의를 경계한다(정인섭 2017, 29-30).

참고문헌

금정건. 1982. 『현대국제법』 서울: 박영사.

김용구. 1997. 『세계관 충돌의 국제정치학: 동양의 예와 서양의 공법』 서울: 나남출판.

김정균. 1986. 『국제법』 서울: 형설출판사.

박배근. 2015. "국제법학의 방법으로서의 국제법에 대한 제3세계의 접근" 『국제법평론』 II.

박상섭. 2008. 『국가·주권』 서울: 소화.

박재. 1969. 『국제법』 서울: 일조각.

유병화. 1983. 『국제법총론』 서울: 일조각.

이한기. 1985. 『국제법강의』 서울: 박영사.

이홍종. 2018. 『영화 속의 국제관계』 부산: 도서출판 누리.

정인섭. 2012. 『생활 속의 국제법 읽기』 서울: 일조각.

정인섭. 2017. 『신국제법강의: 이론과 사례』(제7판) 서울: 박영사.

한국법교육센터. 2014. 『재미있는 법 이야기』 서울: 가나출판사.

홍성화 외. 1984. 『국제법통론』 서울: 학연사.

Han, Sang-hee. 2010. *The Circulation of International Legal Terms in East Asia*. Asian Law Institute Working Paper Series. No. 014.

Jessup, P. 1956. *Transnational Law*. Yale University Press.

Joyner, C. 2005. *International Law in the 21st Century*. Rowman & Littlefield Publishers.

Mosler, M. 1999. "General Principles of International Law" in R. Bernhardt ed. *Encyclopedia of Public International Law*. vol. 2. Elsevier B.V.

Steiner, H. *et al.*, 1986. *Transnational Legal Problems*. Foundation Press.

- (　　　)은 국제사회의 법으로서 주로 국가 간의 관계를 규율하는 법이다.

- 국제법은 (　　)인 조약과 여러 국가들의 관행으로 인정되는 국제 관습법으로 구성되어 있다.

- (　　)라는 학자가 『전쟁과 평화의 법』(De Jure Belli ac Pacis, 1625)이라는 책을 썼고 이 책을 계기로 국제법이 법 이론으로 자리 잡으며 점점 발달하였다.

- 20세기에 들어와 제1차 세계대전을 치른 후 전쟁을 피하고 평화를 모색할 국제법과 국제기구의 필요성을 느끼게 되었다. 그래서 미국 (　　)대통령의 주도로 국제연맹(League of Nations LN)이 만들어졌다.

- 국제법의 법적 성격에 대한 의문은 근대 국제법의 생성과 더불어 시작된 오래된 질문이다. 그렇지만 분명한 사실은 세계화의 진척에 따라 오늘날 국제법의 법적 성격을 부인하는 주장은 줄어들고 있다. 그 이유 네 가지는?

- 현실적 구속력이 아직 미약한 국제법이 준수되고 있는 네 가지 이유는?

- 20세기 이후 기술 혁신으로 인하여 국가들 간의 시간적·공간적 거리가 단축되고 사람과 물자의 국제적 교류가 활발해졌다. (　　) 시대가 열리면서 전 세계가 하나의 지구촌이 되고 세계 공동체가 되었다.

- 국제법상 명백한 위법인 이라크의 쿠웨이트 침공은 언제?

- 국제법은 일반국제법과 특수국제법으로 나누어진다. 전자는 보편적 국제공동체에 적용되는 규칙들을 말하며, 국제관습·조약 및 법의 일반원칙이 그의 연원이 된다. 후자는 특수 국제공동체, 즉 국제관계에 있어 2개 또는 3개 이상의 국가들 사이에 불가피하게 생기는 특수한 연대성으로 인하여 성립하는 공동체들에 적용되는 규칙들을 말하는데 그 연원은 주로 (　　)이다.

- 조약은 한 국가를 대표하는 국가 원수가 문서로써 체결하며, 보통은 (　　)에서 동의를 얻어 국가 법질서로 반영되게 된다.

- 한국은 1880년 초까지 국제법의 배후에 제국주의의 마수가 있다고 생각하여 이를 멀리하였다. (　　)년에 강화도조약이 체결되었으나, 이 조약은 1875년의 강화도사건의 결과로서 강압적인 것이었고, 이 조약 후에도 국제법은 받아들여지지 않았다.

- (　　　)년 7월 17일 공포된 <대한민국헌법>은 "이 헌법에 의하여 비준, 공포된 조약과 일반적으로 승인된 국제법규는 국내법과 동일한 효력을 가진다."고 명시하였다.

- 한국의 지정학적 위치와 통상국가로서 우리나라가 계속 경제적 번영과 함께 국제질서에서 자신의 역할을 찾기 위해 향후 추구해야 할 대외전략을 국제법의 시각에서 다섯 가지로 설명하시오.

2. 국제법과 국제기구

2.1. 국제법과 국제기구

오늘날 세계는 함께 협력하며 관계를 맺고 있다. 국제기구는 주권을 가진 국가들 중 2개 이상의 국가들이 합의에 의해 만든 국제협력체[10]로서 국제법에 의해 설립되며, 독자적인 지위를 갖는 기관으로 구성된 기구이다.[11] 국제기구의 발전과 확산은 현대 국제법의 중요한 특징 중 하나이다(정인섭 2012, 764).

2.2. 국제기구의 역사

국제기구는 19세기에 들어와서 국제하천위원회와 같은 특수한 분야에서부터 시작하여, 특히 19세기 후반 사회생활의 여러 분야에서 국제관계가 현저하게 긴밀해짐과 동시에 국제행정연합으로서 잇달아 나타났다. 그것은 비정치적인, 전문적·행정적·기술적인 국제협력을 목적으로 하는 기관으로서 만국우편연합·만국전신연합·국제저작권 보호동맹·국제공업소유권 보호동맹과 같은 것이다. 그 기구로는 사무나 정보를 계속적으로 담당하는 국제사무국이 중심이 되며, 기본조약에 입각해서 조약상의 국제협력을 정기적으로 검토하는 조약 당사국의전권대표회의 같은 기관의 구성은 아직 고려되지 않았다. 20세기에 들어와서 정치적인 평화의 유지나 전쟁의 방지를 주목적으로 하는 국제기구가 생겨났고, 이와 함께 여러 가지 국제협력

---

10) 국제기구는 일반적으로 국제협력(international cooperation)의 제도화로 정의될 수 있다(윤경철 2015, 1062).

11) https://terms.naver.com/entry.nhn?docId=960400&cid=47311&categoryId=47311(검색일: 2018. 9. 29).

을 그 임무로 삼는 조직이 나타났다. 이와 같은 국제평화기구는 물론이고, 많은 분야의 전문적 국제기구도 이 단계에서는 상설사무국 위에 총회·이사회라고 하는 실질적 권한을 가진 기관을 갖춘 고도의 기구가 되었다. 특히 오늘날에는 국제연합이 평화유지면에서 지역적 국제기구(지역적 기관)와, 국제협력면에서 전문적 국제기구(전문기관)와 밀접한 기능적·조직적 관계를 설정하고 있다는 사실에서도 알 수 있는 바와 같이, 국제기구가 전체적으로 서로 유기적인 연관을 가지고 존재하고 기능을 발휘하는 것이 특징이다.[12]

2.3 국제기구는 왜 필요한가?

이제는 나 홀로 나라는 불가능하다. 현대사회에서 한 나라가 다른 나라와 관계를 맺지 않고 살아가는 것이 가능할까? 옛날이라면 모르지만 지금은 불가능하다. 교통과 통신이 발달하고 국제 무역이 늘어나면서 함께 해야 하는 일이 많아졌고 세계의 많은 나라들은 서로 협력하기도 하고 경쟁하기도 하면서 많은 문제들을 함께 해결해 가고 있다. 그래서 오늘날의 세계를 지구촌[13], 즉 지구의 한 마을이라고 말하고 있다.[14] 이것이 세계화(globalization)이다.

---

12) https://terms.naver.com/entry.nhn?docId=1067142&cid=40942&categoryId=31656(검색일: 2018. 9. 29).

13) 지구촌의 수많은 나라들 중에도 조금 더 힘이 세고 영향력이 큰 나라들이 있다. 예전에는 G7(Group 7)이라고 해서 미국, 영국, 캐나다, 프랑스, 독일, 이탈리아, 일본 이렇게 일곱 나라가 모여서 세계 문제를 주도적으로 이끌어 나갔다. 그 후에 러시아가 참가해서 G8이 되었는데 그동안 세계는 G8이 중심이 되어 끌고 나갔다고 해도 과언이 아니다. 그런데 최근에는 이 G8에 중국과 한국 등 신생 경제대국들을 포함해서 G20으로 확대되었다. G20은 세계에서 가장 영향력이 큰 국제기구 중 하나가 되었다.

14) https://terms.naver.com/entry.nhn?docId=960400&cid=47311&categoryId=47311(검색일: 2018. 9. 29).

2.4. 국제 협력을 이끄는 국제법과 국제기구

세계 여러 나라들이 서로 무역을 하고, 교류를 하게 되면서 세계의 한 곳에서 일어난 일이 세계의 많은 나라에 영향을 주게 되는 일이 늘어나게 되었다. 또한 한 곳의 일이 세계 전체에 영향을 주게 된다는 것도 알게 되었다. 그리고 지구 온난화, 열대우림 파괴와 같은 환경 문제, 세계 각지의 전쟁과 국가 분쟁 등은 국제법과 국제기구를 통해 함께 해결해야 한다는 생각을 가지게 되었다.[15]

2.5. 오늘날 세계에서 가장 중요한 국제기구인 국제연합
(UN, United Nations, 유엔)에선 어떤 일을 할까?[16]

국제연합은 세계 여러 나라 사이에 다툼이나 전쟁이 일어나면 이를 평화적으로 해결하기 위해 노력하고, 국제 협력을 통해서 전 세계 모든 나라의 인권이 신장되도록 애쓰고 있다. 대한민국도 유엔의 도움을 참 많이 받은 나라 중 하나이다.

국제연합 아래는 산하기구가 있고, 국제연합과 협력하는 전문기구, 독립기구가 있다. 가난으로 힘들게 사는 아동을 위해 일하는 유엔아동기금(UNICEF, United Nations Children's Fund, 유니세프)[17]은 1946년에 설립된 국제연합 산하기구로서 전 세계의 가난하고 굶주리는 아동을 위해 활동하는 기구이다. 전쟁이나 가뭄 등으로 인해

---

15) https://terms.naver.com/entry.nhn?docId=960400&cid=47311&categoryId=47311(검색일: 2018. 9. 29).

16) https://terms.naver.com/entry.nhn?docId=960400&cid=47311&categoryId=47311(검색일: 2018. 9. 29).

17) 제2차 세계대전 직후 전쟁의 폐허에서 시달리던 체코슬로바키아의 지트카 샘코바라는 일곱 살 소녀가 음식과 의료품을 보내온 유니세프에 감사하는 그림을 그려 보냈다. 한 유니세프 직원이 지트카의 그림으로 포스터와 크리스마스 카드(1949년 최초의 유니세프 카드)를 만들어서 사람들에게 보냈더니 다들 감동을 받았대. 그 후 유니세프는 매년 카드를 제작하여 판매하는데, 그 수익금을 모두 기아 아동을 위해 사용하기 때문에 생명을 구하는 카드라고 불린다.

서 생명이 위급한 아동에게 의료와 식량 등을 제공하고, 예방접종을 하는 일을 한다. 그리고 깨끗한 물을 마실 수 있도록 환경을 개선하고 기본 교육을 받을 수 있도록 애쓰고 있다. 그 밖에 모유 수유를 권장하는 일도 하고, 아동 문제를 개선하는 일도 한다. 유엔아동기금은 지구촌에서 전쟁이나 가뭄 등으로 생명이 위급하거나 굶주린 아동을 위해 일하고 있다.

모든 사람들의 건강을 위한 기구로 보건과 위생 분야에서 국제적인 협력을 하기 위해 만들어진 국제연합의 전문기구가 있다. 이것이 세계보건기구(WHO, World Health Organization)가 있다. 이 기구는 세계의 모든 사람들이 가능한 한 최고의 건강 수준을 갖출 수 있도록 애쓰고 있다. 이를 위해 세계보건기구에서는 유행성 질병 및 전염병 대책을 마련하고 있다. 2009년에 세계적으로 유행했던 신종 인플루엔자 바이러스에 대해 조사하고 대책을 마련하기 위해 가장 애를 썼던 기구가 바로 세계보건기구이다.

2.6. 국제연합 이외에도 중요한 국제기구들

세계 여러 나라들은 국제법과 국제기구를 통해서 공통의 문제를 해결하기 위해 노력하고 있다. 유럽의 국가들로 구성된 유럽연합(EU, European Union)은 유럽의 정치와 경제의 통합을 위해 생겨난 기구로, 유럽연합의 회원국들은 하나의 국가처럼 협력하고 있어. 화폐를 유로화로 통일하고 유럽 여러 나라를 자유롭게 여행할 수 있게 했으며, 자유로운 경제 활동을 보장하는 노력을 하고 있다. 유럽연합은 이제 하나의 국제기구를 넘어서서 새로운 형태의 국가로 나아가고 있다. 왜냐하면 경제적 통합을 넘어서 정치적 통합까지 추진하고 있기 때문이다.[18] 유럽통합은 '통합'(integration)으로서 세계정부의 지역적인 실험이라고 볼 수 있다.

석유를 수출하는 나라들의 모임인 석유수출국기구(OPEC, Organization of Petroleum Exporting Countries)는 1960년에 석유를 수출하는 나라들이 자신들의 이익을 지키기 위해 만든 국제기구이다. 석유는 전 세계의 매우 중요한 자원이지만 몇몇 지역에만 많이 매장되어 있어. 회원국은 사우디아라비아를 비롯하여 현재 12개국이다. 석유가 한꺼번에 많이 생산되면 석유 가격이 떨어져서 석유를 수출하는 나라의 이익이 줄어들게 돼서 석유수출국들은 석유수출국기구를 만들어 석유의 생산량과 가격을 조절하고 있다. 회원국의 수는 적지만 세계 경제를 흔들 수 있는 아주 힘이 센 국제기구 중 하나다.[19]

세계인의 축제, 올림픽을 담당하는 국제올림픽위원회(IOC, International Olympic Committee)는 쿠베르탱에 의해 1894년에 설립된 국제기구로서, 200개국이 넘는 나라가 가입되어 있다. 이 기구는 전 세계의 축제라 할 수 있는 하계 올림픽과 동계 올림픽 개최지를 선정하고 올림픽 대회가 잘 이루어지도록 노력하고 있다. 한국은 1947년에 국제올림픽위원회에 가입했다.[20]

경제개발협력기구(OECD Organization for Economic Cooperation and Development)는 경제 발전을 위해 만들어진 국제기구이다. 이를 위해 34개국이 힘을 합쳐 정책을 연구하고 협력하여 각 나라뿐만 아니라 세계 경제 발전을 위해 힘쓰고 있다. 원자력 시설을 안전

18) https://terms.naver.com/entry.nhn?docId=960400&cid=47311&categoryId=47311(검색일: 2018. 9. 29).

19) https://terms.naver.com/entry.nhn?docId=960400&cid=47311&categoryId=47311(검색일: 2018. 9. 29).

20) https://terms.naver.com/entry.nhn?docId=960400&cid=47311&categoryId=47311(검색일: 2018. 9. 29).

하게 관리하는 국제 원자력 기구(IAEA International Atomic Energy Agency)는 전 세계의 핵에너지가 평화적으로 이용되도록 하기 위해 설립된 국제기구이다. 각 나라 간의 과학적·기술적 정보 교류를 활발히 하고, 핵연료가 군사 목적으로 사용되지 않도록 막고 있다. 교육·과학·문화의 발전을 위한 국제기구가 국제연합교육과학문화기구(UNESCO United Nations Educational, Scientific and Cultural Organization)이다. 유네스코는 교육, 과학, 문화의 교류를 돕고 문화 발전이 뒤쳐진 곳을 지원한다. 이를 위해 세계의 자연 자원과 문화 유적을 보존하고, 문맹 퇴치 사업을 한다.[21]

"해가 지지 않는 국제기구"인 영국연방(Commonwealth of Nations, 영연방)! 영국은 세계에서 가장 많은 식민지를 가진 나라였다. 그래서 영국을 '해가 지지 않는 나라'라고 불렀다. 제2차 세계대전 후 52개국 식민지들이 모두 독립을 했지만 영국을 중심으로 영연방이라는 국제기구를 만들었다. 이 나라들은 정치적으로는 독립했지만 사회적으로나 경제 문화적으로 영국과 너무 긴밀한 관계에 있었기 때문에 이런 연합기구를 만든 것이다. 인도, 가나와 같이 공화제 국가도 있지만 호주와 캐나다, 뉴질랜드 같은 군주제 국가는 영국의 여왕을 같이 왕으로 모시고 있다. 물론 실권은 없다.[22] 연합은 confederation이고 연방 federation과 구별된다. 연방은 미국처럼 central authority로서 대통령과 연방정부를 갖는다.

---

21) https://terms.naver.com/entry.nhn?docId=3351520&cid=47305&categoryId=47305(검색일: 2018. 9. 29).

22) https://terms.naver.com/entry.nhn?docId=960400&cid=47311&categoryId=47311(검색일: 2018. 9. 29).

2.7. 국제기구는 정부간국제기구(IGO Intergovernmental Organization)와 국제비정부기구(INGO international nongovernmental organization)!

여기서는 국제비정부기구(INGO)에 앞서 먼저 비정부기구(NGO Non Governmental Organization)에 대해 알아보겠다. NGO는 권력이나 이윤을 추구하지 않고 인간의 가치를 옹호하며 시민사회의 공공성을 지향하고 활동하는 시민사회단체이다. '엔지오'라는 용어는 국제연합에서 처음 사용하였다. 국제연합은 '정부의 연합'이라는 의미를 내포하며, 다양한 부속기구와 민간단체들이 활발한 활동을 펼치게 되자 정부가 아닌 민간단체들과도 파트너쉽을 필요로 하였는데, 이때 '엔지오'라는 용어를 사용하게 되었다. 한편, 미국과 일본에서는 비영리단체라는 의미로 엔피오(NPO)를 즐겨 쓰기도 한다. 비정부기구 또는 비영리단체는 넓은 의미로는 기업과 시민단체를 모두 포괄하며, 좁은 의미로는 비정부기구, 비영리 민간단체를 가리킨다.[23)

한국에서의 신사회운동은 1980년대 민주화운동과 이를 계승, 발전시키면서 본격화 되었다. 특히 경제정의실천시민연합(약칭, 경실련)의 등장은 신사회운동을 본격화하는 예고편이었다. 그러나 이전에도 기독교청년단체(YMCA), 기독교여성단체(YWCA), 흥사단 등 오랜 역사를 가진 시민단체들이 있었음을 알고 있으며, 1980년대 민주화운동 인사들의 참여와 1990년대에 접어들면서 새로운 시대적 환경이 조성되면서 신사회운동이 본격화되었다는 점을 지적할 수 있다. 권위정부의 붕괴와 문민정부의 등장은 민간사회단체의 신사회

---

23) https://terms.naver.com/entry.nhn?docId=578207&cid=46627&categoryId=46627(검색일: 2018. 9. 29).

운동을 양적 및 질적으로 크게 확대하는 전환점이 되고 있으며, 정부와 기업들이 시민사회단체를 그 파트너로 인정하면서 그 활동공간이 크게 확대되었다. 한국의 비정부기구는 기간에 따라 광복 전과 광복 후, 규모에 따라 대중소로 구분할 수 있다. 대표적 단체로 광복 전에는 YMCA·YWCA·흥사단 등을 들 수 있으며, 광복 후에는 대한주부클럽연합회·한국부인회·한국여성유권자연맹 등을 들 수 있다. 또 규모의 측면에서는 대규모 단체로서 YMCA·YWCA·흥사단·경실련·환경운동연합·여성단체연합·녹색연합·참여연대·언론개혁시민연대 등이 있다. 중규모 단체로는 걷고 싶은 도시만들기 시민연대·불교환경교육원·녹색교통운동·녹색소비자연대·장애인권익문제연구소 등이며, 소규모단체로는 이름부터 독특한 재미난어린이집·돌산공부방·솔샘애기방·숨결생협·도봉푸른청년회·하늘땅물벗생협·지역공동체 너울내 등 수없이 많다. 이들 단체들의 활동 분야는 30여 가지로 분류할 수 있다. 주민자치·정치개혁·행정개혁·경제개혁·부정부패·법률·인권·국제·환경·언론개혁·교육개혁·여성운동·소비자·농업·협동조합·교통문제·보건의료·문화·복지·노동·외국인노동자·청년·빈민·정보화·청소년·의식개혁·자원봉사·학술연구·통일·종합 등이다. 이처럼 다양한 시민단체가 21세기의 중심단체로 기능하기 위해서는 주체성있는 자신의 길을 개척할 때 비로소 기존의 시민사회단체와는 다른 제3의 길을 모색해 갈 수 있을 것이다.[24]

국제비정부기구(INGO)는(국제연합 등 정부 간 국제기구는 외교적 지위를 가지는 반면) 외교적 지위를 가지지 않는 단체를 부르는

---

24) https://terms.naver.com/entry.nhn?docId=578207&cid=46627&categoryId=46627(검색일: 2018. 9. 29).

권위주의적이고 차별화 된 개념이며 그들의 주장이 참고용에 지나지 않는다는 비판도 없지 않다. 그리고 비정부기구는 시민단체와 기업 및 이해집단까지 포괄하는 개념이기 때문에 시민사회운동의 특수성을 그대로 반영하지 못한다는 지적도 있다.[25]

국제비정부기구의 등장 배경을 몇 가지로 살펴보면 다음과 같다. 첫째, 탈냉전과 전지구적 이슈의 등장이다. 냉전이 양분된 가치와 의제를 전제로 한 반면, 탈냉전은 새로운 가치와 의제가 전세계사적 문제로 등장하였음을 의미하며, 국제사회의 상호협력을 필요로 한다는 점이다. 둘째, 환경문제의 국제문제를 들 수 있다. 로마클럽은 전지구적 이슈 가운데서도 특히 환경문제를 인류의 중대한 문제로 제기하고 있다. 셋째, 국제연합의 새로운 파트너의 필요성이다. 국제연합의 전세계적 문제를 해결할 주체로서의 민간단체의 필요성이 절실하였다. 넷째, 구사회운동과 구별되는 신사회운동의 등장이다. 전자가 사회주의운동, 노동운동, 농민운동, 민주화운동 등이라면 후자는 20세기 중반 이후 본격화된 사회운동으로서 환경운동, 반핵 평화운동, 인권운동 등 특정한 문제를 해결하는 가운데 공익을 추구하는 후기 산업사회의 주요 주제였다. 그 구체적인 사례로서 1968년 프랑스와 독일의 '68학생운동' 이후 신사회운동이 본격화되었다. 그 뒤 프랑스의 사회운동은 여성해방운동·반핵평화운동·생태환경운동·반인종주의운동·인권운동·지역운동·대안공동체건설운동·소비자보호운동·건강의료개혁운동·교육개혁운동·도시사회운동·학생청년운동·동성연애자운동 등으로 다양하게 전개 발전하였다. 양자의 특징을 비교하면, 구사회운동이 쟁점과 문제를 한꺼번에 해결

---

25) https://terms.naver.com/entry.nhn?docId=578207&cid=46627&categoryId=46627(검색일: 2018. 9. 29).

하려는 정치운동·변혁운동에 몰두했다면, 신사회운동은 문제를 각론화하고 구체화하여 해결하고자 한다. 또한 쟁점과 사회운동을 시공을 초월하여 네트워크화 하며 삶의 현장과 문제의 지역을 중시한다. 또한 의식있는 시민을 그 주체로 하는 참여민주주의의 특성을 보인다.26)

중요한 국제비정부기구들은 다음과 같다. 먼저, 지구 환경의 수호자인 그린피스(Greenpeace)가 있다. 그린피스는 "지구의 목소리를 대신합니다."를 슬로건으로 하는 세계 최대의 환경관련 국제 비정부 기구이다. 원래의 명칭은 핵실험을 하지 말라는 의미의 "파문을 만들지 마시오."였으나 이들이 미국의 알래스카주 암치카섬으로 핵실험 반대시위를 벌이기 위해 출발할 때, 배 중앙에 그린피스라고 쓴 녹색깃발을 건 것이 계기가 되어 단체이름이 되었다. 현재 그린피스는 세계 최대 환경운동단체라는 위상에 걸맞게 다양한 국제기구 활동과 국제법에 관여하고 있다. 주된 활동분야는 기후변화 방지, 원시림 보호, 해양 보호, 고래잡이 방지, 유전자 조작 반대, 핵위협 저지, 독성물질의 제거, 반전운동 등이다. 그린피스는 네덜란드 암스테르담에 본부를 두고 있으며, 전 세계 350여만 명의 회원에 40개 이상의 지부를 두고 있다. 2011년 6월 서울에 사무국을 설치하면서 한국도 그린피스가 사무국을 개소한 41번째의 나라가 되었다.27)

국경없는의사회(MSF Medcins Sans Frontieres)는 국제 인도주의 의료 구호 단체로서 분쟁, 질병, 영양실조, 자연 재해, 인재에 고통

---

26) https://terms.naver.com/entry.nhn?docId=578207&cid=46627&categoryId=46627(검색일: 2018. 9. 29).

27) http://www.edunet.net/nedu/contsvc/viewWkstCont.do?clss_id=CLSS0000000362&menu_id=81& contents_id=b833683c-ad22-4038-8209-1de701cb557f&svc_clss_id=CLSS0000018006&contents_ openapi=naverdic(검색일: 2018. 9. 29).

받는 사람들과 의료 혜택을 받지 못하는 사람들에 대한 긴급 구호를 실시하는 국제 비정부 기구이다. 국경없는의사회는 위기상황 발생 후, 병원과 진료소를 복구해 운영하고, 전염병 퇴치에 앞장서며, 영양실조에 걸린 아이들을 위한 급식소를 운영하고 심리 치료를 실시한다. 또한 우물을 개발해 깨끗한 식수를 공급하고 임시거처에 필요한 담요와 매트 등을 제공한다. 국경없는의사회는 의료 윤리를 준수하여, 인종, 종교, 성별, 정치적 성향 등에 관계없이 도움이 필요한 사람에게 적절한 도움을 제공한다. 그리고 구호활동 중 국제적 관심을 받지 못한 곳에서 벌어지는 폭력, 소외를 국제사회에 알리는 활동도 한다. 이러한 활동들로 국경없는의사회는 1999년 노벨평화상을 수상하였다.[28]

국제앰네스티(Amnesty International 국제사면위원회)는 모든 사람이 차별 없이 인권을 누릴 수 있는 세상을 위해 행동하는 국제 비정부 기구이다. 1961년 포르투갈 리스본에서 자유를 위해 건배를 했다는 이유로 체포된 학생들에게 '7년형'이라는 중형이 내려졌다. 이에 분노한 영국의 변호사 피터 베넨슨은 이들의 인권을 보호하기 위해 '사면을 위한 탄원 1961' 활동을 실시하였는데, 이것이 국제앰네스티의 시작이다. 이후 국제앰네스티는 1977년 노벨평화상, 1978년 유엔인권상 등을 수상하며, 전 세계 150여 개국에서 300만 명의 회원 및 지지자들과 함께하는 세계 최대 인권단체로 성장하였다. 국제앰네스티는 고문추방, 사형폐지, 난민보호, 국제사법정의실천운동 등을 비롯해, 일본군 위안부 문제처럼 인권이 존중받지 못한 현실에

---

28) http://www.edunet.net/nedu/contsvc/viewWkstCont.do?clss_id=CLSS0000000362&menu_id=81& contents_id=b833683c-ad22-4038-8209-1de701cb557f&svc_clss_id=CLSS0000018006&contents_ openapi=naverdic(검색일: 2018. 9. 29).

대해 분노하며, 정의롭지 못한 사실을 전 세계에 폭로하는 역할을
한다. 즉, 시민들이 희망을 갖고 온갖 부정의로부터 자유로울 수 있
도록 행동하는 단체라 할 수 있다.[29)]

29) http://www.edunet.net/nedu/contsvc/viewWkstCont.do?clss_id=CLSS0000000362&menu_id=81&
   contents_id=b833683c-ad22-4038-8209-1de701cb557f&svc_clss_id=CLSS0000018006&contents_
   openapi=naverdic(검색일: 2018. 9. 29).

참고문헌

금정건. 1982. 『현대국제법』서울: 박영사.

김광식. 1999. 『한국 NGO-시민사회단체 21세기의 희망인가』서울: 동명사.

김용구. 1997. 『세계관 충돌의 국제정치학: 동양의 예와 서양의 공법』서울: 나남출판.

김정균. 1986. 『국제법』서울: 형설출판사.

박배근. 2015. "국제법학의 방법으로서의 국제법에 대한 제3세계의 접근" 『국제법평론』 II.

박상섭. 2008. 『국가·주권』서울: 소화.

박원순. 1999. 『NGO 시민의 힘이 세상을 바꾼다』서울: 예담.

박재. 1969. 『국제법』서울: 일조각.

유병화. 1983. 『국제법총론』서울: 일조각.

윤경철. 2015. 『국제정치학(상)』서울: 배움.

이한기. 1985. 『국제법강의』서울: 박영사.

이홍종. 2018. 『영화 속의 국제관계』부산: 도서출판 누리.

정인섭. 2012. 『생활 속의 국제법 읽기』서울: 일조각.

정인섭. 2017. 『신국제법강의: 이론과 사례』(제7판) 서울: 박영사.

한국법교육센터. 2014. 『재미있는 법 이야기』서울: 가나출판사.

한국NGO총람편찬위원회. 1999. 『한국NGO총람 1999』서울: 한국NGO총람편찬위원회.

홍성화 외. 1984. 『국제법통론』서울: 학연사.

Han, Sang-hee. 2010. *The Circulation of International Legal Terms in East Asia*. Asian Law Institute Working Paper Series. No. 014.

Jessup, P. 1956. *Transnational Law*. Yale University Press.

Joyner, C. 2005. *International Law in the 21st Century*. Rowman & Littlefield Publishers.

Karns, Margaret P. 외 저. 김계동·김현욱·민병오·이상현·이유진·황규득. 역. 2017. 『국제기구의 이해: 글로벌 거버넌스의 정치와 과정』서울: 명인문화사.

Mosler, M. 1999. "General Principles of International Law" in R. Bernhardt ed. *Encyclopedia of Public International Law*. vol. 2. Elsevier B.V.

Steiner, H. *et al.*, 1986. *Transnational Legal Problems*. Foundation Press.

- 국제기구는 19세기에 들어와서 (　　　)와 같은 특수한 분야에서부터 시작하여, 특히 19세기 후반 사회생활의 여러 분야에서 국제관계가 현저하게 긴밀해짐과 동시에 국제행정연합으로서 잇달아 나타났다.

- 가난으로 힘들게 사는 아동을 위해 일하는 유엔아동기금(UNICEF, United Nations Children's Fund, 유니세프)은 (　　　)년에 설립된 국제연합 산하기구로서 전 세계의 가난하고 굶주리는 아동을 위해 활동하는 기구이다.

- 모든 사람들의 건강을 위한 기구로 보건과 위생 분야에서 국제적인 협력을 하기 위해 만들어진 국제연합의 전문기구가 있다. 이것이 (　　　)이다. 이 기구는 세계의 모든 사람들이 가능한 한 최고의 건강 수준을 갖출 수 있도록 애쓰고 있다.

- 석유를 수출하는 나라들의 모임인 석유수출국기구(OPEC, Organization of Petroleum Exporting Countries)는 (　　　)년에 석유를 수출하는 나라들이 자신들의 이익을 지키기 위해 만든 국제기구이다.

- 원자력 시설을 안전하게 관리하는 (　　　)는 전 세계의 핵에너지가 평화적으로 이용되도록 하기 위해 설립된 국제기구이다.

- (　　　)는 교육, 과학, 문화의 교류를 돕고 문화 발전이 뒤쳐진 곳을 지원한다. 이를 위해 세계의 자연 자원과 문화 유적을 보존하고, 문맹 퇴치 사업을 한다.

- 제2차 세계대전 후 52개국 식민지들이 모두 독립을 했지만 영국을 중심으로 (　　　)이라는 국제기구를 만들었다. 이 나라들은 정치적으로는 독립했지만 사회적으로나 경제 문화적으로 영국과 너무 긴밀한 관계에 있었기 때문에 이런 연합기구를 만든 것이다. 인도, 가나와 같이 공화제 국가도 있지만 호주와 캐나다, 뉴질랜드 같은 군주제 국가는 영국의 여왕을 같이 왕으로 모시고 있다. 물론 실권은 없다.

- (　　　)는 "지구의 목소리를 대신합니다."를 슬로건으로 하는 세계 최대의 환경관련 국제 비정부 기구이다. 원래의 명칭은 핵실험을 하지 말라는 의미의 "파문을 만들지 마시오"였으나 이들이 미국의 알래스카주 암치카섬으로 핵실험 반대시위를 벌이기 위해 출발할 때, 배 중앙에 (　　　)라고 쓴 녹색깃발을 건 것이 계기가 되어 단체이름이 되었다.

- (　　　)는 국제 인도주의 의료 구호 단체로서 분쟁, 질병, 영양실조, 자연 재해, 인재에 고통 받는 사람들과 의료 혜택을 받지 못하는 사람들에 대한 긴급 구호를 실시하는 국제 비정부 기구이다.

- (　　　)는 모든 사람이 차별 없이 인권을 누릴 수 있는 세상을 위해 행동하는 국제 비정부 기구이다. 1961년 포르투갈 리스본에서 자유를 위해 건배를 했다는 이유로 체포된 학생들에게 '7년형'이라는 중형이 내려졌다. 이에 분노한 영국의 변호사 피터 베넨슨은 이들의 인권을 보호하기 위해 '사면을 위한 탄원 1961'활동을 실시하였는데, 이것이 (　　　)의 시작이다.

제 2 장

국제정치와 국제기구

1. 정치와 국제정치

1.1. 정치란?

정치(politics, 政治)를 간단히 이야기 하면 "통치와 지배, 이에 대한 복종·협력·저항 등의 사회적 활동의 총칭"이다.[30] 정치란 '함께 더불어 사는 기술'이나 '희소자원의 권위적 배분'이라고 정의되듯이 원래 공익적이고 긍정적인데 정치를 담당하는 사람들이 공익이 아닌 사익을 위해 정치를 하기 때문에 정치가 매우 부정적으로 여겨지고 있다. 행복한 정치를 위하여 세 가지를 이야기한다. "공익을 위한" 정치인, 법과 제도 그리고 정치문화이다. 이 중 한 가지만을 강조하는 사람들이 있지만 이 세 가지는 모두 같이 이루어져야 한다.

---

30) https://terms.naver.com/entry.nhn?docId=1140869&cid=40942&categoryId=31645(검색일: 2018. 9. 29).

1.2. 정치에 대한 주요 논점

첫째, 사회생활에서 일어나는 필연적인 대립·분쟁은 조정되고 통일적인 질서가 유지되어야 한다. 국가라고 하는 공동생활의 틀 속에서 단순히 개개인의 풍습이나 도덕 등의 자율적인 규범만으로 유지되지 않는 질서를 국가권력을 배경으로 법과 그 밖의 방법을 동원하여 유지시키는 작용을 정치라고 보는 견해이다. 물론 이러한 견해도 위로부터의 통치만을 정치로 보지 않고, 아래로부터의 항쟁 및 그 밖의 활동도 정치라고 본다. 다만 여기서는 국가를 중심으로 정치를 파악하는 점이 특색이라 할 수 있다. 둘째, 정치는 국가만으로 한정되는 인간 활동뿐 만 아니라 모든 인간생활의제(諸)형태, 이를테면 회사·노동조합·교회·학교·가정 등 어디에서나 발생되는 이해관계의 대립이나 의견의 차이를 조정해 나가는 통제의 작용도 모두 포함한다는 견해가 있다. 미국 정치학자들의 대부분은 이 관계를 거번먼트(government)라 하여 국가는 공적인 거번먼트인 데 대하여 그 밖의 것은 사적인 거번먼트라고 설명하고 있다. 셋째, 정치를 모든 대립을 조정하고 통일적인 질서를 유지시키는 작용으로 보는 점에서는 위와 같은 입장들을 취하면서도 특히 사회적·경제적·이데올로기적 대립의 항쟁관계 속에서 상대방을 복종시키고 스스로의 주장을 관철시키는 활동을 정치의 본질로 보는 견해가 있다. 그것에 따르면 자기편에게는 가장 우호적인단결과 협력을 제공하고 상대편에게는 적대적인 태도를 취하는 것이 곧 정치의 형태이며, 정치는 스스로의 의지에 상대방을 복종시키고 상대방을 통제하며 자신이필요로 하는 질서를 유지·강화하는 작용이다. 따라서 이 견해는 자연히 국가를 중심으로 정치를 보는 경향이 강하다고 할 수 있다. 넷째, 마르크스주의는 정치를 계급적 시각에서 고찰하고 있다. 국가는 특정계급의 이익을 보호하는 권력기관이며, 국가의 통치는 적대적인 여러 계급의 저항을 통제하고 스스로의 권익에 필요한 질서를 유지·강화하는 것이다. 이에 대하여 피지배계급에 속하는 모든 대중은 자신의 권리와 이익을 수호하기 위하여 부단히 저항하고 적극적으로 요구하며 그것을 실현시키기 위하여 다양하고도 조직적인 노력을 경주한다. 이러한 지배와 저항을 본질로 하는 것이 바로 정치라고 규정하고 있다.[31]

1.3. 우리는 정치가 필요한가?

정치는 갈등을 해결하고 좋은 사회를 만들어 간다. 정치는 사람들 사이의 의견 차이나 이해관계를 둘러싼 다툼을 해결하는 과정이다. 정치는 영어로 폴리틱스(politics)이다. 도시 국가를 의미하는 그리스어의 폴리스(polis)에서 유래됐다. 정치는 함께 살아가기 위해 필요한 것이다.[32]

1.4. 정치는 정치가들만 하는 일인가?

우리는 가끔 친구와 의견이 달라 말다툼을 할 때가 있다. 여럿이 함께 살아가다 보면 종종 다툼이 생기게 마련이다. 이럴 때 꼭 필요한 것이 정치다. 정치란 생각의 차이나 다툼을 해결하는 활동을 말한다.[33] 정치는 함께 살아가는 우리 모두에게 필요하다. 정치는 정

---

31) https://terms.naver.com/entry.nhn?docId=1140869&cid=40942&categoryId=31645(검색일: 2018. 9. 29).

32) https://terms.naver.com/entry.nhn?docId=960219&cid=47305&categoryId=47305(검색일: 2018. 9. 29).

치가가 하는 일이고, 나랑은 관계없다는 생각은 옳지 않다. 정치에 대해 알고 나면 정치가 좋은 세상을 만들고 다른 사람과 함께 살아가기 위해 꼭 필요하다는 걸 깨닫게 된다. 사람들 사이에 서로 생각이 다르거나, 혹은 다툼이 생겼을 때 이것을 해결하는 활동을 '정치'라고 한다. 다양한 사람들이 모여 사는 사회엔 수많은 갈등이 생겨나. 갈등이 생겼을 때 서로 자기 의견만 주장하면 사람들 사이도 나빠지고 사회도 어지러워질 것이다. 그래서 여러 사람이 함께 행복하게 살아가기 위해서는 정치가 꼭 필요하다. 정치의 의미는 크게 두 가지로 나눌 수 있다. 정치가들이 나랏일을 한다고 할 때는 정치를 좁은 의미로 사용하는 것이다. 정치를 나랏일과 관련된 활동으로만 보기 때문이다. 국회의원이나 대통령이 하는 일이 그런 경우라고 할 수 있지만 정치가 사람들 사이의 갈등이나 문제를 해결하는 것을 의미할 때는 꼭 나랏일만을 말하는 건 아니다. 넓은 의미에서 보자면 가정에서, 학교에서, 친구들 사이에서 우리 모두가 정치를 하고 있다.34)

우선 좁은 의미의 정치35)는 국가와 지역의 중요한 결정을 내리는 활동이다. 예를 들어 쓰레기 처리장을 우리 마을에 지을지 말지를 결정하는 일 같은 것 이다. 만약 쓰레기 처리장을 우리 마을에 짓기로 결정한다면 우리 마을의 모습이 바뀌게 된다. 이밖에도 정치를 통해 쌀을 외국에서 수입할지 말지, 고속 철도를 건설할지 말지 등을 결정한다. 만약 쌀을 수입하기로 결정한다면 논농사를 짓는 우리

---

33) 효율의 극대화라는 행정이나 이윤의 극대화라는 경영과는 달리 정치는 많은 경우 무(無)에서 유(有)를 창조해 내야 한다.

34) https://terms.naver.com/entry.nhn?docId=960219&cid=47305&categoryId=47305(검색일: 2018. 9. 29).

35) "권력현상설"

집의 소득이 줄어들 것이다. 만약 고속 철도를 건설하기로 결정한다면 명절 때마다 고향집에 더 빠르게 도착할 수 있다. 이처럼 정치는 우리 주변과 우리 생활을 바꿀 수 있다.[36]

넓은 의미의 정치[37]는 우리 주변에서 훨씬 더 많이 찾아볼 수 있다. 학년의 반장이나 학과의 회장을 선출하여, 학교 전체 회의에서 학년이나 학과를 대표하게 하는 것도 정치에 속한다. 그뿐 아니라 정치는 우리 동네나 우리 집에도 있다. 주차 문제를 해결하기 위한 반상회, 가족 여행지를 결정하는 가족회의도 넓은 의미의 정치라고 할 수 있다.[38]

1.5. 칸트에게 있어 정치란?[39]

칸트에게 있어 정치란 법의 이성적 이념에 따라 공법 영역에서 그 것의 실현을 도모하는 것이며, 그 구체적 과제는 국내에서는 만인의 통합된 의지에 의한 입법이 지배하는 공화제로, 또한 국가 간에 있어서는 영원한 평화로 끝없이 접근하는 것이다. 정치도 법과 마찬가지로 외적 행위에 관계하며, 내적 동기에 관계하는 도덕과는 구별되지만, 윤리학에 속하는 것에 변함이 없다. 따라서 정치에서는 윤리가 엄격하게 추구되며, 이 점에서 근대의 철학자들 가운데서는 특이한 사상이 전개되고 있다.

고대에서의 정치는 플라톤과 아리스토텔레스에서 보이듯이 덕과

---

36) https://terms.naver.com/entry.nhn?docId=960219&cid=47305&categoryId=47305(검색일: 2018. 9. 29).

37) "집단현상설"

38) https://terms.naver.com/entry.nhn?docId=960219&cid=47305&categoryId=47305(검색일: 2018. 9. 29).

39) https://terms.naver.com/entry.nhn?docId=1713031&cid=41908&categoryId=41954(검색일: 2018. 9. 29).

올바르게 선한 삶의 방식과 결부되어 생각되고 있었지만, 근대에서의 정치는 그러한 헬레니즘과 기독교의 윤리로부터 분리되었다. 예를 들면 마키아벨리에서는 덕이라는 말로 불리기는 했지만, 그것은 열강에 기대어 국가를 지키는 군주의 기량이며, 홉스에서는 국가에 안정을 가져오는 합리적이고 실증적인 실용지라고 이해되고 있었다. 어쨌든 결과로서 실현되어야만 하는 공공의 복지라는 목적을 윤리에 적합한 것으로 본다 하더라도 그것을 실현하는 수단으로서의 정치는 권력을 유지하고 국가를 장악하는 실용이나 기술인바, 윤리와는 관계없는 것으로 생각되었다. 이리하여 가치중립적인 사회과학으로서의 근대 정치학에로의 길이 열린다.

칸트는 수단으로서의 정치 그 자체에서도 윤리를 추구한다. 정치에 관한 체계적인 저작은 남아 있지 않지만, 비판전기 후의 저작들을 통해서 '정직(Ehrlichkeit)'이 가장 좋은 정치라는 입장은 일관되게 견지되고 있다. 정치가 단순한 '영리함(Klugheit, 사려)'에 불과하다는 것, 요컨대 행복이라는 목적을 실현하는 수단을 지시하는 데 그친다는 것은 도덕의 경우와 마찬가지로 부정된다. 정치의 목적에 관해서도 '공공의 복지가 최고의 법이다'라는 법언에서의 복지란 "국가의 체제가 법의 원리들과 최대한으로 일치된 상태"라고 이해되며, 나아가 영원한 평화의 추구도 행복을 위해서가 아니라 윤리상의 의무로서 이야기된다. 말할 필요도 없이 자신의 행복을 위해 도덕을 왜곡하는 '정치적 도덕가'는 단호히 배척되며, 그 대극에서 '국가를 위한 사려(Staatsklugheit)'와 도덕의 양립을 도모하는 '도덕적 정치가'가 추구된다. 그 때의 '정치의 원칙'으로서 제시되는 것은, 보편적 법칙 하에서의 한 사람의 자유와 다른 모든 사람의 자유의 양립이라는 법의 정의로부터 직접적으로 도출되는 '공리'에 따르며,

평등의 원리에 기초하는 만인의 통합된 의지의 '요청'에 응하고, 자유와 평등의 원리에 따라서 공동체 내의 협조를 도모하는 '문제'에 몰두한다고 하는 것이다. 또한 현실의 정치가 이 원칙에 따르고 있다고 판단되는 기준 내지 따른다는 보증은 정치가 관계하는 전 국민 또는 나라들에 대한 공개를 견딜 수 있다는 것, 요컨대 공개성이라는 원칙에서 찾아진다.

1.6. 정치와 정치학

정치를 공부하는 정치학은 정치이론(철학/방법론), 비교정치, 국제정치, 행정학, 정치경제/국제정치경제 등으로 나누어진다. 국제기구와 글로벌거버넌스를 다루는 분야는 국제정치와 국제정치경제이다.

1.7. 국제정치

과거에는 국제정치는 국가 간의 정치, 국제관계는 국가 간의 정치, 경제, 문화 등으로 이해되었지만 지금은 국제관계와 국제정치는 용어로서 혼용되고 있다. 국제정치의 영어 표기도 international politics보다 international relations가 사용되고 특히 약자인 IR이 널리 알려져 있다. 필자는 이 책에서 국가 간의 정치, 경제, 문화 등에 대해 영화를 가지고 설명하겠다. 국제관계에 대한 이해를 높이기 위해 다른 나라의 정치, 경제, 문화 등에 관한 영화들도 살펴보겠다. 이러한 관점이 필자가 소속한 부경대 국제·지역학(international & area studies)부의 학문목적이다. 지역연구와 국제관계학의 밀접한 연관, 국내정치와 국제정치의 밀접한 연관 등은 최근에 더욱 심화되고 있다.

국제정치는 주권을 가진 국가 상호간에 국경을 초월하여 국가, 비
(非)국가의 행위체가 만들어낸 가치의 배분을 둘러싼 정치적 관계의
정치현상으로 그것을 연구하는 것이 국제정치학이다. 국제정치학은
크게 나누어 국제정치를 전체적으로 다루고자 하는 거시적인 이론
과 개별적인 주체(국가 등)의 행위를 연구하는 미시적인 이론이 있
는데 양쪽 모두 국제정치 현상을 어떻게 분석할 것인가 하는 연구
또는 방법론이라는 것이 존재한다.40)

국제정치를 전체적으로 다루고자 하는 거시적인 이론의 하나로
현실주의(리얼리즘)가 있다. 현실주의는 국제정치를 상위에 정부 또
는 권위가 존재하지 않는 '무정부 상태'하에서의 국가간에 전개되는
정치로서 받아들인다. 여기에서 국가는 자기보존을 가장 우선적인
또는 최저한의 목표로 생각하고 궁극적으로는 자력구제(무력 등)를
도모하게 된다. 따라서 현실주의는 그 공통의 특징으로서 국가를 주
체로 생각하고, 힘(군사력 등)을 중심으로 국제정치를 생각하는 것
이다. 국가의 목표는 안전보장을 정점으로 하는 계층구조로 되어 있
다고 가정하고 국가는 그러한 목표 체계를 갖는 '합리적 행위자'라
고 규정한다. 국가는 국가 간의 힘의 분포 그리고 그 속에서 자신의
상대적인 위치, 자신의 목표를 설정할 때 또는 행동을 할 때 필요한
요소의 하나라고 생각한다. 전통적인 현실주의는 힘의 분포, 상대적
인 힘을 중시하면서도 국가의 행동은 국가 간의 상호작용, 국가의
성격, 국내의 정치, 더 나아가 정책 결정자의 인식 등에 따라 크게
좌우된다고 할 수 있다. 현실주의의 견해에서 국가의 대외정책의 지

---

40) https://terms.naver.com/entry.nhn?docId=726483&cid=42140&categoryId=42140(검색일: 2019. 9. 29).

침으로서 또는 국제정치 전체의 양식으로서 세력균형이라는 것이 존재한다. 세력균형은 주권국가체계 속에 다른 것을 압도하는 국가 또는 동맹의 발생을 방지하고 또한 주권국가체계를 유지하고, 각 국가의 자율성을 보호하고, 전쟁을 억제하는 것이다. 고전적인 세력균형은 복수의, 공통의 문화, 가치를 갖는 국가간에 동맹 등의 방법으로 힘이나 이익을 균형 있게 하여 국제정치의 안정을 도모하고자 하는 것이다. 이것을 더욱 발전시켜 현실주의 속에 국가간의 힘의 분포를 기본적인 변수로서 힘의 분포를 다극(多極), 양극, 단극 등으로 분류하고 각각에 있어서 국가의 기본적인 행동양식을 명확히 하여 국제정치의 안정성을 고찰하고자 하는 연구 영역이 있다. 이러한 국가 간의 힘의 분포의 중요성을 극한까지 높여 생각한 것이 네오리얼리스트라고 하는 사람들이다. 왈츠(Kenneth Neal Waltz)는 국제정치에 있어서 국가의 행동은 '무정부 상태' 및 힘의 분포라는 시스템 구조적인 요인에 의해 결정되고, 국내적 요인 또는 정책 결정자의 인식 등은 국가의 행동에 유의한 영향을 미치지 않는다고 하였다. 이러한 네오리얼리스트에 대해서 리얼리스트 중에도 국가가 대상으로 하는 것은 물리적인 힘이 아니라 오히려(인식된) 위협이라고 논하거나, 국가 간의 이합집산도 균형이라고 하기보다 오히려 힘이 강하게 위협을 미치는 국가에 접근한다는 밴드왜건(Bandwagon) 현상으로 보거나, 국내의 정치가 국가의 대외행동에 큰 영향을 미친다고 논하는 경우도 있다.[41]

현실주의가 국가 간의 이해대립(전쟁 등)을 필연적인 것으로 보거나, 세력균형에 의한 안정을 생각하는 것에 대해 이상주의는 국가

---

41) https://terms.naver.com/entry.nhn?docId=726483&cid=42140&categoryId=42140(검색일: 2019. 9. 29).

간의 첨예한 이해대립을 어떻게 하면 회피할 수 있는가 또는 세력균형을 대신하여 평화를 보장하는 메커니즘은 어떠한 것이 존재하는가 하는 것을 생각한다. 우선 세력균형을 대신하는 틀로서 집단안전보장이나 세계정부 등을 생각하였다. 제1차 세계대전 후 전쟁의 발발을 세력균형의 실패라고 본 미국 대통령 윌슨(Woodrow Wilson)은 여러 국가 간의 이해 조정을 위한 회의의 제도, 전쟁의 금지, 더 나아가 침략에 대한 여러 국가의 제재를 기초로 한 제도를 생각하고 그것을 국제연맹으로서 실현하고자 하였다. 이것은 국제제도를 통하여 평화를 달성하고자 하는 이상주의이다. 또한 윌슨을 비롯한 이상주의자는 무역 등의 경제교류는 국가 간에 상호이익을 가져와 대립보다 협조를 낳고, 민주주의적인 제도 또는 가치의 공유는 국가 간의 상호이해를 촉진하여 대립, 분쟁의 평화적 해결에 연결된다고 논하였다. 더불어 다양한 분야에서 국가 간의 국제기구를 생각하고, 많은 분야에서 국제기구를 구축하여 안전보장상의 대립의 기회를 줄여 간다는 기능주의도 하나의 이상주의라고 할 수 있을 것이다.[42] 국제정치를 국제기구나 글로벌거버넌스로 풀어 나가고자 하는 태도는 기본적으로 이상주의이다.

이상주의와 밀접한 관련을 갖는 것으로서 국제 정치학에서 말하는 리버럴리즘(liberalism)이 존재한다. 리버럴리즘(liberalism)은 자유로운 경제체제나 경제교류 또는 자유주의적인 정치제도, 가치는 그것 자체가 평가되어야 하는 것일 뿐만 아니라 경제적인 부(경제후생)를 증대하여 국가 간의 평화에도 기여한다고 논한다. 최근의 체계적인 리버럴리즘(liberalism)의 국제정치 이론은 1970년대 상호의

---

42) https://terms.naver.com/entry.nhn?docId=726483&cid=42140&categoryId=42140(검색일: 2019. 9. 29).

존론으로서 등장하였다. 상호의존론은 상호의존(경제 등)은 국가 간에 포지티브섬(Positive Sum)의 이익을 가져옴으로써 현실주의가 말하는 국가 간의 제로섬(Zero Sum)적인 대립이 지배적이라는 논리를 부정한다. 그리고 국가의 목표체계는 안전보장을 정점에 둔 계층적인 것이 아니며, 국가의 목표는 상황에 따라 변화하고 경제적인 목표도 대외정책이 우선적인 목표라고 논하였다. 물론 상호의존의 진전은 국내의 집단에 다른 이익을 가져와 그것이 국가 간의 대립으로 이어지거나(경제마찰 등) 또는 경제성장 등의 국가의 목표를 독자적으로 달성할 수 없게 되어 정책의 협조가 필요하게 되었다. 더불어 세계경제 전체의 안정을 도모하기 위해 가트(세계무역기구), 국제통화기금 등의 국제적인 제도(국제체제)가 필요하다고 논하였다. 국제체제는 국가가 준수해야 하는 규칙과 규범의 세트로 사회적 딜레머를 해결하고, 정보를 교류·공유시켜 투명성을 확보하는 등의 역할을 하고, 국가 간의 협력을 확보하여 국제사회 전체의 목표의 달성에 기여하는 틀이 되는 것이다.[43]

현실주의와 리버럴리즘(liberalism)에 대해 국가 간의 격차, 격차의 생성, 그 재생산을 정면에서 다루고자 하는 것이 네오마르크스주의이다. 네오마르크스주의(종속론, 세계체제론)는 세계자본주의와 주권국가체계가 병존하는 세계를 생각한다. 세계자본주의는 자본의 축적을 위해 국내, 국제를 불문하고 중심-주변구조를 만들어 내는 것으로 국가를 단위로 한 경우 중심에 속하는 국가(선진국), 준주변에 속하는 국가(신흥공업국), 주변에 속하는 국가(개발도상국)가 존재하고 그 계층구조는 재생산된다. 그리고 중심은 준주변, 주변을 정치

---

43) https://terms.naver.com/entry.nhn?docId=726483&cid=42140&categoryId=42140 (검색일: 2019. 9. 29).

적으로 지배하여 경제적으로 '탈취'하고 계층 간에는 엄격한 대립이 존재한다. 또한 중심에 속하는 국가들 간에도 치열한 경쟁이 전개된 다는 것이다.[44]

국경을 초월하여 활동하는 주체는 국가뿐만 아니라 다국적 기업, 비정부기구(NGO)등이 존재한다. 특히, NGO는 냉전 후 그 역할을 질적, 양적으로 높이고 있다. 이러한 NGO의 국경을 초월한 활동을 탈(脫)국가 국제관계(transnational relations)라고 한다. 다국적 기업은 생산자원의 배분에 있어서 국경을 초월하여 영향력을 발휘하여 국가의 자원 배분력을 능가하는 경우도 있어 '국가주권이 위기에 빠져 있다' 또는 '국가의 퇴장' 등이라고 상징적으로 표현한다. NGO의 형태는 다양하며 그 기능에 있어서도 국제적인 압력단체, 전문지식에 기초한 것, 실천집단, 대의(大義)(예를 들면 인도)의 옹호·전파·교육에 중점을 두는 것, 사회운동 등 다양하다. 국제정치학에서는 이들 NGO의 활동이 국제제도의 형성에 미치는 영향, NGO의 조직, 동원 메커니즘 등을 연구함과 동시에 NGO가 형성한 긴밀한 네트워크를 예를 들면 세계 시민사회라는 개념으로 받아들이고자 한다.[45]

오늘날 국제정치는 금융, 정보, 문화 등 다양한 분야에서 급속한 글로벌리제이션이 진행되고 있다. 또한 지구온난화 등 글로벌 이슈라고 불리는 현상이 일어나고 있다. 이러한 글로벌한 시스템 또는 글로벌 이슈를 제어하고 해결하기 위한 새로운 통치의 틀이 요구되고 있다. 글로벌거버넌스(global governance)가 그것이다. 글로벌거버넌스는 세계정부를 형성하고자 하는 것도 아니고 또한 국가를 유일

---

44) https://terms.naver.com/entry.nhn?docId=726483&cid=42140&categoryId=42140(검색일: 2019. 9. 29).
45) https://terms.naver.com/entry.nhn?docId=726483&cid=42140&categoryId=42140(검색일: 2019. 9. 29).

한 주체로서 생각하는 것도 아니다. 거기에는 정부, 기업, NGO간에 각각의 권위, 능력에 따른 국제적인 분업과 공치(共治)의 틀을 형성하여 공통 문제의 해결을 도모하고자 하는 것이다.[46]

국제정치학에는 개개의 주체, 특히 국가(정부)의 정책결정을 연구하는 정책 결정론이라는 분야가 존재한다. 정책 결정론에는 국가를 단일의 합리적 행위자로 보고 국가가 가능한 선택 폭 중에서 그 목적에 따라 가장 적당한 것을 선택한다는 합리적 행위자모델, 국가의 대외행동은 국내의 관료조직이나 집단의 정치적 거래에 의해 결정된다는 것, 더 나아가 정책 결정자의 인식, 개인적인 자질을 중시하는 것 등 다양하다. 더불어 2개 또는 그 이상의 국가가 어떠한 협상을 하여 타협점을 찾아내는가를 다루는 협상론이 있다. 정부(국가)간의 협상은 우선 정부를 명확한 목적을 갖는 단일의 행위체로 보고 2개의 정부가 어떤 문제에 관하여 자신에게 유리한 결과를 얻기 위해 협상한다는 상황을 생각하여 분석한다. 협상을 게임으로 본 경우 그것은 양방 모두 현상보다 유리한 점으로 이행하는 '통합적인(integrative)' 협상의 측면과 어떤 지점에서 움직이면 어느 쪽은 손해를 보고 어느 쪽은 이득을 얻는다는 '경쟁적인(competitive)' 협상의 2가지 측면으로 구성된다고 한다. 또한 협상에 있어서 쌍방의 선택 폭 또는 가능한 협상의 결과가 사전에 결정되어 있는 것이 아니라 쌍방에게 이익이 되는 선택 폭이나 협상의 결과를 협상의 당사자가 협력하여 찾아내는(또는 제3자가 제시하는) '공동의 문제 해결'의 작업이기도 하다. 또한 협상 과정의 대화 속에서 당사자의 이익(효용함수) 자체를 변용하여 쌍방의 이익이 되는 결과를 얻고자 하

---

46) https://terms.naver.com/entry.nhn?docId=726483&cid=42140&categoryId=42140(검색일: 2019. 9. 29).

는 현상도 일어난다. 협상은 다국 간에도 이루어진다. 다국간의 협상은 2국간 협상의 연장으로서 게임론으로 분석할 수도 있다(n명 게임). 그런데 그것은 매우 복잡해져 실용적인 모델이 되지 못한다. 그러나 질적인 모델로서는 영(Oran Young)의 '제도적인 협상'이라는 개념이 있는데 거기에서는 대부분의 국가가 현상보다 유리한 것을 찾는 '통합적인' 협상을 실행하여 각자 최적점을 찾는 것이 아니라 오히려 협상의 결과가 공평하다고 인정되는 점을 찾는 것이며 또한 여러 가지 가능한 협상 결과 중에서 핵심 포인트가 되는 점이 협상 결과가 된다는 것이다. 그리고 협상이 성공하기 위해서는 협상 참가자의 다양한 이익을 감안하여 통합하는 기업가적인 리더를 필요로 하게 된다. 또한 실제의 협상과정을 보면 한편에서는 정부 간 협상이 이루어지고 다른 한편에서는 각각의 국내에서 협상의 결과를 둘러싸고 대책이 이루어지고 있다. 실제 협상의 결과는 정부 간에 수용할 수 있고 또한 양방의 국내에서도 수용할 수 있어야 한다. 이러한 전제하에 협상과정을 국내, 국가간의 쌍방의 레벨에서 명확하게 하고자 한 것이 2레벨 게임이다.[47]

국제정치학은 전통적으로 역사, 국제법(국제적인 제도를 포함)을 주요 연구로 하는 것이었다. 또한 정치학(사회과학)으로서 확립하는 과정에서도 연구대상으로 하는 국가나 정부의 의도를 '이해'하는 것이 주를 이루고, 연구의 진행방법도 사례 등을 제시하면서 이해를 구한다는 '인상(印象) 기술적(記述的)'인 것이 많았다. 그러나 1950년대 후반 '행동과학 혁명'이 일어나 국제정치학에도 영향을 미쳤다. 그리고 국제정치 현상에 있어서 법칙성을 찾아 그것을 이끌어 내어

---

47) https://terms.naver.com/entry.nhn?docId=726483&cid=42140&categoryId=42140(검색일: 2019. 9. 29).

가설을 객관적, 체계적인 데이터로 검증하거나 국가를 합리적인 행위자로 보는 게임의 이론적인 모델 등이 구축되었다. 더불어 1970년대부터 1980년대에 걸쳐 게임의 이론은 크게 발전하여 반복게임 또는 불완비 정보를 다루는 게임이 구축되었으며 더 나아가 다양한 균형해(均衡解)가 정식화되었다. 이러한 '새로운' 게임의 이론은 국가 간의 협력 가능성, 전쟁의 발발조건 또는 국내 분쟁의 분석 등에 관하여 활발하게 응용된다. 게임의 이론은 국가를 합리적인 행위자로 보고 그 상호작용을 명확하게 하는 것을 기본으로 한다. 네오리얼리즘, 네오리버럴리즘(neo-liberalism)과의 강한 친화성을 가지고 있다. 여기에 국제정치학에서의 '네오리얼리즘의 통합(neo-realist synthesis)'이라는 것이 형성되어 1980년대에 지배적인 것이 되었다. 그러나 1980년대 중반 이래 국가 중심, 합리주의, 객관적 분석을 중심으로 하는 '네오리얼리스트 통합'에 강한 비판이 일기 시작한다. 하나는 객관적인 분석에 대한 비판으로 거기에서는 객관적인 분석의 가능성을 부정하고 기존의 국제정치학을 부정, 탈(脫)구축한다는 '포스트모던'의 국제정치학이 언급되었다. 또한 국가를 중심으로 하여 개인(국가)의 상호작용만으로 국제정치를 논하는 것이 비판되었으며 전체의 속성(예를 들면 국제체제)이 국가의 행동을 규정하는 것도 생각해야 한다는 것이 강조된다. 또한 국가의 이익은 주어지는 것이 아니라 그것은 전체(국제사회)의 규범 또는 국가의 정체성에 규정된 것이라는 등의 견해가 제시되었다. 현재는 이러한 비판(이것들을 전체로서 '비판이론'이라고 하는 경우가 있다)을 기초로 국제정치는 사회적으로 구성된 것이라는 사회구성주의라는 연구가 활발하게 일고 있다. 국제정치학은 기본적으로는 현실의 국제정치 현상을 설명하거나 이해하려는 것이지만 그 중에는 규범적인 분석을 실행하는 것도 존재한다(규범이론). 예를 들면 평화, 평등, 빈곤의 제거 등의 기본적인 목표를 어떻게 달성할 것인가를 생각하거나(국가 간의) 불평등, 격차는 어느 정도, 어떠한 이유로 허용되는가를 고찰하는 것이다. 또한 전쟁(무력행사)에 관해서도 어떠한 조건하에서 그것이 인정되는가(예를 들면 인도적인 문제에 관한 무력개입)를 검토하는 것도 있다.[48]

1.8. 칸트에게 있어서 국제정치란?

『영구평화를 위하여 *Zum ewign Frieden*』(1795)은 칸트(Kant, Immanuel 1724~1804)의 저작이다. 이 책이 출간된 것은 1795년 가을이나, 집필의 직접적 동기는 같은 해 4월에 프러시아와 프랑스 사이에 체결된 평화협정이었다. 영구평화(세계적 규모의 법적 상태)를 달성하기 위한 조건을 논한 것이다. 이상으로서는 단일한 세계국가(세계공화국)을 건설하는 것이 바람직하지만, 현실상 그것이 불가능하므로 먼저 모든 국가가 민주적 법치국가로 되고, 이어 이 국가들 간에 '국제연맹'을 만드는 것이 영구 평화를 실현하기 위한 유일한 방법이라고 언급하고 있다. 본문은 평화조약의 체제를 따라서 예비조항(6항)·확정조항(3항)·추가조항(2항)·부록(2편)으로 구성되어 있다.[49]

제1장 '예비조항'은 영구평화의 실현에 장해가 되는 일을 여섯 가지를 열거하고 그것을 금지하고 있다. 제2장 '확정조항'은 영구평화를 실현하기 위한 적극적인 조건을 논한 것이다. 제1항은 국내법의

---

48) https://terms.naver.com/entry.nhn?docId=726483&cid=42140&categoryId=42140(검색일: 2019. 9. 29).

49) https://terms.naver.com/entry.nhn?docId=388336&cid=41978&categoryId=41985(검색일: 2018. 9. 29).

관점에서 각국의 헌법은 '공화적'(민주적)이어야 한다고 주장하고, 제2항은 국제법의 관점에서 '국제연맹'(자유로운 제 국가의 연합)의 이념을 말하고, 제3항은 세계 공민법의 입장에서 모든 국민 상호의 '방문권'의 확립을 요청하고 있다. 추가조항 제1항은 자연의 합목적성(섭리)에 의해 세계평화의 실현이 보증되고 있음을 지적하고, 제2항에서는 평화의 문제에 관한 철학자들의 경고에 귀를 기울이도록 충고하고 있다. 부록은 정치와 도덕의 관계를 논하고 있다. 이 문제에 관한 칸트의 기본 태도는 도덕을 근거로 하지 않으면 참다운 정치는 행해지지 않는다는 것이다. 본서의 평화론이 제1차 세계대전 후의 국제연맹과, 제2차 세계대전후의 국제연합의 사상에 준 영향은 크며, 평화사상이 검토되는 경우에 언제나 이 책이 인용되고 있다.[50]

칸트는 "상비군은 시대의 흐름과 함께 완전히 폐기되어야 한다."고 주장한다. 왜냐하면 상비군은 항상 무장한 채로 출격 준비를 갖추고 있음으로서 다른 나라들을 끊임없이 전쟁으로 위협하고 있기 때문이다. 상비군이 다른 나라들을 자극하게 되면, 서로 간에 무제한의 군비 확장 경쟁에 돌입하게 되며, 이로 인해 군사비가 증가된다. 결국 평화를 유지하는 것이 단기적인 전쟁을 하는 것보다 오히려 더 큰 압박을 받는 상황이 연출된다. 이 압박을 피하기 위해서 선제공격을 하게 되니, 결국 상비군 자체가 선제공격의 원인이 된다고 했다. 칸트의 예지력이 놀라운 것이다.[51]

칸트는 "국가의 대외 분쟁과 관련하여 국채를 발행해서는 안 된다."고 한다. 칸트에 의하면 국채는 위험한 금력으로, 전쟁 수행을 위한 보물창고이며, 다른 모든 국가 재화의 총량을 능가한다 해도

---

50) https://terms.naver.com/entry.nhn?docId=388336&cid=41978&categoryId=41985(검색일: 2018. 9. 29).
51) https://blog.naver.com/behindname/220959129002(검색일: 2018. 9. 29).

고갈되는 법이 없다. 이를 통해 손쉽게 수행되는 전쟁은 인간 본성에 내재해 있는 것만 같은 권력자의 전쟁벽과 연결되어 영구 평화의 최대 장애가 될 것이라고 했다. 만일 이 국채가 금지되지 않는다면 국채 발행 국가는 최후에 도저히 파산을 피할 수 없게 될 것이며, 부채가 없는 다른 여러 나라들에까지 일제 필연적인 피해를 가할 것이며 국가들 간의 관계에 크나큰 장애를 가져다 줄 것이라고 했다.52)

---

52) https://blog.naver.com/behindname/220959129002(검색일: 2018. 9. 29).

참고문헌

금정건. 1982. 『현대국제법』서울: 박영사.

김광식. 1999. 『한국 NGO-시민사회단체 21세기의 희망인가』서울: 동명사.

김용구. 1997. 『세계관 충돌의 국제정치학: 동양의 예와 서양의 공법』서울: 나남출판.

김정균. 1986. 『국제법』서울: 형설출판사.

박배근. 2015. "국제법학의 방법으로서의 국제법에 대한 제3세계의 접근" 『국제법평론』 II.

박상섭. 2008. 『국가·주권』서울: 소화.

박원순. 1999. 『NGO 시민의 힘이 세상을 바꾼다』서울: 예담.

박재. 1969. 『국제법』서울: 일조각.

유병화. 1983. 『국제법총론』서울: 일조각.

윤경철. 2015. 『국제정치학(상)』서울: 배움.

이한기. 1985. 『국제법강의』서울: 박영사.

이홍종. 2018. 『영화 속의 국제관계』부산: 도서출판 누리.

정인섭. 2012. 『생활 속의 국제법 읽기』서울: 일조각.

정인섭. 2017. 『신국제법강의: 이론과 사례』(제7판) 서울: 박영사.

한국법교육센터. 2014. 『재미있는 법 이야기』서울: 가나출판사.

한국NGO총람편찬위원회. 1999. 『한국NGO총람 1999』서울: 한국NGO총람편찬위원회.

홍성화 외. 1984. 『국제법통론』서울: 학연사.

Han, Sang-hee. 2010. *The Circulation of International Legal Terms in East Asia*. Asian Law Institute Working Paper Series. No. 014.

Jessup, P. 1956. *Transnational Law*. Yale University Press.

Joyner, C. 2005. *International Law in the 21st Century*. Rowman & Littlefield Publishers.

Karns, Margaret P. 외. 저. 김계동·김현욱·민병오·이상현·이유진·황규득. 역. 2017. 『국제기구의 이해: 글로벌 거버넌스의 정치와 과정』서울: 명인문화사.

Mosler, M. 1999. "General Principles of International Law" in R. Bernhardt ed. *Encyclopedia of Public International Law*. vol. 2. Elsevier B.V.

Reiss, H. 1977. *Kants politisches Denken,* Lang, 1977(樽井正義 譯『カントの政治思想』藝立出版, 1989).

Steiner, H. *et al.*, 1986. *Transnational Legal Problems*. Foundation Press.

Williams, H. 1983. *Kant's Political Philosophy*, Blackwell.

小野原雅夫 「平和の定言命法-カントの規範的政治哲學」 樽井・円谷 編『社會哲學の領野』晃洋書房, 1995.

복 습

- ( )란 '함께 더불어 사는 기술'이나 '희소자원의 권위적 배분'이라고 정의되듯이 원래 공익적이고 긍정적인데 담당하는 사람들이 공익이 아닌 사익을 위해 하기 때문에 ( )가 매우 부정적으로 여겨지고 있다.

- 정치는 영어로 폴리틱스(politics)이다. 이는 도시 국가를 의미하는 그리스어의 ( ) 에서 유래됐다.

- 정치와 관련 권력현상설과 집단현상설을 설명하세요!

- ( )에 의하면 정치란 법의 이상적 이념에 따라 공법 영역에서 그것의 실현을 도모하는 것이며, 그 구체적 과제는 국내에서는 만인의 통합된 의지에 의한 입법이 지배하는 공화제로, 또한 국가 간에 있어서는 영원한 평화로 끝없이 접근하는 것이다.

- ( )에 의하면 덕이라는 말로 불리기는 했지만, 정치는 열강에 기대어 국가를 지키는 군주의 기량이며, 홉스에서는 국가에 안정을 가져오는 합리적이고 실증적인 실용지라고 이해되고 있었다.

- 칸트는 수단으로서의 정치 그 자체에서도 ( )를 추구한다. 정치에 관한 체계적인 저작은 남아 있지 않지만, 비판전기 후의 저작들을 통해서 '정직(Ehrlichkeit)'이 가장 좋은 정치라는 입장은 일관되게 견지되고 있다. 정치가 단순한 '영리함(Klugheit, 사려)'에 불과하다는 것, 요컨대 행복이라는 목적을 실현하는 수단을 지시하는 데 그친다는 것은 도덕의 경우와 마찬가지로 부정된다.

- 지역학/지역연구의 영문 표기는?

- ( )는 국제정치에 있어서 국가의 행동은 '무정부 상태' 및 힘의 분포라는 시스템 구조적인 요인에 의해 결정되고, 국내적 요인 또는 정책 결정자의 인식 등은 국가의 행동에 유의한 영향을 미치지 않는다고 하였다.

- 제1차 세계대전 후 전쟁의 발발을 세력균형의 실패라고 본 미국 대통령 ( )은 여러 국가 간의 이해 조정을 위한 회의의 제도, 전쟁의 금지, 더 나아가 침략에 대한 여러 국가의 제재를 기초로 한 제도를 생각하고 그것을 국제연맹으로서 실현하고자 하였다.

- 국제정치를 국제기구나 글로벌거버넌스로 풀어 나가고자 하는 태도는 기본적으로 ( )주의이다.

- 상호의존론은 상호의존(경제 등)은 국가 간에 포지티브섬(Positive Sum)의 이익을 가져옴으로써 현실주의가 말하는 국가 간의 (   )적인 대립이 지배적이라는 논리를 부정한다.

- 오늘날 국제정치는 금융, 정보, 문화 등 다양한 분야에서 급속한 글로벌리제이션이 진행되고 있다. 또한 지구온난화 등 글로벌 이슈라고 불리는 현상이 일어나고 있다. 이러한 글로벌한 시스템 또는 글로벌 이슈를 제어하고 해결하기 위한 새로운 통치의 틀이 요구되고 있다. (   )가 그것이다. 이는 세계정부를 형성하고자 하는 것도 아니고 또한 국가를 유일한 주체로서 생각하는 것도 아니다. 거기에는 정부, 기업, NGO간에 각각의 권위, 능력에 따른 국제적인 분업과 공치(共治)의 틀을 형성하여 공통 문제의 해결을 도모하고자 하는 것이다.

- 『영구평화를 위하여 *Zum ewign Frieden*』(1795)은 (   )의 저작이다. 이 책이 출간된 것은 1795년 가을이나, 집필의 직접적 동기는 같은 해 4월에 프러시아와 프랑스 사이에 체결된 평화협정이었다. 영구평화(세계적 규모의 법적 상태)를 달성하기 위한 조건을 논한 것이다.

2. 국제정치와 국제기구

2.1. 국제정치와 국제기구

국가들 간의 정치적 관계가 군사적・경제적・사회문화적 관계를 조절하고 통제한다는 점에서 국제정치와 국제기구의 중요성이 있다. 전통적 시각에서 국제정치의 행위자는 개별 주권국가로 파악되었다. 그러나 국제연합과 같은 초국가적 국제기구의 탄생과 유럽공동체・북미자유무역협정(NAFTA) 등의 출현으로 주권국가만이 유일한행위자라는 전통적 주장은 설득력을 잃고 있다. 한편 미시분석을 강조하는 현대정치이론은 궁극적으로 개인들 간의 상호관계를 통해 국제질서를 이해할 수 있다고 본다. 이런 점에서 국제정치의 행위자는 개인・국가・국제기구라고 할 수 있다. 국제정치를 보는 시각에는 정치현실주의와 정치이상주의가 있다. 정치현실주의는 힘(power)을 정치의 본질이자 기본적인 분석단위로 본다. H. J. 모겐소(Hans J. Morgenthau)는 다른 모든 정치와 마찬가지로 국제정치도 힘을 위한 투쟁이며, "국제정치의 궁극적 목표가무엇이든 힘을 위한 투쟁은 항상 제1차적인 목표이다"라고 하였다. 그는 일반적으로 인간이나 국가는 힘을 추구하며, 이러한 집단 간 또는 국가 간의 힘의 추구가자연적으로 국제사회를 '힘의 균형상태'에 이르게 한다고 보았다. 반면 정치이상주의는 도덕・윤리・법 등의 규범적 측면을 강조한다. W. 윌슨(Wilson) 등의 이상주의자들에 따르면 정치현실주의가 표방하는 힘의 세계는 끊임없는 투쟁과 갈등을 일으킬 뿐이다. 따라서 평화를 지향하는 보다 높은 차원의 국제공동체를 건설하기 위해서는 인간의 감정에 호소하는 도덕과 법의 역할이 강조되어야 한다.

결국 현실주의는 냉엄한 국제정치현실을 분석하는 시각으로서, 이상주의는 보다 바람직한 국제공동체 건설을 지향하는 이론으로서 타당성을 지닌다. E. H. 카(Carr)가 말한바와 같이 정치란 현실과 이상 모두로 이루어지며, 국제정치도 현실주의와 이상주의의 종합을 통해 더 잘 이해될 수 있다. 국제정치의 목표는 국가 간 갈등과 분쟁이 전쟁으로 발전하는 것을 막고, 평화를 유지할 수 있는 안정된 국제질서를 형성하는 것이다. 이를 위해 힘의 균형체제, 힘의 우위 체제, 주권국가들의 통합 등의 방법이 모색된다. 힘의 균형체제는 2개 이상의강대국들에게 힘을 분산시켜 상호견제시킴으로써 전쟁을 방지하고 평화를 유지하려는 체제이다. F. 하트만은 16세기 이후 근대유럽에 존재했던 힘의 균형체제를 균형자형, 비스마르크형, 뮌헨시대형, 빌헬름형의 4가지로 분류하였다. 힘의 균형은 근대유럽의 평화유지에 이바지하였으나, 1914년 제1차 세계대전이 발발함으로써 붕괴되었다. 1920년 국제연맹(LN: League of Nations)의 창설로 새로운 국제질서인 힘의 우위체제가 성립되었다. 힘의 우위체제는 다수의 국가들이 연합하여 압도적으로 우세한 힘을 보유함으로써 잠재적 침략세력의 도발을 억제하려는 체제이다. 그러나 국제연맹은 침략자를 응징할 수 있는 강제력이 없었고 미국의 불참으로 인해 1939년 제2차 세계대전의 발발을 방지하지 못하였다. 1945년 미국·영국·소련·중국 등 연합국들이 중심이 되어 힘의 우위에 기반을 둔 국제연합(UN: United Nations)을 결성하였다. 회원국은 출범 당시 50개국이었다. 국제연합은 세계적 규모의 전쟁을 방지하였을 뿐만 아니라 국지전에도 개입하여 국제평화유지에 크게 기여하였다. 또한 1960년대 이후 대거 진출한 제3세계국가들의 발언권을 높이는 국제무대가 되었다. 그러나 힘의 균형이나 힘의 우위는 모두 힘에 기반한 국제체계로서 불안정성을가지고 있다. 따라서 오늘날 영구적인 평화유지체계를 형성하기 위하여 주권국가들의 통합이 추진되고 있다. 통합이란 개별 국가들이 주권이나 독립적 결정권의 포기를 전제로 새로운 공동체를 형성하는 과정이다. 통합이론에는 법적·제도적 접근방법을 취하는 연방주의(聯邦主義), 경제·사회·문화 등 비정치적 분야의 교류를 강조하는 기능주의(機能主義), 기능주의적 입장에서 연방주의적 요소를 가미한 신기능주의, 정보통신과 교통에 의한 공통문화의 형성을 강조하는 커뮤니케이션이론 등이 있다. 1989년 11월 베를린 장벽의 붕괴와 독일통일의 과정에서 기능주의적 시각에서 보면 교류가 큰 역할을 하였다. 오늘날 국제정치는 사회주의권의 붕괴로 이데올로기 대립의 시대가 마감되고 국가이익을 최우선하는 새로운 시대로 접어들고 있다. 이와 함께 지역통합·세계통합 등을 통해 다가오는 21세기에 보다 나은 평화공동체를 건설하려는 인류의 노력이 계속되고 있다.[53]

2.2. 국제정치경제와 국제기구

국제정치경제를 알아보기 전에 우선 정치경제에 대해 알아보겠다. 정치경제학(political economy 政治經濟學)은 17세기의 중상주의로부터 19세기 마르크시즘에 이르기까지 역사가 긴 학문이다. 중상주의는 무역정책이 군사력의 향상에서 갖는 상관관계를 중시하였으며 마르크시즘은 경제적 하부구조(economic substructure)가 정치적 상부구조(political superstruture)를 결정한다고 보았다(윤경철 2015,

---

53) https://terms.naver.com/entry.nhn?docId=1067407&cid=40942&categoryId=31656(검색일: 2018. 9. 29).

818).

정치경제학은 정치와 경제의 상호관계를 연구하는 학문이다. 정치경제학이라는 용어가 등장한 것은 대략 18세기경이다. A. 스미스(Smith)와 고전파 경제학자들은 오늘날 경제학이라 불리는 것을 의미하기 위해 정치경제학이라는 용어를 사용하였다. 스미스에 의하면 정치경제학은 국민과 국가 모두를 부유하게 하는 것을 목적으로 한다. 정치경제학이라는 용어는 1920년대 초반까지는 경제학이라는 용어와 동일한 개념으로 사용되었다. 오늘날정치경제학이라는 용어는 학자마다 상이하게 사용되고 있다. 일부 학자들은 형식적인 경제학의 방법론을 모든 형태의 인간행위에 적용한 것으로 정의하고 있다. 정치경제학을 사회적 행위를 설명하는 데 있어 구체적인 경제이론을 적용하는 것을 의미하는 것으로 사용하는 학자들도 있다. 게임이론·집단행동이론·공공선택이론·마르크스주의 이론들이 이런 입장을 취한다. 또 다른 학자들은 경제활동과 정치활동의 상호작용에 의해서 야기되는 일련의 문제를 언급하는 데 정치경제학이라는 용어를 사용한다. 사실상 현대의 정치경제학에는 통일된 방법론 또는 이론이 존재하지 않는다고 볼 수 있다.[54]

오늘날 정치경제학의 대표적 조류로는 주류정치경제학과 마르크스주의 정치경제학이 있다. 주류 정치경제학은 M. 베버(Max Weber)의 국가관과 시장관에 기초하여, 근대세계에서 정치와 경제의 구현체로서 국가와 시장의 상호작용을 연구한다. 즉 국가와 국가에 결합된 정치과정들이 부의 생산과 분배에 영향을 미치는 과정과 시장과 경제적 요소가 정치적이고 군사적인 권력에 미치는 효과를 분석하

---

[54] https://terms.naver.com/entry.nhn?docId=1166746&cid=40942&categoryId=31606(검색일: 2018. 9. 29).

는 것이다. 국가와 시장이 분명하게 완전히 분리될 수 없다는 것, 즉 정치와 경제는 독립적으로 작동할 수 없다는 것이 이들의 주요한 전제이다. 마르크스정치경제학에서는 인간사회의 발전은 생산력과 생산관계의 상호작용을 통하여, 하부구조의 변혁을 기초로 하여 진행되어 왔다고 본다. 이 때 상호작용의 방식은 각 단계의 인간사회가 가지는 생산양식의 차이에 따라 다르다. 그리고 생산관계의 발전법칙은 그 생산양식의 기본적인 생산관계로부터 직접적으로 생겨난 기본적 경제법칙을 축으로 하여 여러 경제법칙과의 관계를 통해 경제사회의 모든 과정을 전개시킨다고 보았다. 마르크스 자신은 바로 이 과정을 논리적으로 규명하는 것이 정치경제학의 과제라고 생각하였다. 이 두 입장 이외에도 접근방법에 따라 권력 중심적 정치경제학, 국가 중심적 정치경제학, 정의 중심적 정치경제학 등으로 현대의 정치경제학 조류를 구분할 수 있다.[55]

상기한 바와 같이 정치경제학이란 말은 다른 입장의 사람들에 의해 지금까지 다양한 의미를 포함하여 사용되어 왔다. 이러한 다른 용어법은 서로 관련하고 있지만 정합성(整合性)이 결여되어 종종 상호 모순되는 내용도 포함하고 있다. 그 중에서 몇 가지 대표적인 정의를 소개하고자 한다. 첫째, 정치경제학은 역사적으로 정치학과 경제학이 독립적인 학문체계로서 발달하기 이전, 즉 18세기나 19세기의 사회과학적인 발상이나 학문적 지향 전반을 가리키는 말로서 사용되어 왔다. 원래 이 의미에서의 정치 경제학이 탄생한 것은 당시 지배적이었던 종교적 또는 계급적인 사고에 대해서 자신의 규범적 입장에 의거하면서도 국가, 사회, 경제, 기술의 진보 등을 보다 과학

---

55) https://terms.naver.com/entry.nhn?docId=1166746&cid=40942&categoryId=31606(검색일: 2018. 9. 29).

제2장 국제정치와 국제기구 71

적으로 분석하고자 하는 기운이 높아졌기 때문이다. 이러한 의미에서의 정치 경제학 중에는 리카도(David Ricardo), 스미스(Adam Smith), 마르크스(Karl Marx), 레닌 등의 고전적인 저서를 포함할 수 있다. 둘째, 정치 경제학이라는 말은 현상으로서의 정치와 경제가 미분화되어 있다는 것을 강조할 때 사용되는 경우가 있다. 이 용어법은 반드시 특정의 학파를 염두에 두고 사용되는 것이 아니라 매우 애매하지만 순수한 경제학적 모델에 대해서 정치적 요인의 중요성을 소구(訴求)할 때 등 구체적인 이론적 입장을 가리키는 말로서의 의미를 갖는 경우도 있다. 예를 들면 케인지언(Keynesian) 경제학에서는 경기 부양책으로서 공공지출을 확대하여 재정적자가 용인되는 것에 대해 뷰캐넌(James McGill Buchanan) 등은 정책 결정자가 정치적으로 중립이라는 이른바 '하비로드의 전제'는 비현실적이며 기득 권익을 지키고자 하는 정치적 동기를 감안하면 한 번 확대된 재정적자는 경제가 호전되어도 축소가 어렵다고 주장 하였다. 이러한 비판은 케인스(John Maynard Keynes)에 대한 정치 경제학적 비판이라고 불려졌다. 셋째, 정치와 경제의 연관을 인정하는 점은 두 번째의 의미와 공통하지만 보다 명시적으로 정치적 현상의 궁극적인 결정 요인으로서 사회나 문화가 아닌 경제적 요인을 중시하는 이론적(및 규범적) 입장을 가리킬 때에 정치 경제학이라는 말을 사용하는 경우가 있다. 예를 들면 마르크스주의에서의 하부구조로서의 경제와 상부구조로서의 정치라는 개념화나 종속론, 세계 시스템론에서의 중심국과 주변국이라는 위치부여 또는 혁명이나 민주화 등의 정치변동의 원인으로서 경제적 요인을 강조하는 견해 등이 그러한 입장을 반영하고 있다. 이상의 세 가지 정의에 덧붙여 특히 1980년대 이후의 정치학에 있어서 정치경제학은 다음의 두 가지 의미를 포함하여 사용되는 경우가 많다. 먼저 정치와 경제의 관련을 모델화하여 분석하고자 하는 일군의 이론적 및 실증연구를 정치 경제학이라고 하는 경우가 있다. 이 중에는 공공부문의 확대, 경제성장과 정치제도의 관계, 업적평가 투표, 선거경제 순환, 다른 정당이 정권에 관여함으로써 경제정책이 어떻게 변화하는가, 경제의 글로벌화에 대해 각국은 어떻게 반응하고 있는가 라는 다양한 개별 테마를 둘러싼 연구가 포함된다. 최근의 정치 경제학이라는 말의 다른 하나의 용어법으로는 분석대상으로서의 정치와 경제의 연관이 아니라 경제학적인 이론이나 모델을 정치현상의 분석에 응용하고자 하는 방법론적 입장을 가리키는 경우가 있다. 그 대표적인 것으로는 게임이론, 포멀이론을 구사한 분석이나 그러한 이론의 발전과 응용 가능성을 확대하기 위한 입장에서의 연구를 들 수 있다. 이러한 연구는 방법론적 개인주의와 합리성이 전제되어 있기 때문에 이 의미에서의 정치 경제학은 합리적 선택이론(패러다임)의 연구와 동의(同義)로 볼 수 있다. 마지막으로 국제관계이론에 있어서 국제정치경제라는 말은 전쟁이나 안전보장에 관한 전통적인 국제정치학의 연구와는 일선을 그어 국제금융, 무역, 지역경제 통합, 지구환경이라는 테마를 다루는 것으로서 1970년대 이후 확립한 연구분야의 호칭으로서 사용된다.[56]

오늘날의 국제관계는 정치와 경제 간의 상호작용의 결과이고, 이같은 상호작용을 전제하고 이들 간의 관계를 규명하는 것이 국제정치경제학이라고 말할 수 있다. 그런데 정치영역에서 행위자들이 추구하는 것은 권력(權力, power)이고 경제영역에서 행위자들이 추구하는 것은 부(富, wealth)이기 때문에 정치경제는 권력의 추구와 부

---

56) https://terms.naver.com/entry.nhn?docId=729324&cid=42140&categoryId=42140(검색일: 2019. 9. 29).

의 추구 간 상호관계를 규명하는 것이라고 말할 수도 있다. 또한 행위자들의 행위를 조직하는 원리를 중심으로 본다면 정치영역에서는 국가이고 경제영역에서는 시장이다. 그 경우 정치경제학과 국제정치경제학은 국가와 시장이라는 메커니즘 간 상호관계를 규명하는 학문이 된다. 이와 같은 학문적 문제의식을 최초로 개발하여 한 분야로 정립한 사람이 바로 R. 길핀(Robert Gilphin)이고 『미국의 권력과 다국적 기업』이 대표적인 책이라고 할 수 있다. 이 책에 의하면 정치경제를 바라보는 데는 세 가지 전통적 시각이 존재한다. 첫째로 자유주의(自由主義)의 전통인데, 자유주의자들은 A. 스미스(Adam Smith)의 전통을 따라 개인과 기업에 초점을 맞춘다. 이들은 자유시장의 작동을 강조하고 국가의 역할을 최소한에 그치도록 해야 한다고 주장한다. 시장의 자기조절작용에 맡기면 보이지 않는 손에 의해 모든 행위자들이 이득을 보게 되어 있고, 국가 간에도 시장원리에 입각한 자유무역을 하는 것이 진정한 국가의 부를 추구하는 길이라는 것이다. 자유무역의 증진은 국가 간 상호의존을 심화시키고 이를 통해 모든 참여국이 이득을 보기 때문에 그러한 상호의존관계를 끊는 갈등과 분쟁의 소지는 줄어든다는 것이다. 이러한 전통의 관점에서 보면 개인 간의 관계나 국가 간의 관계는 분업질서에 의해 조화가 이루어지고 서로가 함께 이득을 보는 포지티브 섬(positive sum) 관계이다. 두 번째는 중상주의(重商主義) 전통인데, 대표 주자는 19세기 중엽 독일의 역사학파 경제학자 F. 리스트(Friedrich List)라고 말할 수 있다. 그의 관심은 개인이 아니고 국가다. 그는 애덤 스미스가 보편원리로 주장했던 자유무역론은 사실은 가장 선진국으로 앞서 달리던 영국의 특수 이익을 반영한 논리일 뿐이고, 역사적 발전단계가 다른 모든 국가들은 그 단계에 걸맞는 중상주의적 정책을 추구할 수 있다고 주장한다. 국가의 생산력을 키우기 위해서는 일시적이라도 유치산업(幼稚産業) 보호를 위해 국가가 시장에 개입해서 보호무역을 할 수 있다는 것이다. 이처럼 국가의 시장에 대한 개입이 합리화되고, 국가와 국가 간의 관계는 부의 배분을 둘러싼 갈등관계이며 네거티브 섬(negative sum) 관계라고 볼 수 있다. 세 번째는 마르크스주의(Marxist) 전통이다. 이의 시조인 칼 마르크스(Karl Marx)는 아담 스미스가 주장한 자유방임적 자본주의가 구조적인 모순에 처해 있기 때문에 그의 분석의 초점인 계급관계, 즉 유산계급과 무산계급 간의 관계는 갈등과 투쟁의 관계라는 것이다. 그에 의하면 정치영역이라는 상부구조는 경제영역이라는 하부구조의 반영물에 불과하고, 국가는 시장을 지배하고 있는 자본가 계급의 이익을 반영하는 도구일 뿐이다. 자본주의는 자체적 모순, 즉 자본의 집중, 수요와 공급 간의 불균형, 이윤율의 저하라는 세 가지 법칙 때문에 대공황을 맞을 수밖에 없고, 결국 계급혁명을 통해 붕괴될 수밖에 없다고 주장한다. 이러한 갈등적 계급관계의 논리를 국제적인 차원으로까지 확장시킨 사람이 바로 레닌(Lenin)이었다. 정치경제학에서의 이 같은 세 가지 전통은 제각기 다른 가정에서 출발하고 설명하고자 하는 주요 행위자가 다르며 다른 논리적 체계를 가지고 있기 때문에 서로 통할 수 없는 평행선을 그린다. 결국 어떠한 이론적 전통에 서느냐에 따라 연구자의 결론과 처방이 다르게 나올 수밖에 없는 것이다. 이러한 세 가지 전통 중에서 길핀은 스스로 중상주의적 시각을 채택하고 있음을 밝힌다. 특히 이 책의 전체를 관통하는 시각은 경제현상의 배후에서 작용하는 정치, 즉 국가 권력의 역할에 초점을 모은다는 점에서 그렇다. 특히 그의 관점에서 볼 때 자유주의자들의 시각은 순진하다. 자유주의자들, 특히 애덤 스미스류의 경제학자들의 관점에서는 경제행위자들이 상대방이 얼마나 이득을 보느냐에 상관없이 자기가 확보하는 이득에만 집착해서 행동하기 때문에 국가 간 협력이 용이하다고 보는 경향이 있다는 것이다. 그러나 길핀이 보기에 국가는 그렇게 단순한 행동주체가 아니다. 정치의 세계에서는 내가 얼마를 얻느냐 하는 절대적인 이득(absolute gain)이 문제가 아니라 상대방에 비해서 내가 얼마나 얻느냐 하는 상대적인 이득(relative gain)이 중요하다는 것이다. 즉 내가 남보다, 우리 국가가 다른 국가보다 얼마나 더 강하고 약하냐 하는 상대적 권력이 가장 중요하다. 국가는 속성상 스스로의 생존을 위해 자신의 상대적 권력을 증대시켜야 되고, 이를 위해 끊임없이 투쟁해야 하는 존재이다. 그것은 국가들끼리의 관계가 '만인의 만인에 대한 투쟁'식의 무정부적 상태에 있기 때문이라는 것이다. 부의 추구와 권력의 추구 간의 관계에 대한 길핀과 같은 중상주의적인 관점은 마르크스주의자와 다르다. 마르크스주의자들은 자본주의 국가들의 대외 정책이 자본가 계급의 이윤 추구의 욕망을 반영하는 것으로 자본가들의 이해에 의해 좌우된다고 본다. 그러나 중상주의자들은 국가의 대외 정책은 자본가들이 아닌 다른 계급, 집단들의 이해까지 포괄하되 독자적인 유기체로서의 국가가 상정하는 이익, 즉 국가이익을 추구하는 것이 대외 정책이라고 본다. 예를 들어 미국의 베트남 전쟁이나 중동 정책은 미국의 자본가 이익과는 관계가 없는 당시 상황에서 국가가 정의한 국가이익 추구의 결과일 뿐이었다는 것이다. 이처럼 중상주의자들에게 있어서 국제체제에서 일차적인 주요 행위자는 국가이고, 국가는 국가이익을 추구하는 존재이다. 이는 물론 국가가 유일한 행위자라는 것은 아니고 다른 비국가행위자들보다 중요한 존재라는 것이다. 예를 들어 비국가행위자들의 역할과 활동범위를 결정하는 일

차적 요인도 바로 국가들 간의 권력배분관계가 어떻게 되어 있느냐라는 것이다.[57]

국제정치경제(international political economy)[58]는 국제적 차원에서 경제와 정치의 관계를 분석하는 국제정치학의 한 분야이다. 정부의 정책이 경제에 영향을 미치며, 경제력이나 경제원리가 정치행위에 영향을 미치는 것과 같이 정치와 경제는 상호작용해왔다. 국제적 차원에서는 각국 정부가 정치적 개입을 통해 국제경제 문제를 조정하거나, 국제경제환경이 각국의 정치에 영향을 미치고 있듯이 세계적 차원에서 정치와 경제의 상호관계를 연구하는 학문이다. 학문으로서 국제정치경제학은 1970년에 들어서 독자적 학문 분야로 자리매김했다. 이후 국제정치학을 대표하는 영향력 있는 학문 분야로 비약적으로 발전해왔다. 다양한 인식론과 연구방법론을 활용하고 있으며, 정치학(政治學, politics), 경제학(經濟學, economics), 사회학(社會學, sociology), 역사학(歷史學, study of history), 문화학(文化學) 등의 학문결과를 포괄하는 학제간(interdisciplinary) 연구분야로서 주목받고 있다. 국제정치경제의 주요한 학문적 탐구영역은 세계경제체제에서 정치적 권력과 경제적 권력을 누가 얻고, 누가 체제를 주도하며, 현 체제에서 누가 이익을 보고, 누가 손해를 보며, 그 원인은 무엇인가 등을 분석하는 것이다. 구체적으로는 국제무역, 국제금융과 통화, 다국적 기업 활동, 발전과 저발전, 초국가적 경제문제에서의 협력, 국제 통합, 환경 등을 주요 연구의제로 하고 있다. 특히 국제정치경제는 교통·통신의 발달로 국가간 관계가 빈번해지고, 국가 간 국경

---

57) https://terms.naver.com/entry.nhn?docId=2169357&cid=50854&categoryId=51042(검색일: 2018. 9. 29).

58) 정치경제와 국제정치경제는 상당 부분 겹치는 것은 국제정치와 국내정치가 오늘날 점점 수렴하고 상호 의존하고 있는 것과 마찬가지이다.

의 의미 퇴색화에 따라 학문적 영역에서 세계화(globalization)를 둘러싼 논쟁과 연구의 중심에 있다.[59]

국제정치경제는 1970년대에 이르러서 국제정치학의 한 분야로 자리를 잡게 된 역사는 오래되지 않았다. 하지만 국제정치경제가 탐구하는 내용들에 대한 논의체계는 국제관계와 같은 역사적 맥락을 가지고 있다. 학문적으로 정치학과 경제학은 1900년대 초까지 서로 엄격히 분리된 학문 영역으로 취급되었다. 경제학은 수요와 공급의 시장 작동원리에 기초한 연구를 주요 연구대상으로 하였으며, 정치학은 경제와는 분리된 정치제도와 정치권력을 중심으로 한 연구에 치중했다. 이러한 경향이 1970년대 들어서면서 변화되기 시작했다. 제2차 세계대전 이후 국제사회의 안정과 번영의 시기가 쇠락하면서 국제문제에 대한 관심이 고조되었다. 전후 서구 자본주의체제는 사회주의체제와의 냉전적 대결구도 아래에서 정치적으로는 군사동맹체제인 북대서양조약기구(NATO), 경제적으로는 브레튼 우즈 체제(Bretton Woods system)로 통합되어 있었다. 하지만 1970년대 미국의 경제가 악화되면서 전 세계는 불황의 시대로 접어들게 되었다. 실업과 인플레이션 등 현실적 경제위기가 확산되면서 이러한 문제는 정치적 이슈가 되었다. 또한 제3세계 개발도상국들은 1960년대 국제무역의 불평등 구조를 종속이론으로 이론화해 세계적인 부의 분배구조를 비판하기 시작했다. 경제이슈는 점차 정치화되기 시작했고, 국제관계는 경제적 문제에 더욱 주목해야 하게 되었다. 현실적인 경제위기와 더불어 학문적 영역에서도 국제사회에서 정치와 경제가 어떻게 상호작용하는가에 대해 탐구하기 시작했다. 국제정치경

---

59) https://terms.naver.com/entry.nhn?docId=2098111&cid=44412&categoryId=44412(검색일: 2018. 9. 29).

제는 국가 간의 무역관계와 금융관계를 연구하고, 국가들이 어떻게 국제경제와 금융교류를 통제하는 국제제도를 창설하고 유지해왔으며, 어떻게 정치적으로 협력해왔는가를 분석하는데 치중했다. 이러한 연구는 주로 선진국을 중심의 주제였다. 1990년대는 탈냉전의 시대이며 세계화의 시대이다. 세계가 단일한 시장으로 통합되고 국경의 의미는 쇠락하고 있다. 80~90년대 괄목할 성장을 이룬 아시아의 일부 국가들은 경제의 새로운 축으로 등장하고 있으며, 국제적·국내적으로 빈부의 격차는 심화되고 있다. 세계화에 불리한 영향을 받는 후진국은 선진국 위주의 국제경제 질서에 부정적 시각을 지니고 있으며, 항거운동을 주도하고 있다. 이처럼 동서갈등의 냉전체제가 와해된 이후 빈부의 격차를 다루는 남북문제가 국제정치경제에서 주요한 연구 주제로 등장하였다. 최근 국제정치경제는 국제적 상황의 변화에 따라 새로운 이슈들로 연구 영역을 확대하고 있다. 국제경제적 관점에서 보면 세계화와 더불어 신자유주의 이데올로기의 확산으로 경제통합과 무역자유화가 더욱 확대되고 있다. 국제협력은 기존의 냉전 이념갈등이나 강대국 간의 분쟁에서보다 종교, 환경관련 갈등에서 더욱 필요해지고 있다.[60]

국제정치경제는 국제적인 경제통합에 대해 낙관적으로 전망하면서 다양한 자유무역협정(FTA: Free Trade Agreement)과 국제무역기구(WTO: World Trade Organization) 차원의 다자간 통상 및 금융 자유화가 추진되고 있다. 하지만 전망이 낙관적이지만은 않다. 세계화와 더불어 자유무역과 금융개방은 진행되면서 여러 가지 부작용이 국제사회에 만연해 있다. 세계적으로 실업, 인플레이션, 금융위

---

60) https://terms.naver.com/entry.nhn?docId=2098111&cid=44412&categoryId=44412(검색일: 2018. 9. 29).

기, 환율, 빈부격차, 저발전 문제, 무역 불평등 등의 많은 문제가 첨예화되면서 반(反)세계화 운동이 전개되고 있다. 반세계화를 추동하는 세계시민운동과 더불어 기존의 군사력이나 외교안보 논리를 뛰어 넘어 지구환경문제와 인권문제 등이 부각되면서 '인간안보'의 중요성이 대두되고 있다. 또한 전세계적 자원 고갈 가능성으로 새로이 '자원민족주의'와 국제정치경제를 통제하는 메커니즘으로서 글로벌 거버넌스에 대한 논의가 국제정치경제의 주요한 연구의제로 등장하고 있다.[61]

국제정치경제학의 주요 연구분야는 다음과 같다, 첫째, 국제정치경제학에서 가장 주요한 관심의 대상은 국제무역이다. 국제적 교환체제인 무역은 전세계적 시장을 형성하는 것이다. 이 시장이 자유롭고 공정하게 운영될 수 있는 방안을 모색하는 것이 주요한 관심이슈다. 앞서 언급한 세 가지 관점에 따라 국제무역의 운영 방안은 차이가 난다. 전후 국제경제질서는 무역은 관세 및 무역에 관한 일반협정(GATT: General Agreement Tariffs and Trade), 금융부문의 IMF, 세계은행(IBRD: International Bank for Reconstruction and Development) 등에 기초하는 하는 브레튼 우즈 체제가 유지되었다. 무역을 관할하는 국제 규범(regime)인 GATT체제는 1995년부터 분쟁 해결절차를 강화한 자유무역체제인 국제무역기구(WTO: World Trade Organization)로 변화되었다. 최근에는 국제무역에 있어 지리적으로 인접한 국가간 경제통합을 통해 역내에서 상호 무역 자유화를 추구하고 있다. 대표적으로 유럽연합(EU: European Union)을 비롯해 북미자유무역협정(NAFTA: North American Free Trade Agreement),

---

61) https://terms.naver.com/entry.nhn?docId=2098111&cid=44412&categoryId=44412(검색일: 2018. 9. 29).

남미공동시장(MERCOSUR: Mercado Comun del SUR), 자유무역협정(FTA: Free Trade Agreement), 환태평양경제동반자협정(TPP: Trans-Pacific Partnership) 등이 지역별 경제통합의 움직임이 활발히 전개되고 있다. 이러한 문제들이 국제정치경제에서 활발히 다루어지고 있다.[62]

둘째, 국제무역이 전세계 시장을 형성하듯이 국제통화와 금융은 시장을 활발하게 돌아가도록 하는 화폐의 역할을 한다. 하지만 국제경제는 세계화폐가 아니라 각국 화폐에 근거하고 있다. 따라서 각국의 화폐는 환율에 따라 교환된다. 이러한 환율은 무역, 투자, 관광 등 국제적 모든 거래에 중요한 영향을 미친다. 따라서 국제정치경제에서는 환율이 결정되고, 조정되는 과정, 환율 변동, 안정된 국제통화질서를 유지하기 위한 국제협력 문제를 연구하고 있다. 또한 국가 간의 금융문제를 해결할 수 있도록 각국들에 자금을 대여하는 기구로 세계은행 국제통화기금 등이 국가 간 외환결제 및 국제수지 문제 조정 기능 등과 제3세계 발전을 위한 활동 등을 연구한다.[63]

셋째, 환경은 전지구적 공공재로 환경문제는 국제정치경제의 주요한 연구분야가 되었다. 세계의 산업화와 기술발전으로 국가 간 상호의존은 심화되었다. 따라서 한 국가의 행위가 다른 국가에 큰 영향을 미치는 구조가 형성되어 있으며, 산업화는 전 세계적 자연환경에 영향을 미치고 있다. 국제정치경제 행위자들은 지구환경 보전을 위해 1972년 '스톡홀름' 선언을 출발점으로 UN 환경계획(UNEP) 활동을 전개하고 있다. 환경문제를 해결하기 위한 국제적 노력은

---

62) https://terms.naver.com/entry.nhn?docId=2098111&cid=44412&categoryId=44412(검색일: 2018. 9. 29).

63) https://terms.naver.com/entry.nhn?docId=2098111&cid=44412&categoryId=44412(검색일: 2018. 9. 29).

'지속가능한 발전(sustainable economic development)'을 이루는 데 집중되고 있다. 국제정치경제에서 환경문제는 공공재의 보호를 위해 누가 부담해야 할 것인가라는 과제를 던지고 있다. 보전과 개발의 문제에서 선진국과 개발도상국의 갈등이 첨예하며, 환경파괴에 대한 해결을 위한 비용부담 문제도 제기되고 있다.[64]

넷째, 전지구적 차원의 세계화와 더불어 지리적 인접성과 경제의 존관계, 공통의 문화를 바탕으로 지역통합도 확산되고 있다. 21세기 국제정치의 특징은 세계화와 지역주의의 확산이라고 할 수 있다. 세계화를 통해 국가 간 상호의존이 심화되고, 다양한 경험을 공유하며, 기존의 국경이 무의미해지는 脫국경화의 현상이 발생하고 있다. 이러한 대표적으로 유럽연합은 성공적으로 지역통합을 추진하고 있다. 유럽연합은 유럽헌법 비준에는 실패했지만 관세동맹을 넘어서 단일시장으로 경제적 통합을 이루었으며, 정치적 통합체로 진행되는 과정에 있다. 이러한 국가 주권을 넘어선 초국가체로서 지역통합의 움직임에 대한 논의도 국제정치경제의 주요 연구영역이다.[65]

다섯째, 세계는 발전된 선진국(북)과 제3세계 국가·저개발 국가(남) 간의 남북문제(남북격차)도 국제정치경제가 다루는 중요한 영역이다. 제3세계의 빈곤과 발전, 남북 간의 격차에 대한 분석은 보는 관점에 따라 상충된다. 자본주의적 관점에서는 경제성장을 위해서는 기술의 발전, 세계무역을 통한 부의 극대화, 기업의 사적 소유, 국제시장의 효율화 등 기본적으로 자유주의 경제학에 기초한다. 반면 사회주의는 단순한 부의 축적이 아닌 분배의 중요성을 강조해왔다. 국

---

64) https://terms.naver.com/entry.nhn?docId=2098111&cid=44412&categoryId=44412(검색일: 2018. 9. 29).

65) https://terms.naver.com/entry.nhn?docId=2098111&cid=44412&categoryId=44412(검색일: 2018. 9. 29).

제정치경제에서 마르크스주의, 레닌주의, 종속이론 등을 포괄하고 있는 구조주의는 국가간 빈부격차의 확대에 대해 국제경제체제가 지니고 있는 구조적 모순을 중심으로 분석하고 있다. 제3세계 경제발전에 있어서 발전의 방법, 외채문제, 경제발전과 정치발전의 상관관계, 부패, 해외 투자와 기술이전, 발전을 위한 국제경제 규범(regime), 원조 등에 대한 다양한 논의가 이루어지고 있다.[66]

국제정치경제와 관련된 주요 용어들은 다음과 같다.[67]

- 브레튼 우즈 체제(Bretton Woods system): 국제적으로 안정된 통화질서를 구축하기 위해 미국 달러화를 기축통화로 하는 금본위제를 채택한 국제통화체제로 1944년에서 1971년까지 유지되었다.
- 계급: 사회구성원을 분류하는 개념으로, 계급론을 주창한 마르크스는 자본주의사회에서는 생산수단의 소유여부로 자본가와 노동자계급으로 나누며, '계급'이 가장 지배적인 행위자이며 분석단위라고 본다.
- 세계화(globalization): 교통・통신의 발달로 전세계가 생산물에서 사고체계에 이르는 모든 것을 공유함으로써 국경의 의미가 약화되고 경제, 정치, 문화적으로 상호의존과 통합이 심화되는 것을 의미한다.
- 중상주의(mercantilism): 16~18세기 유럽을 풍미한 경제이론으로, 산업혁명 이후 자본주의 지배체제 확립 초기단계에서 경제

---

66) https://terms.naver.com/entry.nhn?docId=2098111&cid=44412&categoryId=44412(검색일: 2018. 9. 29).

67) https://terms.naver.com/entry.nhn?docId=2098111&cid=44412&categoryId=44412(검색일: 2018. 9. 29).

및 자본축적을 위해 국내 산업보호, 해외식민지 개척 등 당시 유럽 국가의 적극적 경제개입정책을 뒷받침한 이론이다.

- 보호주의(protectionism): 국가들이 관세, 쿼터, 보조금지급 등 다양한 수단으로 국제무역을 조작하여 세계시장으로부터 자국의 산업을 보호하려는 정책을 의미한다.
- 세계무역기구(WTO: World Trade Organization): 국제무역을 관할하는 다자기구로 1995년 'GATT'의 후속 체제로 발족했다.
- 카르텔(cartel): 세계시장에서 가격을 조작하기 위해 결성된 특정 물품의 생산자나 소비자 집단이다. 대표적으로 석유수출국기구(OPEC: Organization of Petroleum Exporting Countries)가 있다.
- 다국적 기업(MNCs: MultiNational Corporations): 한 국가에 본사를 두고 여러 나라에서 활동하는 기업이다.
- 마스트리히트 조약(Maastricht treaty): 1991년 유럽공동체에서 유럽연합으로 나아가는 단초가 된 조약이다. 단일 유럽통화, 유럽 경찰기구 창설, 정치적·군사적 통합에 원칙적으로 합의했으나 완전한 통합은 확실치 않다.
- 지속가능한(sustainable) 경제발전: 1992년 지구정상회담의 핵심 주제로 지나치게 빠른 경제성장이 초래하는 자원고갈과 생태계 파괴를 막기 위해 적절한 경제성장을 유지하는 것을 말한다.

국제정치경제와 관련된 직업군은 다음과 같다. · 정치분야 공무원 (외교관·주재국 대사, 영사 등 외무공무원, 일반직 공무원 등) · 전문 정치인 (국회의원, 지방자치 단체장, 지방의회 의원, 정당인 등) · 정치학자(대학교수, 연구원 등) · 국제기구 종사자(UN, 유엔 산하기구, 국제 원조기구 등 국제비정부조직(NGO) 등) · 시민단체 활

동가・중・고등학교(사회・윤리 교사)・일반 기업, 외국계 기업, 외국상사 파견[68]

정치는 경제활동의 골격을 결정하고 권력행사에 따라 특정 집단의 이익을 도모할 수 있다. 반면에 경제적 과정 그 자체는 정치권력과 부의 재분배하는 속성을 지니고 있다. 이처럼 정치와 경제는 최소한 자원을 배분하는 서로 다른 방법일 수 있지만 상호 작용을 하고 있다. 국제정치경제학은 국제정치에 있어서 정치 현상과 경제 현상이 상호 작용하는 복합체로서 이를 종합적으로 체계화하여 양자의 안정적 협조적 게임의 조건을 모색하는 학문분야이다(윤경철 2015, 818). 이미 살펴본 바와 같이 국제정치경제와 국제정치경제학의 계속적인 발전으로 국제정치에 있어서 국제기구와 글로벌거버넌스의 중요성이 강조되고 있다.

---

68) https://terms.naver.com/entry.nhn?docId=2098111&cid=44412&categoryId=44412(검색일: 2018. 9. 29).

참고문헌

국제정치연구회 편. 2000.『20세기로부터의 유산: 세계경제와 국제정치』서
    울: 사회평론.

금정건. 1982.『현대국제법』서울: 박영사.

김광식. 1999.『한국 NGO-시민사회단체 21세기의 희망인가』서울: 동명사.

김석우. 2018.『국제정치경제의 이해: 역사, 이념 그리고 이슈』(개정판) 서
    울: 한울아카데미.

김용구. 1997.『세계관 충돌의 국제정치학: 동양의 예와 서양의 공법』서울:
    나남출판.

김의곤. 2000.『국제분쟁의 이해: 이론과 역사』서울: 집문당.

김정균. 1986.『국제법』서울: 형설출판사.

박배근. 2015. "국제법학의 방법으로서의 국제법에 대한 제3세계의 접근"
    『국제법평론』 II.

박상섭. 2008.『국가·주권』서울: 소화.

박원순. 1999.『NGO 시민의 힘이 세상을 바꾼다』서울: 예담.

박재. 1969.『국제법』서울: 일조각.

안청시·정진영. 2000.『현대 정치경제학의 주요 이론가들』서울: 아카넷.

유병화. 1983.『국제법총론』서울: 일조각.

윤경철. 2015.『국제정치학(상)』서울: 배움.

이무성 외 공저. 2008.『국제정치의 신패러다임』서울: 높이깊이.

이한기. 1985.『국제법강의』서울: 박영사.

이홍종. 2018.『영화 속의 국제관계』부산: 도서출판 누리.

정인섭. 2012.『생활 속의 국제법 읽기』서울: 일조각.

정인섭. 2017.『신국제법강의: 이론과 사례』(제7판) 서울: 박영사.

한국법교육센터. 2014.『재미있는 법 이야기』서울: 가나출판사.

한국정치학회 편. 2008.『정치학이해의 길잡이: 국제정치경제와 새로운 영
    역』서울: 법문사.

한국NGO총람편찬위원회. 1999.『한국NGO총람 1999』서울: 한국NGO총
    람편찬위원회.

홍성화 외. 1984. 『국제법통론』서울: 학연사.

Balaam, David N. & Bradford Dillman 저. 민병오, 김치욱, 서재권 역. 2016. *Introduction to International Political Economy* (Paperback) 서울: 명인문화사.

Goldstein, Joshua S. 저. 김연각·김진국·백창재 역. 2002. 『국제관계의 이해』서울: 인간사랑.

Han, Sang-hee. 2010. *The Circulation of International Legal Terms in East Asia.* Asian Law Institute Working Paper Series. No. 014.

Jessup, P. 1956. *Transnational Law.* Yale University Press.

Joyner, C. 2005. *International Law in the 21st Century.* Rowman & Littlefield Publishers.

Karns, Margaret P. 외. 저. 김계동·김현욱·민병오·이상현·이유진·황규득. 역. 2017. 『국제기구의 이해: 글로벌 거버넌스의 정치와 과정』서울: 명인문화사.

Mosler, M. 1999. "General Principles of International Law" in R. Bernhardt ed. *Encyclopedia of Public International Law.* vol. 2. Elsevier B.V.

Reiss, H. 1977. *Kants politisches Denken,* Lang, 1977(樽井正義 譯『カントの政治思想』藝立出版, 1989).

Steiner, H. *et al.,* 1986. *Transnational Legal Problems.* Foundation Press.

Williams, H. 1983. *Kant's Political Philosophy,* Blackwell.

小野原雅夫 「平和の定言命法-カントの規範的政治哲學」 樽井·円谷 編 『社會哲學の領野』晃洋書房, 1995.

- 전통적 시각에서 국제정치의 행위자는 개별 주권국가로 파악되었다. 그러나 국제연합과 같은 초국가적 (　　　)의 탄생과 유럽공동체・북미자유무역협정(NAFTA) 등의 출현으로 주권국가만이 유일한행위자라는 전통적 주장은 설득력을 잃고 있다.

- 현실주의는 힘(power)을 정치의 본질이자 기본적인 분석단위로 본다. (　　　)는 다른 모든 정치와 마찬가지로 국제정치도 힘을 위한 투쟁이며, "국제정치의 궁극적 목표가무엇이든 힘을 위한 투쟁은 항상 제1차적인 목표이다"라고 하였다. 그는 일반적으로 인간이나 국가는 힘을 추구하며, 이러한 집단 간 또는 국가 간의 힘의 추구가자연적으로 국제사회를 '힘의 균형상태'에 이르게 한다고 보았다.

- 힘의 균형은 근대유럽의 평화유지에 이바지하였으나, (　　　)년 제1차 세계대전이 발발함으로써 붕괴되었다. (　　　)년 국제연맹(LN: League of Nations)의 창설로 새로운 국제질서인 힘의 우위체제가 성립되었다. 힘의 우위체제는 다수의 국가들이 연합하여 압도적으로 우세한 힘을 보유함으로써 잠재적 침략세력의 도발을 억제하려는 체제이다. 그러나 국제연맹은 침략자를 응징할 수 있는 강제력이 없었고 미국의 불참으로 인해 1939년제2차 세계대전의 발발을 방지하지 못하였다.

- (　　　)년 미국・영국・소련・중국 등 연합국들이 중심이 되어 힘의 우위에 기반을 둔 국제연합(UN: United Nations)을 결성하였다. 회원국은 출범 당시 (　　　)개국이었다. 국제연합은 세계적 규모의 전쟁을 방지하였을 뿐만 아니라 국지전에도 개입하여 국제평화유지에 크게 기여하였다.

- 통합이론에는 법적・제도적 접근방법을 취하는 연방주의(聯邦主義), 경제・사회・문화 등 비정치적 분야의 교류를 강조하는 기능주의(機能主義), 기능주의적 입장에서 연방주의적 요소를 가미한 (　　　), 정보통신과 교통에 의한 공통문화의 형성을 강조하는 커뮤니케이션이론 등이 있다.

- 정치경제학이라는 용어가 등장한 것은 대략 18세기경이다. 고전파 경제학자들은 오늘날 경제학이라 불리는 것을 의미하기 위해 정치경제학이라는 용어를 사용하였다. (　　　)에 의하면 정치경제학은 국민과 국가 모두를 부유하게 하는 것을 목적으로 한다.

- 행위자들의 행위를 조직하는 원리를 중심으로 본다면 정치영역에서는 국가이고 경제영역에서는 시장이다. 그 경우 정치경제학과 국제정치경제학은 국가와 시장이라는 메커니즘 간 상호관계를 규명하는 학문이 된다. 이와 같은 학문적 문제의식을 최초로 개발하여 한 분야로 정립한 사람이 바로 (　　　)이고 그의 저서 『미국의 권력과 다국적 기업』이 대표적인 책이라고 할 수 있다.

- 제2차 세계대전 이후 국제사회의 안정과 번영의 시기가 쇠락하면서 국제문제에 대한 관심이 고조되었다. 전후 서구 자본주의체제는 사회주의체제와의 냉전적 대결구도 아래에서 정치적으로는 군사동맹체제인 북대서양조약기구(NATO), 경제적으로는 (   )체제로 통합되어 있었다.

- 무역을 관할하는 국제 규범(regime)인 GATT체제는 (   )년부터 분쟁 해결절차를 강화한 자유무역체제인 국제무역기구(WTO: World Trade Organization)로 변화되었다.

- 국제정치경제 행위자들은 지구환경 보전을 위해 (   )년 '스톡홀름' 선언을 출발점으로 UN 환경계획(UNEP) 활동을 전개하고 있다. 환경문제를 해결하기 위한 국제적 노력은 '지속가능한 발전(sustainable economic development)'을 이루는 데 집중되고 있다.

- 16~18세기 유럽을 풍미한 경제이론으로, 산업혁명 이후 자본주의 지배체제 확립 초기단계에서 경제 및 자본축적을 위해 국내 산업보호, 해외식민지 개척 등 당시 유럽 국가의 적극적 경제개입정책을 뒷받침한 이론은?

- 국가들이 관세, 쿼터, 보조금지급 등 다양한 수단으로 국제무역을 조작하여 세계시장으로부터 자국의 산업을 보호하려는 정책은?

- (   )은 세계시장에서 가격을 조작하기 위해 결성된 특정 물품의 생산자나 소비자 집단이다. 대표적으로 석유수출국기구(OPEC: Organization of Petroleum Exporting Countries)가 있다.

- 한 국가에 본사를 두고 여러 나라에서 활동하는 기업은?

- (   )은 1991년 유럽공동체에서 유럽연합으로 나아가는 단초가 된 조약이다. 단일 유럽통화, 유럽 경찰기구 창설, 정치적·군사적 통합에 원칙적으로 합의했으나 완전한 통합은 확실치 않다.

- (   )은 1992년 지구정상회담의 핵심 주제로 지나치게 빠른 경제성장이 초래하는 자원고갈과 생태계 파괴를 막기 위해 적절한 경제성장을 유지하는 것을 말한다.

제 3 장

글로벌거버넌스와
국제기구

1. government와 governance

1.1. government

통치(統治 government)는 오늘날 보통 협치(協治)로 해석되는 거버넌스(governance)와 구별된다. 필자는 유학 중 Robert Dahl의 *Who Governs?: Democracy and Power in an American City*(1961)[69]를 본 적이 있다. government의 governor와 governed 사이에서 연계(linkage)의 정도가 민주주의의 척도이다.

통치는 정책결정이 특정개인이나 소수집단에 의해서 행해지며, 강제력을 배경으로 하여 사회의 질서와 안정을 도모하는 통합의 방식이다. 이념적으로는 자치와 대립[70]된다. 자치에서 정책은 사회의 구성원 전원의 주체적 참가 하에서 결정되며, 그 결정에는 전원이 자발적으로 복종한다. 여기에는 강제란 존재하지 않으며, 완전한 자

---

69) https://en.wikipedia.org/wiki/Who_Governs%3F(검색일: 2018. 9. 30).

70) 다양한 정치 방식에 있어서의 극한적인 형태로서, 자치와 통치를 생각할 수 있다.

유가 향수(享受)된다. 그러나 전원이 극도의 주체성과 자발성을 가지는 것을 기대할 수 없으므로, 자치는 항상 하나의 이념에 머무르게 된다. 통치에서는 소수자에 의한 결정이 전구성원에 대하여 강제되고, 사회 전체라는 관점이 완전히 개인에 우월한다. 특히, 각 개인에게 배분되어야 할 사회적 가치의 총합이 극도로 한정되어 있을 경우에는, 사회구성원 전체의 이익을 위하여 각 개인에게 큰 희생을 강제할 것이 요구되어, 그만큼 순수한 통치에 접근하는 것이 된다. 그리하여 거기서는 사회적 가치의 총합과 그 분배방법에 대하여 완전한 지식을 가진 자에 의한 지배의 실현을 이상적인 것으로 본다. 그리스의 철학자 플라톤의 '철인왕(哲人王)'은 이와 같은 것을 주장한 고전적인 예이다. 그러나 순수한 통치의 실현은 정치에서의 자발성의 계기(契機)에 대한 부정이며, 개인성과 개인의 자유는 거의 실현될 가능성이 희박해진다. 그런 의미에서는 순수한 통치도 실현불가능이며, 순수한 자치와 마찬가지로 이념의 영역에 머무르는 것이라 생각된다.[71]

현실의 정치에서는 아무리 강제의 측면이 강화된다 하더라도 끊임없이 각 개인에 의한 결정과정에의 참가(자치)가 수반하지 않을 수 없다. 그 때문에 자치의 측면을 확대하고 그에 의하여 구성원의 자발성을 촉진하면서, 사회의 통합을 달성해 가는 통치는 강제력으로서의 에너지 손실도 적고, 사회 전체로서 볼 때는 보다 교묘한 통치라고 할 수 있다. 오늘날 가장 보편적으로 볼 수 있는 대표제에서도 국민이 대표를 뽑는다는 형태로 자치의 계기가, 그리고 그 대표(소수자)가 정책을 결정하고 통제한다는 형태로 통치의 계기가 내포

---

71) https://terms.naver.com/entry.nhn?docId=1153445&cid=40942&categoryId=31645(검색일: 2018. 9. 30).

되어 있다고 생각할 수 있다. 일반적으로 말해서 자치와 통치, 자발성과 강제라는 대극적인 개념은 그 자체에서의 완결성을 가질 수 없다. 현실의 정치는 끊임없이 이 양극에의 지향을 내포하면서, 협조와 타협의 되풀이로 진행된다. 정치에서 완전성의 추구는 정치 그 자체를 파괴할 위험성을 내포한다.[72]

거버먼트 2.0(Government 2.0)은 웹 2.0 개념 및 문화가 적용된 정부 서비스이다 전자 정부 서비스를 공급자 중심에서 사용자 중심으로 전환하고 행정 서비스의 효율성을 향상시키기 위해 도입한 서비스다. 거버먼트 2.0에서는 국민이 단순 소비자가 아니라 주인이라는 생각 아래 정보 및 서비스를 개방하고 참여를 유도한다.[73] 한 예로 티-거버먼트(T-Government)가 있다. 이는 디지털 텔레비전으로 모든 행정 서비스를 양방향으로 이용할 수 있는 차세대 전자정부 모델이다. 즉 텔레비전으로 인터넷 서비스를 이용하는 셈이다. 티-거버먼트가 구축되면 텔레비전 리모컨을 눌러 각종 증명서 발급, 세금납부, 여론조사 등의 서비스를 이용할 수 있다.[74]

1.2. governance

거버넌스(governance 협치)는 거버먼트(government 통치/정부)의 반대 개념이다. government 개념은 정치학, 행정학, 정책학 등에서 사용되고 governance 용어는 국제정치를 포함 정치학, 행정학, 정책

---

72) https://terms.naver.com/entry.nhn?docId=1153445&cid=40942&categoryId=31645(검색일: 2018. 9. 30).

73) https://terms.naver.com/entry.nhn?docId=2454609&cid=42346&categoryId=42346(검색일: 2018. 9. 30).

74) https://terms.naver.com/entry.nhn?docId=73342&cid=43667&categoryId=43667(검색일: 2018. 9. 30).

학, 그리고 경영학 등에서 사용된다.

거버넌스는 사회 내 다양한 기관이 자율성을 지니면서 함께 국정운영에 참여하는 변화 통치방식을 말하며, 다양한 행위자가 통치에 참여·협력하는 점을 강조해 '협치'라고도 한다. 오늘날 시장화, 분권화, 네트워크화, 기업화, 국제화를 지향되고 있기 때문에 기존의 정부 이외에 민간 부문과 시민사회를 포함하는 다양한 구성원 사이의 네트워크를 강조한다는 점에서 생겨난 용어다. 거버넌스는 의사결정과 관련이 있는데, 죠지 레이코프 등은 의사결정 내의 위험한 변동이 일어나고 있다며 다음과 같이 주장했다. "이 변동은 사유화와 규제 완화를 강조하는 보수주의자들에 의해 촉발되고 있다. 사유화와 규제 완화는 도덕적 임무를 지니고 민주적으로 선출된 정부를 이익 창출 임무를 지닌 기업에 내어주게 만든다. 그 결과는 민주주의(democracy)를 기업관리주의(corporatocracy)로 전환하는 꼴이 된다." 각국 정부의 투명성·효율성 제고 등을 연구·조언하는 '유엔 거버넌스 센터'가 2006년 9월 서울에 개설되었다. 초대 유엔 거버넌스센터 원장으로 내정된 김호영은 "거버넌스센터는 우리나라에 설립된 최초의 유엔본부 산하기구"라면서 "현재 국내에 있는 유엔개발계획(UNDP) 서울사무소나 국제백신연구소(IVI) 등은 산하기구가 아닌 소속기구"라고 강조했다. 그는 "거버넌스는 정부와 민간기업, 시민단체 등이 협력해 사회 전체의 발전을 도모한다는 의미로 풀이할 수 있을 것"이라면서 "거버넌스센터는 정부혁신과 지방분권, 시민사회와의 협력으로 유엔 회원국의 역량을 개발하고 세계인의 '삶의 질'을 향상시키는 데 기여하는 것이 목표"라고 설명했다. 아울러 한국의 경제·사회개발 경험과 정부혁신 노하우, 세계 최고 수준의 정보기술(IT) 등을 동유럽과 중남미, 아프리카 등 개발도상국에 널리 전파한다는 계획도 갖고 있다. 김호영은 "이제는 우리가 국제 사회의 단순한 참여자로서가 아니라, 국제 문제 해결의 주체로서 역할을 해야 할 때"라면서 "거버넌스센터가 이 같은 변화의 시발점이 될 수 있도록 노력할 것"이라고 말했다. 이제 거버넌스는 전국적으로 유행어가 되었다. 2007년 11월부터 본격 가동한 전북지역 농업관련 5개 기관 협의체의 이름은 '전북농정 거버넌스'이며, 또 전북에선 새만금사업에 사회 구성원들의 다양한 참여와 합의를 끌어내기 위한 '새만금 거버넌스'가 활발하게 거론되고 있다.[75]

행정학에서는 거버넌스를 '국가경영' 또는 '공공경영'이라고도 번역한다. 최근에는 행정을 '거버넌스'의 개념으로 보는 견해가 확산되어 가고 있다. 거버넌스의 개념은 신공공관리론(新公共管理論)에서 중요시되는 개념으로서 국가·정부의 통치기구 등의 조직체를 가리키는 'government'와 구별된다. 즉, 'governance'는 지역사회에서부터 국제사회에 이르기까지 여러 공공조직에 의한 행정서비스 공급체계의 복합적 기능에 중점을 두는 포괄적인 개념으로 파악될 수 있으며, 통치·지배라는 의미보다는 경영의 뉘앙스가 강하다. 거버넌스는 정부·준정부를 비롯하여 반관반민(半官半民)·비영리·자원봉사 등의 조직이 수행하는 공공활동, 즉 공공서비스의 공급체계를 구성하는 다원적 조직체계 내지 조직 네트워크의 상호작용 패턴으로서 인간의 집단적 활동으로 파악할 수 있다.[76]

거버넌스 혹은 거버넌스구조라는 말은 정치학에 있어서 그것을

---

75) https://terms.naver.com/entry.nhn?docId=1838307&cid=42044&categoryId=42044(검색일: 2018. 9. 30)

76) https://terms.naver.com/entry.nhn?docId=75398&cid=42152&categoryId=42152(검색일: 2018. 9. 30)

사용하는 연구자에 따라 다의적이고 애매하게 사용되어 왔다. 예를 들면 통치(거버넌스)를 정부(거버먼트)에 대항하는 개념으로서 조직적 혹은 포멀한 틀이 없어도 정치적인 가치분배나 의사결정이 이루어진다고 생각하고 널리 '정치'를 의미하는 개념으로서 대용하는 경우도 있었다. 국제정치의 연구에 있어서는 국제시스템에 최종적인 권위가 존재하지 않는다는 것을 강조하기 위해 이러한 의미에서의 거버넌스라는 말이 여전히 사용되고 있다. 한편, 1980년대 이후 R. 코스(Ronald Coase)의 고전적인 논의에 기초하여 체계회된 거래비용의 경제학이나 기업이론의 영향 하에 이 개념을 보다 명확하게 정의하는데 있어서 실증분석에 활용하고자 하는 정치학자들도 등장하였다. 예를 들면 노동시장이 완전히 기능하면 장기적으로 자신의 신분을 구속하는 고용계약이 발생하지 않겠지만 실제의 노동시장에는 다양한 거래비용이 존재하기 때문에 장기적인 고용계약을 체결하는 것이 당사자 양방에게 효율적인 경우가 많다. 이와 같이 시장의 실패를 구제하고 거래비용을 최소화하는 것으로서 수직적인 관계를 갖는 기업이 등장하였으며 이러한 수직적인 관계를 O. 윌리엄슨(Oliver Williamson)은 거버넌스 구조라고 하고 '그것에 기초하여 계약관계의 통일성이 결정되는 조직적 틀'이라고 정의하였다. 이러한 지견을 응용하여 B. 와인개스트(Barry Weingast)와 W. 마샬(William Marshall)의 의회연구나 T. 모(Terry Moe)의 관료제 연구에 대표되는 미국의 신제도론 연구에 있어서는 정치조직이나 정치제도의 발달은 거버넌스 구조를 요구하는 합리적 액터의 선택결과로서 일어난다는 관점에서 분석이 진행되었다. 와인개스트는 또한 자유주의적인 경제활동을 촉진하는데 있어서 권력자들이 자신의 권력남용을 방지하기 위해 자기에게 부과된 입헌주의를 거버넌스 구조로서 받아들여 근대국가의 출현을 재해석하고, 중국의 등소평(鄧小平 ; 덩샤오핑) 하에서의 개혁의 의의를 다시 생각하는 논고를 잇따라 발표하였다.[77]

1.3. 제4차 산업혁명과 거버넌스

제4차 산업혁명을 이야기하면서 사고의 틀과 추진 체계가 1, 2차 산업혁명 때에 머물러서는 안 된다. 앨빈 토플러(Alvin Toffler)는 한국에 대해 사회적 변화 없이는 과학기술 혁명의 이익을 충분히 누릴 수 없으며 교육 체계의 변화와 공공 부문의 변화 등이 함께 이루어져야 한다고 자문했다. 정부와 기업, 시민사회가 함께 사회와 경제, 문화를 논의하고 결정하고 추진하는 거버넌스의 재정립이 필수다. 제4차 산업혁명을 이루기 위해서는 새로운 차원의 혁명에 걸맞는 거버넌스가 요구된다. 우리나라는 사물인터넷(IoT, internet of things), 스마트 카(smart car), 헬스 케어(health care), 핀테크(fintech), 정보 보호 등 4차 산업혁명에 대비한 법과 제도의 개선과 규제 완화가 다른 나라들에 비해 부진한 편이다. 이는 정부나 기업, 전문가들이 몰라서 못하는 것이 아니다. 언론에는 제도 개선과 규제 완화를 주장하는 글들이 넘쳐 난다. 정부에는 규제개혁위원회가 설치되어 있어서 이러한 일을 전문적으로 하도록 하고 있다. 그런데도 왜 동어반복이 계속되는가? 그것은 오랫동안 정착되어 온 제도나 관행, 규제와 충돌하고, 기존 산업에 종사하는 주체의 이익을 침해하는 문제이기 때문이다. 이해관계자들의 갈등이 사회적인 문제로 비화하는 일이 빈발한다. 그러다 보니 정부는 새로운 논란을 피하기 위해 기존 규제

---

77) https://terms.naver.com/entry.nhn?docId=726096&cid=42140&categoryId=42140(검색일: 2018. 9. 30).

를 고수하는 쪽으로 기우는 경향을 보이는 것이다.[78]

스위스 최대 은행인 UBS가 제4차 산업혁명 준비 정도에 대한 국가별 평가를 발표했다. 스위스, 미국, 일본, 독일 등이 상위에 위치한 반면, 한국은 25위에 불과하다는 평가가 나왔다. 평가 요소는 노동시장의 유연성, 기술 수준, 교육 수준, 인프라 수준, 법적 보호 등 5개 항목이었다. 평가 결과를 보면 한국은 법적 보호와 노동시장의 유연성 부문에서 낮은 평가를 받았다. 역시 법과 제도, 거버넌스가 문제인 것이다. 미국에서는 스마트카와 관련해 캘리포니아주, 네바다주, 플로리다주 등에서 자율주행자동차와 관련된 법을 제정하고 있다. 특히 캘리포니아주는 자율 주행의 일반 도로 시험을 허용했다. 한국에서는 도로 시험 주행이 불가능하다. 헬스케어와 관련해서도 오랜 기간 법제 개선이 논의되었으나 이해관계자의 논쟁으로 진전이 되지 않는다. 대통령이 나서도 현장에서 움직이지 않는다. 의료법상의 규제로 ICT(information & communications technology, 정보통신기술) 기기를 활용한 원격 진료가 불가능한 것이다. 현재의 의료법으로는 전자의무기록 등에 대한 클라우드 활용이 불가능해 진료 자료의 유통이 불가능하다. 이러한 문제들을 해소하기 위해 2014년부터 원격의료 1, 2차 시범사업을 실시해 보기도 했으나 결과에 대한 안정성과 유효성 논란으로 여전히 본격 시행되지 못하고 있다. 사물인터넷과 빅데이터를 활성화하기 위해서는 개인 정보 보호 문제 해결이 필요하다. 그런데 이러한 새로운 산업 분야에서는 정보 주체에게 사전에 고지하고 동의를 받기 어려운 경우가 많다. 사물인터넷의 경우 특정 시스템에서 개인 정보와 위치 정보를 구분해 일일

---

78) https://terms.naver.com/entry.nhn?docId=3581920&cid=42171&categoryId=58698(검색일: 2018. 9. 30).

이 수집 및 이용 동의를 받는다는 것은 거의 불가능하기 때문에 개인 정보에 대한 개념과 원칙을 새로이 재정립할 필요가 있다.[79]

모든 이슈마다 일일이 그때그때 손질하기는 더 어렵다. 따라서 우리가 제4차 산업혁명을 적극적으로 맞고자 한다면 제도와 규제의 틀 자체를 혁신해야 한다. 예전의 제도와 규제 틀을 그대로 두고 조금씩 찔끔찔끔 손질만 해서는 아무 소용이 없다. 틀 자체를 바꾸는 하나의 방안이 네거티브 규제 혁신이다. 한국의 규제는 포지티브 방식으로, 법에 정한 대로만 사업이나 경제 행위를 할 수 있고 나머지는 하지 못하게 하는 방식이다. 그러다 보니 새로운 기술의 산업화나 비즈니스 추진의 경우가 생기면 바로 법부터 제정하려고 하는 관성이 생겼다. 법 제정이나 개정이 지연되면 시간이 흘러 적기를 놓치게 되고, 화살을 법 미비로 돌리는 일이 빈발하고 있다. 이제는 이런 낡은 방식을 혁신할 때가 되었다. 네거티브 방식으로 전면 개정해, 기업이나 개인이 새로운 기회를 널리 펴도록 해야 한다. 원칙적으로는 자유롭게 허용하고, 예외적으로만 규제하는 방식이다. 정부가 해야 할 일은 이런 것이다. 제4차 산업혁명 시대에도 정부가 일일이 나서서 산업 생태계를 만들고 장악하려고 해서는 안 된다. 소위 '한강의 기적'을 이룬 성공의 함정에서 빠져나와야 한다. 이제 그런 역할은 민간 영역에서 주도하도록 넘기는 편이 낫다. 대신 제도와 시스템의 틀을 바꾸고, 장기적인 계획으로 운영하는 '어려운' 일을 추진해야 한다. 네거티브 시스템으로의 획기적인 개편을 하는 것과 같은 일이다. 제4차 산업혁명을 이끌 인재를 육성하고 교육 기회를 제공하는 것도 정부의 몫이다. 영국 정부는 이미 공유 경제에 대

---

79) https://terms.naver.com/entry.nhn?docId=3581920&cid=42171&categoryId=58698(검색일: 2018. 9. 30).

해 전향적인 정책 방향을 제시했다. 영국 정부는 규제보다는 포용을 중요 가치로 삼고 오히려 영국을 공유 경제의 글로벌 허브로 만들겠다고 밝혔다. 영국 정부는 "공유 경제 비즈니스와 전통적인 기업을 포함한 모든 경제활동은 공정하게 규제되어야 하고, 온라인 거래에서의 신뢰를 강화하는 것을 전제로, 공유가 제안하는 잠재적으로 새롭고, 더 효율적이며, 더 유연한 경제 패러다임의 도래를 가로막아서는 안 된다"는 입장을 천명했다. 중국 정부의 접근은 더 놀랍다. '대중창업 만인창신(大衆創業 萬人創新)'을 내세운 중국 정부는 오히려 창업에 걸림돌이 되는 구경제의 제도를 우리보다 훨씬 과감하게 개선하면서 지원하고 있다. 중국 정부는 2016년 7월, 차량공유 서비스를 합법화했다.[80]

정부의 거버넌스는 근본적인 수술이 필요하다. 과거의 방식이 통하지 않기 때문이다. 과거에 한국은 선진국이 만들어 놓은 세계 경제의 빈틈을 찾아 정부가 계획하고 자원을 집중시켜서 성공했었다. 그런데 1, 2차 산업혁명을 이끈 발전 패러다임이나 신자유주의 패러다임은 이제 한계에 다다랐다. 그 방식에 여전히 매달려서는 제4차 산업혁명에 대처할 수 없다. 특히 선진국을 빠르게 추격했던 예전의 산업혁명 시대와 달리 4차 산업혁명에서는 선진국에 뒤처져 있지 않으며, 오히려 선진국 중 하나로 혁신과 기술로 선진 경제와 경쟁해야 상황에서는, 정부가 계획하고 민간을 이끄는 방식이 더 이상 통용되지 않는다. 알파고(AlphaGo)나 <포켓몬고(Pokémon Go)>가 크게 주목을 받자 정부는 무엇을 했냐고 비판하는 일부 여론은 잘못 짚은 것이다. 이제 그것은 어디까지나 민간 영역의 몫이다. 정부는

---

80) https://terms.naver.com/entry.nhn?docId=3581920&cid=42171&categoryId=58698(검색일: 2018. 9. 30).

민간 영역에서 개발자, 창업자들이 4차 산업혁명을 만들어 갈 수 있도록 방해가 되는 규제와 제도를 개선하는 데 집중해야 한다. 또한 개발자나 창업자들이 실패해도 다시 일어설 수 있는 생태계로 개혁하는 데 힘을 쏟아야 한다. 지금으로서는 이것이 아주 힘든 일이다. 그래서 더욱 정부의 역할 혁신이 절실하다. 정부를 이끌 리더십도 유연한 사고력을 가지면서도 현재의 패러다임을 바꿀 의지와 실행력을 가진 리더십이 요구된다. 정부 부처의 경우 4차 산업혁명은 어느 한 부처가 맡아서 이루어지는 일이 아니다. 이제 4차 산업혁명은 정부 부처와 공공조직의 모든 분야에 적용된다. 따라서 한 정부 부처가 아니라, 이러한 변화를 아우르고 책임질 단위를 만들어야 한다. 예컨대 제4차 산업혁명을 국가의 모든 영역에 빠르게 적용할 수 있도록 계획, 추진하는 단위로 '미래기획원'과 같은 것을 생각할 수 있다. 부처 간 칸막이가 가져오는 문제를 방지하고 국가의 전체 역량을 결집해 추진하기 위함이다. 아울러 제4차 산업혁명을 위한 연구개발(R&D)이 달라져야 한다. 한국의 정부 연구개발 자금은 19조 원에 달한다. 국내총생산 대비 연구개발 예산은 세계 1위를 기록할 정도가 되었다. 그러나 이 막대한 세금이 정부 관료와 정치권의 입김에 휘둘려 산업 흐름과 동떨어진 연구에 낭비되었다는 언론 보도가 사회에 큰 충격을 주었다.[81]

전자통신연구원이 300억 원을 들여 껍데기뿐인 슈퍼컴퓨터를 만들고, 5000억 원이 들어간 자기부상열차가 일본에 뒤처져 시범 운행이나 하는 어이없는 상황은 관료의 보신주의와 연구자의 부도덕이 결합한 결과라는 것이다(조선일보, 2016.7.27). 과학기술 분야의

---

81) https://terms.naver.com/entry.nhn?docId=3581920&cid=42171&categoryId=58698(검색일: 2018. 9. 30).

25개 정부 출연연구기관이 국가가 필요로 하는 연구를 하는 기관이라기보다는 조직의 생존을 위한 연구기관으로 변질되었다는 비판이 나올 정도다. 이러다 보니 OECD(Organization for Economic Cooperation and Development, 경제협력개발기구)가 "한국은 고립된 혁신의 나라다. 국산화와 한국형에 집착하는 연구개발 시스템은 비효율이며, 기술 상업화에 뒤떨어져 있다"고 진단하기도 했다. 4차 산업혁명을 대비하는 연구개발과는 동떨어져 있는 것이다. 정부의 연구기관은 국가가 장기적으로 필요한 기초연구 중심으로 재편하고, 나머지 연구는 기업이나 대학 등 민간 영역으로 이관하는 등 연구개발 체계 역시 대대적인 혁신이 필요하다.[82]

제4차 산업혁명이라는 커다란 체계는 인공지능, 사물인터넷 등과 같은 기술이 추동하고 있지만, 산업혁명은 항상 사회의 커다란 변화, 사회혁명과 같이 일어났다는 것을 잊어서는 안 된다. 제1차 산업혁명으로 봉건제도가 해체되는 변혁이 함께 일어났다. 서구에서는 봉건귀족이 해체되고 봉건사회의 제도가 무너지고 부르주아 중산층이 사회 주도층이 되는 과정에서 기존 제도와 충돌, 세계 각지에서 유혈 혁명, 내란을 거쳐야만 했다. 제2차 산업혁명의 결과, 생산이 폭증하자 각국이 잉여생산을 소비할 식민지 경쟁을 벌이는 바람에, 이번에는 두 차례에 걸친 세계대전이 일어나 7000만 명의 목숨을 빼앗는 결과를 초래했다. 3차 산업혁명이 진행 중인 지금은 어떤가? 현재는 미국의 기업들이 3차 산업혁명을 주도하고 세계가 따라가고 있다. 최근에는 중국이 거의 유일하게 미국에 대항하는 세력으로 등장했다. 세계는 인터넷과 스마트폰으로 연결되어 실시간으로 정보와

---

82) https://terms.naver.com/entry.nhn?docId=3581920&cid=42171&categoryId=58698(검색일: 2018. 9. 30).

커머스(commerce)가 이루어지는 혁신을 겪으며 완전한 디지털 사회가 되고 있다. 제3차 산업혁명에 의한 사회혁명은 모든 면에서 진행 중이다. 이제는 제4차 산업혁명을 앞에 두고 있다. 제4차 산업혁명의 사회적 의미는 그 이전과 비교할 수 없을 정도다. 사물(기계)이 인간으로부터 독립되어 독자적인 지능을 가지고 인간을 압도하기 시작했다. 인간이 지배해 온 역사를 바꿀 가능성도 있다. 사회 전체가 재편되는 수순을 밟을 것이다. 이런 변화에 대응하기 위해서는 무엇보다도 사회 전반에 걸쳐 거버넌스를 재정립해야 한다. 사회를 이끌어 가는 커다란 축인 정부와 기업, 시민사회가 함께 사회와 경제, 문화를 논의하고 결정하고 추진하는 추진 체계를 갖추어야 한다. 제4차 산업혁명을 이야기하면서 사고의 틀은 1, 2차 산업혁명을 추진하던 때의 그것에 그대로 머물러 있고, 제4차 산업혁명을 추진하겠다고 하면서 추진 체계도 1, 2차 산업혁명을 추진하던 예전의 방식을 따라서는 안 된다. 한국이 사회적 변화 없이는 과학기술 혁명의 이익을 충분히 누릴 수 없다고 지적하고, 교육 체계의 변화와 공공 부문의 변화 등이 함께 이루어져야 한다고 자문한 앨빈 토플러의 말이 제4차 산업혁명을 맞는 이즈음, 그 어느 때보다 절실하게 와 닿는다.[83]

1.4. IT 거버넌스(information technology governance)

IT 거버넌스는 정보 기술(IT) 자원과 정보, 조직을 기업의 경영 전략 및 목표와 연계해 경쟁 우위를 확보할 수 있도록 하는 의사 결

---

83) https://terms.naver.com/entry.nhn?docId=3581920&cid=42171&categoryId=58698(검색일: 2018. 9. 30).

정 및 책임에 관한 프레임워크. 이사회와 경영진의 책임 아래 수행되는 기업 지배 구조의 일부로 존재하게 되며 리더십과 조직 구조 및 프로세스 통제 및 관리 체제로 구성된다. IT 거버넌스는 적용하려는 기업이나 분야에 따라 목표와 정의가 달라질 수 있으나, 1998년에 설립된 미국의 정보기술관리협회(ITGI)에서는 IT 거버넌스 프로세스 프레임워크를 수행 주기에 따라 계획 및 조직, 도입 및 구축, 운영 및 지원, 모니터링의 4가지 영역과 각 영역에 해당하는 34개 세부 프로세스로 정의하고 있다.[84]

---

84) https://terms.naver.com/entry.nhn?docId=864950&cid=42346&categoryId=42346(검색일: 2018. 9. 30).

참고문헌

거버넌스 연구회 편. 2009. 『동아시아 거버넌스』서울: 대경.

국제정치연구회 편. 2000. 『20세기로부터의 유산: 세계경제와 국제정치』서울: 사회평론.

권기성·한영춘, 「행정학개론」, 법문사, 1980년

금정건. 1982. 『현대국제법』서울: 박영사.

김광식. 1999. 『한국 NGO-시민사회단체 21세기의 희망인가』서울: 동명사.

김광웅. 2004. 『비교행정론』서울: 박영사.

김규정. 1999. 『행정학원론』서울: 법문사.

김동욱. 1996. "정부의 생산성 제고를 위한 전자정부 구현 방안" 한국정책학회.

김문성. 2000. 『행정학의 이해』서울: 박영사.

김번웅·김만기·김동현. 1991. 『현대 한국행정론』서울: 박영사.

김석준 외. 2002. 『거버넌스의 이해』서울: 대영문화사.

김영종·김종명·안희남·최봉기. 1997. 『행정학』서울: 법문사.

김용구. 1997. 『세계관 충돌의 국제정치학: 동양의 예와 서양의 공법』서울: 나남출판.

김운태. 1986. 『행정학원론』서울: 박영사.

김운태·강신택·백완기 외. 1982. 『한국 정치행정의 체계』서울: 박영사.

김의곤. 2000. 『국제분쟁의 이해: 이론과 역사』서울: 집문당.

김의영. 2014. 『거버넌스의 정치학: 한국정치의 새로운 패러다임 모색』서울: 명진문화사.

김정균. 1986. 『국제법』서울: 형설출판사.

김찬동. 1994. 『행정학개론』한국방송대학교 출판부.

김항규. 1994. 『행정철학』서울: 대영문화사.

미국국가정보위원회, EU 안보문제연구소 저. 박동철, 박행웅 역. 2011. 『글로벌 거버넌스 2025: 중대한 기로』서울: 한울.

박동서. 1997. 『한국행정론』(제4전정판) 서울: 법문사.

박문옥. 1980. 『행정학』(제5정판) 서울: 신천사.

박배근. 2015. "국제법학의 방법으로서의 국제법에 대한 제3세계의 접근" 『국제법평론』 II.

박상섭. 2008. 『국가·주권』서울: 소화.

박상필·이명석. 2005. "시민사회와 거버넌스" 조효제·박은홍 역. 『한국, 아시아 시민사회를 말하다』서울: 아르케. pp. 159~197.

박원순. 1999. 『NGO 시민의 힘이 세상을 바꾼다』서울: 예담.

박재. 1969. 『국제법』서울: 일조각.

박찬욱. 2004. 『21세기 미국의 거버넌스』서울: 서울대학교 출판부.

송병준. 2016. 『유럽연합의 거버넌스. 2』서울: 높이깊이.

안청시·정진영. 2000. 『현대 정치경제학의 주요 이론가들』서울: 아카넷.

유병화. 1983. 『국제법총론』서울: 일조각.

이무성 외 공저. 2008. 『국제정치의 신패러다임』서울: 높이깊이.

이한기. 1985. 『국제법강의』서울: 박영사.

이제민. 2004. 『동아시아 거버넌스』서울: 오름.

이홍종. 2018. 『영화 속의 국제관계』부산: 도서출판 누리.

정민·조규림. 2016. "4차 산업혁명의 등장과 시사점" 『경제주평』 16~32 호. 현대경제연구원.

장세훈. 2006. "이젠 우리가 국제문제 해결 주체로: 유엔 거버넌스센터 원장 내정자 김호영씨" 『서울신문』(2006년 9월 7일), p. 29.

정인섭. 2012. 『생활 속의 국제법 읽기』서울: 일조각.

정인섭. 2017. 『신국제법강의: 이론과 사례』(제7판) 서울: 박영사.

조용수. 2015. "오래된 미래 '공유경제' 개방성과 시장원리로 세상 바꾼다." 『LGERI리포트』

한국법교육센터. 2014. 『재미있는 법 이야기』서울: 가나출판사.

한국정치학회 편. 2008. 『정치학이해의 길잡이: 국제정치경제와 새로운 영역』서울: 법문사.

한국NGO총람편찬위원회. 1999. 『한국NGO총람 1999』서울: 한국NGO총람편찬위원회.

홍성화 외. 1984. 『국제법통론』서울: 학연사.

Dahl, Robert. 1961. *Who Governs?: Democracy and Power in an American City.* Yale University Press.

Goldstein, Joshua S. 저. 김연각·김진국·백창재 역. 2002. 『국제관계의 이

해』서울: 인간사랑.

Han, Sang-hee. 2010. *The Circulation of International Legal Terms in East Asia.* Asian Law Institute Working Paper Series. No. 014.

Jessup, P. 1956. *Transnational Law.* Yale University Press.

Joyner, C. 2005. *International Law in the 21st Century.* Rowman & Littlefield Publishers.

Karns, Margaret P. Karns 외. 저. 김계동・김현욱・민병오・이상현・이유진・황규득. 역. 2017. 『국제기구의 이해: 글로벌 거버넌스의 정치와 과정』서울: 명인문화사.

Mosler, M. 1999. "General Principles of International Law" in R. Bernhardt ed. *Encyclopedia of Public International Law.* vol. 2. Elsevier B.V.

Reiss, H. 1977. *Kants politisches Denken,* Lang, 1977(樽井正義 譯『カントの政治思想』藝立出版, 1989).

Steiner, H. *et al.,* 1986. *Transnational Legal Problems.* Foundation Press.

Williams, H. 1983. *Kant's Political Philosophy,* Blackwell.

小野原雅夫 「平和の定言命法-カントの規範的政治哲學」 樽井・円谷 編 『社會哲學の領野』 晃洋書房, 1995.

- government와 governance를 비교/설명하세요?

- *Who Governs?: Democracy and Power in an American City*(1961)의 저자는?

- 통치에서는 소수자에 의한 결정이 전구성원에 대하여 강제되고, 사회 전체라는 관점이 완전히 개인에 우월한다. 특히, 각 개인에게 배분되어야 할 사회적 가치의 총합이 극도로 한정되어 있을 경우에는, 사회구성원 전체의 이익을 위하여 각 개인에게 큰 희생을 강제할 것이 요구되어, 그만큼 순수한 통치에 접근하는 것이 된다. 그리하여 거기서는 사회적 가치의 총합과 그 분배방법에 대하여 완전한 지식을 가진 자에 의한 지배의 실현을 이상적인 것으로 본다. 그리스의 철학자 (   )의 '철인왕(哲人王)'은 이와 같은 것을 주장한 고전적인 예이다.

- (   )은 웹 2.0 개념 및 문화가 적용된 정부 서비스이다 전자 정부 서비스를 공급자 중심에서 사용자 중심으로 전환하고 행정 서비스의 효율성을 향상시키기 위해 도입한 서비스다. 거버먼트 2.0에서는 국민이 단순 소비자가 아니라 주인이라는 생각 아래 정보 및 서비스를 개방하고 참여를 유도한다. 한 예로 티-거버먼트(T-Government)가 있다. 이는 디지털 텔레비전으로 모든 행정 서비스를 양방향으로 이용할 수 있는 차세대 전자정부 모델이다. 즉 텔레비전으로 인터넷 서비스를 이용하는 셈이다.

- 각국 정부의 투명성·효율성 제고 등을 연구·조언하는 '유엔 거버넌스 센터'가 (   )년 9월 서울에 개설되었다.

- 제4차 산업혁명을 이야기하면서 사고의 틀과 추진 체계가 1, 2차 산업혁명 때에 머물러서는 안 된다. (   )는 한국에 대해 사회적 변화 없이는 과학기술 혁명의 이익을 충분히 누릴 수 없으며 교육 체계의 변화와 공공 부문의 변화 등이 함께 이루어져야 한다고 자문했다. 정부와 기업, 시민사회가 함께 사회와 경제, 문화를 논의하고 결정하고 추진하는 거버넌스의 재정립이 필수다.

2. 글로벌거버넌스와 국제기구

2.1. 글로벌거버넌스

글로벌거버넌스(global governance)는 세계적 규모의 협동관리 또는 공동통치이다. 세계적 규모의 문제들에 국가가 충분히 대응하지 않을 때, 국제사회가 그 해결 활동을 전개한다는 것이다. 1990년대 초부터 냉전의 종결과 세계화의 진전 등 국제 정치의 구조적 변화를 거치면서 기존의 국가 중심적 국제 관계에 대신하는 새로운 국제 질서의 개념으로 등장하였다. 전 서독의 총리 W. 브란트(Willy Brandt)의 발안으로 1992년에 설정된 '글로벌거버넌스위원회'(Commission on Global Governance)의 활동이 그 기원이다. 거버넌스는 반드시 공적인 권력에만 의존하지 않는 완만한 활동 조정의 기반을 뜻한다. 빈곤과 기아, 환경 문제, 인권침해, 난민 증가, 핵확산 등 세계적 규모의 여러 문제에 국가가 충분히 대응하지 않을 때, 국제사회가 그것을 방치하지 않고 정의를 실현할 수 있다는 인식을 바탕으로 하여 세계적 규모에서 거버넌스의 필요성을 요구하게 되었다. 인간사회에서 참을 수 없는 비참한 상황의 해결을 하는 데 이미 국가에만 의존하는 것이 아니라 개인과 국제기관, 난민 조직 등도 총력을 다하여 해결하는 데 힘쓴다는 발상이다.[85]

2.2. 글로벌거버넌스와 국제기구

때때로 글로벌거버넌스의 개념은 국제기구와 동의어로 사용되고

---

85) https://terms.naver.com/entry.nhn?docId=1227027&cid=40942&categoryId=31656(검색일: 2018. 10. 1)

있다. 국제적인 유명인사의 독립단체로 출발한 '글로벌거버넌스위원회'는 1995년에 연구결과보고서를 발간하였다. 여기서 거버넌스를 "개인들과 기구들이 공공의 문제를 공적 또는 사적으로 해결하는 다양한 방식들을 집약한 것"으로 개념화하였다. 거버넌스는 개인들과 국제기구 포함한 기구들이 합의를 했거나 그들의 이익에 합치된다고 인정하는 공식적이고 비공식적인 조치들을 포함한다(Karns 외 2017, 2).

거버넌스(governance)란 일반적으로 일을 관리·운영하기 위한 여러 규칙의 체계를 말하며 글로벌한 레벨(글로벌거버넌스), 국가 레벨(행정학과 개발연구에서의 거버넌스), 조직 레벨(코퍼레이트 거버넌스) 등에서 사용된다. 설명 책임성이나 투명성이 필요하다는 규범적 요소는 어떠한 레벨의 논의에도 공통적이지만 세계정부 부재의 글로벌 거버넌스론과 중앙정부·기업이 존재하는 내셔널 및 코퍼레이트 레벨의 논의는 거버넌스와 조직의 관계에 대해서 차이가 있다. 글로벌 거너넌스에는 광의로 국제관계에서의 거버넌스 시스템 일반을 논의하는 것과 이것에 규범적인 의미를 갖도록 하는 협의의 논의가 있다. 우선 전자의 국제정치와 국제기구에서의 거버넌스 시스템에 대해서 J. 로즈노(James N. Rosenau)와 E. 쳄피엘(Ernst-Otto Czempiel) 등은 '정부 없는 거버넌스(Governance without Government)'라는 표현으로 거버넌스를 정부(거버먼트)와 대비시킨다. 거버넌스를 "공식적으로 인정된 헌법이나 헌장 및 간(間)주관적인 의미에서 존재하는 규칙의 체계이다 "라고 정의하고 결과로서 얻어진 질서가 아니라 의도를 가지고 형성된 질서라고 한다. 종래는 국내·국제를 불문하고 중앙정부가 없으면 효과적인 거버넌스가 공급되지 않는다고 생각하였지만 실제로는 세계정부 부재의 무정부 국제정치에서도 효과적인 거버넌스가 제공되어 왔다고 한다. 국제기구 등 국제정치에서의 거버넌스 시스템의 예로서 17세기 이후의 웨스트팔리아 체제, 상호억제 시스템, G7정상회담 등을 들 수 있다. 국제정치에서의 거버넌스 시스템을 국제 체제론의 연장으로서 받아들인 것은 오란 영(Oran R. Young)이다. 우선 사회관계에 관한 넓은 개념으로서 '제도'가 있으며 이것은 '사회에서 무엇이 어떻게 이루어지는지를 규정하거나, 거기에 참여하는 개개인의 역할을 정하거나, 그러한 역할을 하는 자간의 상호작용을 유도하는 것'이라고 정의하고 있다. 이러한 여러 '제도'의 하나로 거버넌스 시스템이 있으며 그것은 '어떤 사회집단에 있어서 회원의 공통적인 관심사에 대해 집단적 선택을 하기 위한 특별한 제도'이다. 국제체제는 거버넌스 시스템의 하나로 보다 한정된 문제 영역군 또는 단일의 문제영역을 대상으로 한다. 그리고 공식적인 사무국이나 예산을 갖는 실체적인 '조직'(그 하나가 정부)이 있다. 이와 같이 오란 영은 제도, 거버넌스 시스템, 국제 체제, 조직의 여러 개념을 정리한다.[86]

글로벌거버넌스를 지금부터 실현해야 할 국제관계에서의 거버넌스 시스템으로서 협의로 받아들이고 규범적·실천적으로 논의하는 것이 글로벌거버넌스위원회이다. 거버넌스를 "개인과 기관, 사(私)와 공(公)이 공통의 문[87]제에 몰두하는 많은 방법의 집합"이라고 정의하고 국제 관계에서의 거버넌스 시스템 일반론과 마찬가지로 "글로벌거버넌스는 세계정부가 아니다"라고 서술한다. 그리고 지금부터의 국제관계에 있어서 거버넌스 시스템은 다양성에 관용적이고 공생의 견해에 기초한 글로벌 거버넌스이어야 한다고 주장하고 패권

86) https://terms.naver.com/entry.nhn?docId=726602&cid=42140&categoryId=42140(2018. 10. 1).
87) https://terms.naver.com/entry.nhn?docId=726602&cid=42140&categoryId=42140(2018. 10. 1).

체제는 국제관계에 있어서 하나의 거버넌스 시스템이기는 하지만 글로벌거버넌스는 아니라고 한다.

오늘날 국제정치는 금융, 정보, 문화 등 다양한 분야에서 급속한 글로벌리제이션이 진행되고 있다. 또한 지구온난화 등 글로벌 이슈라고 불리는 현상이 일어나고 있다. 이러한 글로벌한 시스템 또는 글로벌 이슈를 제어하고 해결하기 위한 새로운 통치의 틀이 요구되고 있다. 글로벌거버넌스(global governance)가 그것이다. 글로벌거버넌스는 세계정부를 형성하고자 하는 것도 아니고 또한 국가를 유일한 주체로서 생각하는 것도 아니다. 거기에는 정부, 기업, NGO간에 각각의 권위, 능력에 따른 국제적인 분업과 공치(共治)의 틀을 형성하여 공통 문제의 해결을 도모하고자 하는 것이다.[88]

국제정치경제는 국제적인 경제통합에 대해 낙관적으로 전망하면서 다양한 자유무역협정(FTA: Free Trade Agreement)과 국제무역기구(WTO: World Trade Organization) 차원의 다자간 통상 및 금융 자유화가 추진되고 있다. 하지만 전망이 낙관적이지만은 않다. 세계화와 더불어 자유무역과 금융개방은 진행되면서 여러 가지 부작용이 국제사회에 만연해 있다. 세계적으로 실업, 인플레이션, 금융위기, 환율, 빈부격차, 저발전 문제, 무역 불평등 등의 많은 문제가 첨예화되면서 반(反)세계화 운동이 전개되고 있다. 반세계화를 추동하는 세계시민운동과 더불어 기존의 군사력이나 외교안보 논리를 뛰어 넘어 지구환경문제와 인권문제 등이 부각되면서 '인간안보'의 중요성이 대두되고 있다. 또한 전세계적 자원 고갈 가능성으로 새로이 '자원민족주의'와 국제정치경제를 통제하는 메커니즘으로서 글로벌

---

88) https://terms.naver.com/entry.nhn?docId=726483&cid=42140&categoryId=42140(검색일: 2019. 9. 29).

거버넌스에 대한 논의가 국제정치경제의 주요한 연구의제로 등장하고 있다.[89]

각국 정부의 투명성·효율성 제고 등을 연구·조언하는 '유엔 거버넌스 센터'가 2006년 9월 서울에 개설되었다. 초대 유엔 거버넌스 센터 원장으로 내정된 김호영은 "거버넌스센터는 우리나라에 설립된 최초의 유엔본부 산하기구"라면서 "현재 국내에 있는 유엔개발계획(UNDP) 서울사무소나 국제백신연구소(IVI) 등은 산하기구가 아닌 소속기구"라고 강조했다. 그는 "거버넌스는 정부와 민간기업, 시민단체 등이 협력해 사회 전체의 발전을 도모한다는 의미로 풀이할 수 있을 것"이라면서 "거버넌스센터는 정부혁신과 지방분권[90], 시민사회와의 협력으로 유엔 회원국의 역량을 개발하고 세계인의 '삶의 질'을 향상시키는 데 기여하는 것이 목표"라고 설명했다. 아울러 한국의 경제·사회개발 경험과 정부혁신 노하우, 세계 최고 수준의 정보기술(IT) 등을 동유럽과 중남미, 아프리카 등 개발도상국에 널리 전파한다는 계획도 갖고 있다. 김호영은 "이제는 우리가 국제사회의 단순한 참여자로서가 아니라, 국제 문제 해결의 주체로서 역할을 해야 할 때"라면서 "거버넌스센터가 이 같은 변화의 시발점이 될 수 있도록 노력할 것"이라고 말했다.[91]

미래에 대한 도전으로 글로벌거버넌스의 딜레마들은 다음과 같다. 첫째, 무엇이 국제정치에서 국제기구 등과 글로벌거버넌스를 차별화

---

89) https://terms.naver.com/entry.nhn?docId=2098111&cid=44412&categoryId=44412(검색일: 2018. 9. 29).

90) 거버넌스는 전국적으로 유행어가 되었다. 2007년 11월부터 본격 가동한 전북지역 농업관련 5개 기관 협의체의 이름은 '전북농정 거버넌스'이며, 또 전북에선 새만금사업에 사회 구성원들의 다양한 참여와 합의를 끌어내기 위한 '새만금 거버넌스'가 활발하게 거론되고 있다.

91) https://terms.naver.com/entry.nhn?docId=1838307&cid=42044&categoryId=42044(검색일: 2018. 9. 30)

시키는가? 둘째, 글로벌거버넌스가 할 수 없는 것은 무엇인가? 셋째, 글로벌거버넌스에 대한 정당성, 책임성, 그리고 효과성의 도전. 넷째, 글로벌거버넌스가 가지고 있는 리더십의 딜레마: 국가를 다시 참여시켜야 하는가?(Karns 외 2017, 489-505) 필자는 국내정치의 거버넌스가 정부를 포함시키듯이 국제정치의 글로벌거버넌스도 국가, 국제기구 등을 적극 참여시켜야 한다고 생각한다.

참고문헌

거버넌스 연구회 편. 2009. 『동아시아 거버넌스』 서울: 대경.

국제정치연구회 편. 2000. 『20세기로부터의 유산: 세계경제와 국제정치』 서울: 사회평론.

권기성·한영춘, 「행정학개론」, 법문사, 1980년.

금정건. 1982. 『현대국제법』 서울: 박영사.

김광식. 1999. 『한국 NGO-시민사회단체 21세기의 희망인가』 서울: 동명사.

김광웅. 2004. 『비교행정론』 서울: 박영사.

김규정. 1999. 『행정학원론』 서울: 법문사.

김동욱. 1996. "정부의 생산성 제고를 위한 전자정부 구현 방안" 한국정책학회.

김문성. 2000. 『행정학의 이해』 서울: 박영사.

김번웅·김만기·김동현. 1991. 『현대 한국행정론』 서울: 박영사.

김석준 외. 2002. 『거버넌스의 이해』 서울: 대영문화사.

김연규 역. 2018. 『글로벌 기후변화 거버넌스와 한국의 전략』 서울: 한울아카데미.

김영종·김종명·안희남·최봉기. 1997. 『행정학』 서울: 법문사.

김용구. 1997. 『세계관 충돌의 국제정치학: 동양의 예와 서양의 공법』 서울: 나남출판.

김운태. 1986. 『행정학원론』 서울: 박영사.

김운태·강신택·백완기 외. 1982. 『한국 정치행정의 체계』 서울: 박영사.

김의곤. 2000. 『국제분쟁의 이해: 이론과 역사』 서울: 집문당.

김의영. 2014. 『거버넌스의 정치학: 한국정치의 새로운 패러다임 모색』 서울: 명진문화사.

김정균. 1986. 『국제법』 서울: 형설출판사.

김찬동. 1994. 『행정학개론』 한국방송대학교 출판부.

김항규. 1994. 『행정철학』 서울: 대영문화사.

미국국가정보위원회, EU 안보문제연구소 저. 박동철, 박행웅 역. 2011. 『글로벌 거버넌스 2025: 중대한 기로』 서울: 한울.

박동서. 1997. 『한국행정론』(제4전정판) 서울: 법문사.

박문옥. 1980. 『행정학』(제5정판) 서울: 신천사.

박배근. 2015. "국제법학의 방법으로서의 국제법에 대한 제3세계의 접근" 『국제법평론』 II.

박상섭. 2008. 『국가·주권』서울: 소화.

박상필·이명석. 2005. "시민사회와 거버넌스" 조효제·박은홍 역. 『한국, 아시아 시민사회를 말하다』서울: 아르케. pp. 159~197.

박원순. 1999. 『NGO 시민의 힘이 세상을 바꾼다』서울: 예담.

박재. 1969. 『국제법』서울: 일조각.

박재영. 2017. 『NGO와 글로벌 거버넌스』서울: 법문사.

박찬욱. 2004. 『21세기 미국의 거버넌스』서울: 서울대학교 출판부.

송병준. 2016. 『유럽연합의 거버넌스. 2』서울: 높이깊이.

안청시·정진영. 2000. 『현대 정치경제학의 주요 이론가들』서울: 아카넷.

유병화. 1983. 『국제법총론』서울: 일조각.

이무성 외 공저. 2008. 『국제정치의 신패러다임』서울: 높이깊이.

이숙종. 2012. 『글로벌 개발협력 거버넌스와 한국』서울: 동아시아연구원.

이승철. 2006. 『글로벌 거버넌스와 한국』서울: 한양대학교출판부.

이한기. 1985. 『국제법강의』서울: 박영사.

이제민. 2004. 『동아시아 거버넌스』서울: 오름.

이홍종. 2018. 『영화 속의 국제관계』부산: 도서출판 누리.

장세훈. 2006. "이젠 우리가 국제문제 해결 주체로: 유엔 거버넌스센터 원장 내정자 김호영씨"『서울신문』(2006년 9월 7일), p. 29.

정은숙. 2012. 『글로벌 거버넌스와 국제안보: 이슈와 행위자』서울: 한울.

정인섭. 2012. 『생활 속의 국제법 읽기』서울: 일조각.

정인섭. 2017. 『신국제법강의: 이론과 사례』(제7판) 서울: 박영사.

조용수. 2015. "오래된 미래 '공유경제' 개방성과 시장원리로 세상 바꾼다." 『LGERI리포트』.

주성수. 2018. 『글로벌 개발 거버넌스』서울: 한양대학교출판부.

한국법교육센터. 2014. 『재미있는 법 이야기』서울: 가나출판사.

한국정치학회 편. 2008. 『정치학이해의 길잡이: 국제정치경제와 새로운 영역』서울: 법문사.

한국NGO총람편찬위원회. 1999. 『한국NGO총람 1999』서울: 한국NGO총

람편찬위원회.

홍성화 외. 1984.『국제법통론』서울: 학연사.

Dahl, Robert. 1961. *Who Governs?: Democracy and Power in an American City*. Yale University Press.

Goldstein, Joshua S. 저. 김연각·김진국·백창재 역. 2002.『국제관계의 이해』서울: 인간사랑.

Han, Sang-hee. 2010. *The Circulation of International Legal Terms in East Asia*. Asian Law Institute Working Paper Series. No. 014.

Jessup, P. 1956. *Transnational Law*. Yale University Press.

Joyner, C. 2005. *International Law in the 21st Century*. Rowman & Littlefield Publishers.

Karns, Margaret P 외. 저. 김계동·김현욱·민병오·이상현·이유진·황규득. 역. 2017.『국제기구의 이해: 글로벌 거버넌스의 정치와 과정』서울: 명인문화사.

Mosler, M. 1999. "General Principles of International Law" in R. Bernhardt ed. *Encyclopedia of Public International Law*. vol. 2. Elsevier B.V.

Reiss, H. 1977. *Kants politisches Denken*, Lang, 1977(樽井正義 譯『カントの政治思想』藝立出版, 1989).

Steiner, H. *et al.*, 1986. *Transnational Legal Problems*. Foundation Press.

Weiss, Thomas G. & Wilkinson, Rorden. 2018. *International Organization and Global Governance*. Routledge.

Williams, H. 1983. *Kant's Political Philosophy*, Blackwell.

小野原雅夫 「平和の定言命法-カントの規範的政治哲學」 樽井·円谷 編『社會哲學の領野』晃洋書房, 1995.

- 글로벌거버넌스(global governance)는 세계적 규모의 협동관리 또는 공동통치이다. 세계적 규모의 문제들에 국가가 충분히 대응하지 않을 때, 국제사회가 그 해결 활동을 전개한다는 것이다. 1990년대 초부터 냉전의 종결과 세계화의 진전 등 국제 정치의 구조적 변화를 거치면서 기존의 국가 중심적 국제 관계에 대신하는 새로운 국제 질서의 개념으로 등장하였다. 전 서독의 총리 (　　)의 발안으로 1992년에 설정된 글로벌거버넌스위원회 (스페인주도)의 활동이 그 기원이다.

- 각국 정부의 투명성·효율성 제고 등을 연구·조언하는 '유엔 거버넌스 센터'가 (　　)년 9월 서울에 개설되었다.

- 서울에 개설된 유엔 거버넌스센터 초대 원장으로 내정된 (　　)은 "거버넌스센터는 우리나라에 설립된 최초의 유엔본부 산하기구"라면서 "현재 국내에 있는 유엔개발계획 (UNDP) 서울사무소나 국제백신연구소(IVI) 등은 산하기구가 아닌 소속기구"라고 강조했다. 그는 "거버넌스는 정부와 민간기업, 시민단체 등이 협력해 사회 전체의 발전을 도모한다는 의미로 풀이할 수 있을 것"이라면서 "거버넌스센터는 정부혁신과 지방분권, 시민사회와의 협력으로 유엔 회원국의 역량을 개발하고 세계인의 '삶의 질'을 향상시키는 데 기여하는 것이 목표"라고 설명했다.

3. 국제레짐과 글로벌거버넌스

3.1. 국제레짐

국제레짐과 글로벌거버넌스는 결과적으로 나타난 현상은 비슷하더라도 기본적인 개념의 출발은 틀리다. 국제레짐(international regime)은 무정부적인 국제관계에서 국제질서 유지를 위해 국제협력을 추구하는 제도적 틀이다. 국제레짐의 형식으로는 원칙, 규범, 규정, 계획, 기구 등으로 다양하다.[92]

국제레짐은 일반적으로 국제관계(의 특정 영역[93])에 있어서 국가들에 의해 합의가 된 명시적 혹은 묵시적인 규칙을 지닌 제도[94]로서 관습을 포함한다. 국제레짐에 대한 정의의 다양한 해석이 존재한다. 때때로 신자유주의[95] 이론을 일컬어 국제레짐 이론이라고 하는 경

---

[92] https://terms.naver.com/entry.nhn?docId=2098112&cid=44412&categoryId=44412(검색일: 2018. 11. 21).

[93] 신자유주의 이론가들은 현실주의 국제정치의 구조 하에서도 국가들이 국제관계의 규범과 규칙을 자세하게 규정한 안보레짐, 경제레짐, 환경레짐과 같은 레짐(regime)의 건설을 통해 서로 협력할 수 있다고 주장하였다.
https://terms.naver.com/entry.nhn?docId=2098110&cid=44412&categoryId=44412(검색일: 2018. 11. 21).

[94] 명시적인 예는 현존하는 WTO체제를 들 수 있고 묵시적인 예로는 얄타체제를 예로 들 수 있다. 얄타회담은 이미 끝났지만 얄타체제는 냉전 시대 내내 묵시적으로 합의된 틀, '레짐'이었다.

[95] 신자유주의는 국가권력의 시장개입을 비판하고 시장의 기능과 민간의 자유로운 활동을 중시하는 이론이다. 1970년대부터 케인스 이론을 도입한 수정자본주의의 실패를 지적하고 경제적 자유방임주의를 주장하면서 본격적으로 대두되었다. 케인스경제학은 제1차세계대전 이후 세계적인 공황을 겪은 많은 나라들의 경제정책에 이론적 기초를 제공하였다. 미국과 영국 등 선진 국가들은 케인스 이론을 도입한 수정자본주의를 채택하였는데, 그 요체는 정부가 시장에 적극적으로 개입하여 소득평준화와 완전고용을 이룸으로써 복지국가를 지향하는 것이다. 케인스 이론은 이른바 '자본주의의 황금기'와 함께하였으나, 1970년대 이후 세계적인 불황이 다가오면서 이에 대한 반론이 제기되었다. 장기적인 스태그플레이션은 케인스 이론에 기반한 경제정책이 실패한 결과라고 지적하며 대두된 것이 신자유주의 이론이다. 시카고학파로 대표되는 신자유주의자들의 주장은 닉슨 행정부의 경제정책에 반영되었고, 이른바 레이거노믹스의 근간이 되었다. 신자유주의는 자유시장과 규제완화, 재산권을 중시한다. 곧 신자유주의론자들은 국가권력의 시장개입을 완전히 부정하지는 않지만 국가권력의 시장개입은 경제의 효율성과 형평성을 오히려 악화시킨다고 주장한다. 따라서 '준칙에 의한' 소극적인 통화정책과 국제금융의 자유화를 통하여 안정된 경제성장에 도달하는 것을 목표로

우가 있는데, 이는 국제레짐 이론이라는 말을 협의의 의미로 사용하는 경우로서 구체적으로 국제레짐이 국제체제의 구조적인 변수와 관계없이 독자성을 지니고 국가의 행위에 영향을 미치는 것을 강조하는 경우이다. 그렇다면 광의의 국제레짐 이론이란, 국제레짐의 독자성의 유무에 상관없이 국제레짐이 어떻게 생성되고 유지, 확대되며 쇠퇴하는가를 설명하려는 모든 종류의 이론들을 통칭하여 부를 때 사용하며 레짐의 국가행동에 대한 독자적인 영향력을 인정하지 않는 현실주의96) 이론까지도 포함한다.97)

한다. 또한 공공복지 제도를 확대하는 것은 정부의 재정을 팽창시키고, 근로의욕을 감퇴시켜 이른 바 '복지병'을 야기한다고 한다. 신자유주의자들은 자유무역과 국제적 분업이라는 말로 시장개방을 주장하는데, 이른바 '세계화'라는 용어도 신자유주의의 산물이다. 이는 세계무역기구(WTO)나 우루과이라운드 같은 다자간 협상을 통한 시장개방의 압력으로 나타나기도 한다. 신자유주의의 도입에 따라 케인즈 이론에서의 완전고용은 노동시장의 유연화로 해체되고, 정부가 관장하거나 보조해 오던 영역들이 민간에 이전되었다. 자유방임경제를 지향함으로써 비능률을 해소하고 경쟁시장의 효율성 및 국가 경쟁력을 강화하는 긍정적 효과가 있는 반면, 불황과 실업, 그로 인한 빈부격차 확대, 시장개방 압력으로 인한 선진국과 후진국 간의 갈등 초래라는 부정적인 측면도 있다. https://terms.naver.com/entry.nhn?docId=1119158&cid=40942&categoryId=31645(검색일: 2018. 11. 21).

96) 일반적으로 현실주의는 이상(理想)이나 관념보다는 현실을 중시하는 사고나 행동양식을 말한다. 제 1차 세계대전의 충격은 전쟁이 이제 정치의 연장 등이 아니라 오히려 사회의 질병이라는 인식이 강해져 지금이야말로 구습(舊習)과 결별하고 세계의 당연한 모습을 구상해야 한다고 하여 국제정치학이라는 새로운 학문의 탄생을 촉구하였다. 나중에 '이상주의'라고 불렸던 국제정치학은 국제법이나 국제기구·제도의 충실·강화를 중시하였으며 국제연맹은 그 상징이었다. 그러나 1930년대에 들어 국제정치의 운영이 혼돈 상태에 빠지자 이상주의를 억압하는 부정주의, 즉 오늘날 '현실주의'라고 불리는 국제정치학의 대두를 촉구하여 제2차 세계대전의 발발과 그 후의 냉전이라는 특이한 임전(臨戰)체제의 진전은 이 현실주의를 국제정치학의 중핵으로 위치하게 하였다. 현실주의자의 중심적 존재가 되었던 것은 나치의 손길을 피해 미국으로 건너간 망명 지식인, 특히 H. J. 모겐소(Hans Joachim Morgenthau), J. 허츠(John Herz), A. 울퍼스(Arnold Wolfers) 등의 정치학자였다. 현실주의는 체계화된 하나의 이론은 아니지만 A. 울퍼스의 논리에 따라 현실주의를 다음의 2가지 논리로 대별할 수 있다. 하나는 '비극학파(悲劇學派)'이다. 이 학파는 힘의 물질적 측면과 국제사회가 중앙정부를 가지고 있지 않다는 것, 즉 아나키라는 것을 중시한다. 아나키 체계는 자신의 힘과 안전을 높이는 자조노력은 상대국의 상대적 힘과 안전의 저하를 초래하여 그것에 의해 불안을 느낀 상대는 대항책을 강구하기 때문에 그것은 역으로 자신의 안전을 해친다. 이것을 '시큐어리티 딜레머(Security Dilemma)'(J. 허츠)라고 한다. 2400년전 추키디데스(Thoukydidēs)는 펠로폰네소스 전쟁을 그러한 예로서 그리고 있다. 또한 후의 홉스(Thomas Hobbes)는 정부 없는 국내정치를 사람들이 협력하려고 해도 협력할 수 없는 '수인(囚人)의 딜레머' 상황으로 보았다. 그러나 국내 질서를 형성하기 위해 정부를 가지고 있는 국가가 형성되면 그것은 '국왕의 평화'를 낳는 반면, 아이러니컬하게도 이번에는 '국왕의 전쟁'을 초래한다는 역설(이것을 '홉스의 패러독스'(M. 와이트 ; Martin Wight)라고 한다)을 낳는다. 이 비극학파에는 사슴 사냥의 우화를 설명한 J. -J. 루소(Jean-Jacques Rousseau)나 1950 년대의 J. 허츠와 영국의 M. 와이트 그리고 현대의 K. 왈츠

3.2. 시스템이론

시스템이론가인 D. 이스턴(David Easton)은 하나의 시스템이 완전히 갖추어져 있어 중앙권위체(central authority)도 있는 단계를 최상위 단계라 하고 최하위 단계는 그저 공동체 의식 정도 밖에 없는 단계라 가정할 때 레짐은 그 중간 단계라고 주장한다. 완전한 세계정부 또는 완전한 국제기구가 없는 상황에서 지금의 국제연합은 레짐이라 할 수 있다. 그럼 시스템은 무엇인가? 이를 설명하기 위해서는 먼저 행태주의를 설명해야 한다. 행태주의와 전통적 방법은 사회과학을 연구하는 두 가지 방법이다.

행태주의(behavioralism)는 경험에 의한 체계적인 관찰을 통하여 획득되는 객관적 증거를 중시하는 사회과학의 방법론이다. 사회학·인류학·심리학·정치학·경제학·언어학 등 인간의 행위를 주제로 하는 사회과학이 전통적 방법은 철학적-사변적인 것을 특징으로 하였으나 경험에 의한 실증적 근거의 객관성을 내세우는 행태주의자들은 종래의 사회과학과 구별 지으려는 학자들이다.[98] 행태주의는

(Kenneth Neal Waltz)가 대표적 존재로서 언급된다. 울퍼스가 말한 다른 하나의 현실주의는 '사악학파(邪惡學派)'이다. 그들은 국제체계가 아닌 인간의 본성에 초점을 맞춘다. 예를 들면 니버(Reinhold Niebuhr)는 '인간은 끊임없이 신망, 질투, 오만, 완고 그리고 탐욕의 충동을 탐닉하는 것'이며 또한 인간은 상상하는 동물로 거의 '상상력을 저주'하고 있다고 쓰고 있다. 따라서 오늘날 얻은 풍요나 안전에 대해 인간은 내일에는 불만을 갖기 때문에 인간의 욕구가 충족된다는 것은 어려운 일이다. 홉스가 쓴 바와 같이 잘 살기 위해서는 지금 획득한 것보다 더 많은 것을 획득해야 한다. 따라서 특히 타인(국가)보다 많은 부(富)나 힘, 안전을 얻고자 하는 것이 보통이다. H. J. 모겐소는 이것을 '여분의 안전'이라고 한다. 이와 같이 부(富)나 안심은 상대적이기 때문에 그것들을 획득할 때까지 질투나 불안을 느낀다. 또한 아이러니컬하게도 사람은 타인(국가)으로부터 빼앗은 것은 금방 잊어버리지만 빼앗긴 것은 항상 마음속에 품고 있으며 그것은 종종 승화하여 그 사람(국가)화하는 것까지도 규정한다. 이리하여 이 학파는 끊임없는 욕망의 화신, 질투나 불안 덩어리로서의 인간이나 국가를 국제정치를 생각할 때의 기저에 두고 있다. 이 대표적 국제정치학자 H. J. 모겐소는 '삶의 충동, 번식의 충동 그리고 지배의 충동은 모든 것에 공통하는 것이다. https://terms.naver.com/entry.nhn?docId=727939&cid=42140&categoryId=42140(검색일: 2018. 11. 21).

97) https://ko.wikipedia.org/wiki/%EA%B5%AD%EC%A0%9C_%EB%A0%88%EC%A7%90(검색일: 2018. 11. 21).

사회과학의 대상도 자연과학처럼 유기체(생명체)로 보려고 노력하여 '행태주의 혁명'을 이루어냈다. 이로서 시스템이론이 나왔고 엄청난 학문의 발달이 이루어졌다. 대표적인 시스템이론은 D, 이스턴의 투입, 시스템, 산출, 그리고 피드백 모델이다.

시스템이론(Systems theory)은 하나의 시스템(체계)은 각 요소들의 단순한 집합체도 아니고, 각 요소들을 초월한 추상적 총체도 아니며, 상호 연관되는 각 요소들에 의해 구성된 통일체라고 보는 입장이다. 시스템 이론은 1937년 오스트리아 이론 생물학자 베르탈란피(L. v. Bertalanffy)에 의해 창시되었다. 그는 당시까지 이론 생물학의 주류를 이루던 기계론(mechanism)과 생기론(vitalism)을 철저히 분석하여 그것들의 한계를 극복하기 위해 유기체론적 생각을 발전시켜, 생물학에서의 시스템 이론을 개발하였다. 그러나 시스템은 어떤 합목적성(finality)을 지향한다는 것에 주목하여 그것을 열역학, 사이버네틱스, 물리화학 등 자연과학뿐만 아니라 사회학, 심리학, 정신병리학, 정치학, 역사학 등 모든 학문 분야에 적용할 수 있다는 생각에 창안하여 일반시스템 이론을 제시하였다. 시스템 이론에 따르면, 시스템의 성질은 각 요소들의 상호연관에 의해 생겨난 것으로서, 각 요소들의 성질과는 다른 것이다. 시스템 이론은 세계의 현상들은 상호연관되어 있으며, 사회와 생태계와 같은 조직체는 모두 살아 있는 시스템으로 파악한다.[99]

시스템이론의 관점에서는 자동제어 기계나 생물과 마찬가지로 사회도 또한 다양한 물자나 정보를 입력(input), 처리(변환·저장·전

---

98) https://terms.naver.com/entry.nhn?docId=512681&cid=42126&categoryId=42126(검색일: 2018. 11. 21).

99) https://terms.naver.com/entry.nhn?docId=388164&cid=41978&categoryId=41985(검색일: 2018. 11. 21).

달)하여 다시 다양한 물자나 정보로서 출력(output)함으로써 보다 자기보존을 도모하는(homeostasis ; 항상성(恒常性) 유지) 시스템(system)으로 보았으며 그것들은 모두 기능적으로는 등가(等價)이다. 그러나 시스템 및 그것에 관련하는 많은 개념을 사회의 하위(부분)시스템(sub-system)인 정치현상을 이해하기 위해 자각적으로 적용한 것은 D. 이스턴이다. '사회에 대한 가치의 권위적 배분을 지향하는 행위'라는 것은 정치에 대한 이스턴의 고찰이지만 그 위에 그는 인간의 행위 전체에서 그러한 의미에서의 정치적 측면만을 '추출'하여 분석적·추상적인 정치체계이론을 구상하였다. 거기에서 핵심 개념의 하나인 정치적 산출도 또한 분석적·추상적인 개념이다. 처리가 요청되어 '환경(environment)'에서 입력(정치투입(政治投入) political input)된 다양한 '요구(demand)'에 대해 각종 권위역할의 점유자들(authorities)은 정치체계의 회원, 자원·에너지를 어떠한 상태로 컨트롤하는 정치적 산출을 배출한다. 거기에 이르기까지 민주주의에 있어서 전형적인 것은 출력된 결정이나 법률에 정당성을 부여하는 의회 과정, 정부 및 관료의 행동이지만 거기에는 논리적인 '설득'이나 협동에 덧붙여 '담합', '협박', '방해자의 테러' 등 정치의 어두운 면도 작용한다. 출력의 형태에는 (1)구두 또는 문서에 의한 것 (2)행위에 의한 것이 있지만 (2)는 종종 (1)에 후속(後續)한다. (1)의 전형은 성명(聲明)이나 명령, 통달 등의 다양한 구속적 결정, 법률, 사법에서의 판결 등이 있으며, (2)의 전형은 위법행위의 단속, 각종 정책의 실행 등이다. 단순히 '말뿐인 호의(lip service)'나 보란 듯이 행동하는 '퍼포먼스(performance)'일지라도 시스템 회원의 대부분에게 '상징적인 만족'(에델만 ; Murray Edelman)을 줄 수 있다. 그러나 보다 실질적·구체적으로는 정책으로서의 정치적 산출은 시스템의 리소스를 컨트롤하면서 계약의 준수 등 질서를 강제하고, 물자를 조직적으로 수집·재배분하고, 고속도로나 정보통신망 등 공동생활에 필수인 기간산업을 정비하고, 안전보장을 확보하는 등 각종 정치적 공공재(公共財)를 공급한다. 그것에 한하여 정치적 산출에는 무임승차(free ride)가 수반된다. 또한 출력 배출의 형태는 거액의 헌금이나 조직적인 표를 과시하는 사회 내의 유력한 회원에 대해 어느 정도 '극진한' 대접을 하는 것이 보통이다. 정치체계의 존속, 그 중에서도 현 리더들의 지위보전을 위해 결정적으로 중요한 것은 그러한 각종 정치적 산출이 정치체계 '외'에 미치는 결과 또는 효과이며 또한 그것에 대한 정보이다. 그것은 새로운 정치투입(政治投入)으로서 시스템의 유력 회원에게 전달되고(feedback) 그들에게 새로운 정치적 산출의 고려를 촉구한다. 정치적 산출이 해당 요구에 적절하게 대응할 수 있는지 없는지의 여부에 따라 리더 그리고 시스템 자체에 대한 '지지(support)'가 증가 또는 감소한다. 따라서 지지를 제어하는 것은 정치적 산출의 중요한 기능이며 목적이 된다. 정치가 실행하는 경기 부양책(정치적 산출)은 '환경'(이 경우는 경제 시스템)에서의 입력(stress)에 대한 응답(response)임과 동시에 지지를 창출하기 위한 리더의 수단인 것이다.[100]

행태주의로 발달한 시스템이론에 의하면 국내정부와는 달리 국제정치는 레짐 단계이다. 한편 오늘날 국내정부에서 통치/government의 행태가 협치/governance로 행태로 바뀌고 있다. 예를 들어 노사정위원회[101]가 그 예이다. 이러한 협치는 국제관계에서 개별국가가 포

---

100) https://terms.naver.com/entry.nhn?docId=729356&cid=42140&categoryId=42140(검색일: 2018. 11. 21).

101) 문재인정부에서는 경제사회노동위원회라고 한다.

함된 형태로, 또는 개별국가가 배제된 형태로 나타난다. 이것이 글로벌거버넌스이다. 요약하면 국제관계에 있어서 국제레짐과 글로벌거버넌스는 결과적으로 비슷하게 나타난다. 그러나 그 개념이나 출발은 틀리다.

참고문헌

거버넌스 연구회 편. 2009. 『동아시아 거버넌스』서울: 대경.

국제정치연구회 편. 2000. 『20세기로부터의 유산: 세계경제와 국제정치』서울: 사회평론.

권기성·한영춘, 「행정학개론」, 법문사, 1980년.

금정건. 1982. 『현대국제법』서울: 박영사.

김광식. 1999. 『한국 NGO-시민사회단체 21세기의 희망인가』서울: 동명사.

김광웅. 2004. 『비교행정론』서울: 박영사.

김규정. 1999. 『행정학원론』서울: 법문사.

김동욱. 1996. "정부의 생산성 제고를 위한 전자정부 구현 방안" 한국정책학회.

김문성. 2000. 『행정학의 이해』서울: 박영사.

김번웅·김만기·김동현. 1991. 『현대 한국행정론』서울: 박영사.

김석준 외. 2002. 『거버넌스의 이해』서울: 대영문화사.

김연규 역. 2018. 『글로벌 기후변화 거버넌스와 한국의 전략』서울: 한울아카데미.

김영종·김종명·안희남·최봉기. 1997. 『행정학』서울: 법문사.

김용구. 1997. 『세계관 충돌의 국제정치학: 동양의 예와 서양의 공법』서울: 나남출판.

김운태. 1986. 『행정학원론』서울: 박영사.

김운태·강신택·백완기 외. 1982. 『한국 정치행정의 체계』서울: 박영사.

김의곤. 2000. 『국제분쟁의 이해: 이론과 역사』서울: 집문당.

김의영. 2014. 『거버넌스의 정치학: 한국정치의 새로운 패러다임 모색』서울: 명진문화사.

김정균. 1986. 『국제법』서울: 형설출판사.

김찬동. 1994. 『행정학개론』한국방송대학교 출판부.

김항규. 1994. 『행정철학』서울: 대영문화사.

미국국가정보위원회, EU 안보문제연구소 저. 박동철, 박행웅 역. 2011. 『글로벌 거버넌스 2025: 중대한 기로』서울: 한울.

박동서. 1997. 『한국행정론』(제4전정판) 서울: 법문사.

박문옥. 1980. 『행정학』(제5정판) 서울: 신천사.

박배근. 2015. "국제법학의 방법으로서의 국제법에 대한 제3세계의 접근" 『국제법평론』 II.

박상섭. 2008. 『국가·주권』서울: 소화.

박상필·이명석. 2005. "시민사회와 거버넌스" 조효제·박은홍 역. 『한국, 아시아 시민사회를 말하다』서울: 아르케. pp. 159~197.

박원순. 1999. 『NGO 시민의 힘이 세상을 바꾼다』서울: 예담.

박재. 1969. 『국제법』서울: 일조각.

박재영. 2017. 『NGO와 글로벌 거버넌스』서울: 법문사.

박찬욱. 2004. 『21세기 미국의 거버넌스』서울: 서울대학교 출판부.

송병준. 2016. 『유럽연합의 거버넌스. 2』서울: 높이깊이.

안청시·정진영. 2000. 『현대 정치경제학의 주요 이론가들』서울: 아카넷.

유병화. 1983. 『국제법총론』서울: 일조각.

이무성 외 공저. 2008. 『국제정치의 신패러다임』서울: 높이깊이.

이숙종. 2012. 『글로벌 개발협력 거버넌스와 한국』서울: 동아시아연구원.

이승철. 2006. 『글로벌 거버넌스와 한국』서울: 한양대학교출판부.

이한기. 1985. 『국제법강의』서울: 박영사.

이제민. 2004. 『동아시아 거버넌스』서울: 오름.

이홍종. 2018. 『영화 속의 국제관계』부산: 도서출판 누리.

장세훈. 2006. "이젠 우리가 국제문제 해결 주체로: 유엔 거버넌스센터 원장 내정자 김호영씨" 『서울신문』(2006년 9월 7일), p. 29.

정은숙. 2012. 『글로벌 거버넌스와 국제안보: 이슈와 행위자』서울: 한울.

정인섭. 2012. 『생활 속의 국제법 읽기』서울: 일조각.

정인섭. 2017. 『신국제법강의: 이론과 사례』(제7판) 서울: 박영사.

조용수. 2015. "오래된 미래 '공유경제' 개방성과 시장원리로 세상 바꾼다." 『LGERI리포트』.

주성수. 2018. 『글로벌 개발 거버넌스』서울: 한양대학교출판부.

한국법교육센터. 2014. 『재미있는 법 이야기』서울: 가나출판사.

한국정치학회 편. 2008. 『정치학이해의 길잡이: 국제정치경제와 새로운 영역』서울: 법문사.

한국NGO총람편찬위원회. 1999. 『한국NGO총람 1999』서울: 한국NGO총

람편찬위원회.

홍성화 외. 1984. 『국제법통론』서울: 학연사.

Dahl, Robert. 1961. *Who Governs?: Democracy and Power in an American City.* Yale University Press.

Goldstein, Joshua S. 저. 김연각·김진국·백창재 역. 2002. 『국제관계의 이해』서울: 인간사랑.

Han, Sang-hee. 2010. *The Circulation of International Legal Terms in East Asia.* Asian Law Institute Working Paper Series. No. 014.

Jessup, P. 1956. *Transnational Law.* Yale University Press.

Joyner, C. 2005. *International Law in the 21st Century.* Rowman & Littlefield Publishers.

Karns, Margaret P 외. 저. 김계동·김현욱·민병오·이상현·이유진·황규득. 역. 2017. 『국제기구의 이해: 글로벌 거버넌스의 정치와 과정』 서울: 명인문화사.

Mosler, M. 1999. "General Principles of International Law" in R. Bernhardt ed. *Encyclopedia of Public International Law.* vol. 2. Elsevier B.V.

Reiss, H. 1977. *Kants politisches Denken,* Lang, 1977(樽井正義 譯『カントの政治思想』藝立出版, 1989).

Steiner, H. *et al.,* 1986. *Transnational Legal Problems.* Foundation Press.

Weiss, Thomas G. & Wilkinson, Rorden. 2018. *International Organization and Global Governance.* Routledge.

Williams, H. 1983. *Kant's Political Philosophy*, Blackwell.

小野原雅夫 「平和の定言命法-カントの規範的政治哲學」樽井·円谷 編『社會哲學の領野』晃洋書房, 1995.

복 습

- (   )은 무정부적인 국제관계에서 국제질서 유지를 위해 국제협력을 추구하는 제도적 틀이다.

- 국제레짐의 (   )으로는 원칙, 규범, 규정, 계획, 기구 등으로 다양하다

- 국제레짐은 일반적으로 국제관계의 특정 영역에 있어서 국가들에 의해 합의가 된 명시적 혹은 묵시적인 (   )을 지닌 제도로서 관습을 포함한다.

- 광의의 국제레짐 이론이란, 국제레짐의 독자성의 유무에 상관없이 국제레짐이 어떻게 생성되고 유지, 확대되며 쇠퇴하는가를 설명하려는 모든 종류의 이론들을 통칭하여 부를 때 사용하며 레짐의 국가행동에 대한 독자적인 영향력을 인정하지 않는 (   )이론까지도 포함한다.

- 신자유주의 이론가들은 현실주의 국제정치의 구조 하에서도 국가들이 국제관계의 규범과 규칙을 자세하게 규정한 안보레짐, 경제레짐, 환경레짐과 같은 레짐(regime)의 건설을 통해 서로 (   )할 수 있다고 주장하였다.

- 얄타회담은 이미 끝났지만 얄타체제는 (   ) 시대 내내 묵시적으로 합의된 틀, '레짐'이었다.

- (   )는 국가권력의 시장개입을 비판하고 시장의 기능과 민간의 자유로운 활동을 중시하는 이론이다. 1970년대부터 케인스 이론을 도입한 수정자본주의의 실패를 지적하고 경제적 자유방임주의를 주장하면서 본격적으로 대두되었다.

- (   )경제학은 제1차세계대전 이후 세계적인 공황을 겪은 많은 나라들의 경제정책에 이론적 기초를 제공하였다. 미국과 영국 등 선진 국가들은 케인스 이론을 도입한 수정자본 주의를 채택하였는데, 그 요체는 정부가 시장에 적극적으로 개입하여 소득평준화와 완전 고용을 이룸으로써 복지국가를 지향하는 것이다.

- 신자유주의는 자유시장과 (   )완화, 재산권을 중시한다.

- 신자유주의론자들은 국가권력의 (   )개입을 완전히 부정하지는 않지만 국가권력의 (   )개입은 경제의 효율성과 형평성을 오히려 악화시킨다고 주장한다.

- 신자유주의자들은 자유무역과 국제적 (   )이라는 말로 시장개방을 주장하는데, 이른바 '세계화'라는 용어도 신자유주의의 산물이다. 이는 세계무역기구(WTO)나 우루과이라운 드 같은 (   )간 협상을 통한 시장개방의 압력으로 나타나기도 한다.

- 신자유주의의 도입에 따라 케인즈 이론에서의 완전고용은 노동시장의 (   )로 해제되고, 정부가 관장하거나 보조해오던 영역들이 민간에 이전되었다.

- (   )는 자유방임경제를 지향함으로써 비능률을 해소하고 경쟁시장의 효율성 및 국가 경쟁력을 강화하는 긍정적 효과가 있는 반면, 불황과 실업, 그로 인한 빈부격차 확대, 시장개방 압력으로 인한 선진국과 후진국 간의 갈등 초래라는 부정적인 측면도 있다.

- 일반적으로 (   )는 이상(理想)이나 관념보다는 현실을 중시하는 사고나 행동양식을 말한다. 제1차 세계대전의 충격은 전쟁이 이제 정치의 연장 등이 아니라 오히려 사회의 질병이라는 인식이 강해져 지금이야말로 구습(舊習)과 결별하고 세계의 당연한 모습을 구상해야 한다고 하여 국제정치학이라는 새로운 학문의 탄생을 촉구하였다.

- '이상주의'라고 불렸던 국제정치학은 국제법이나 국제기구·제도의 충실·강화를 중시하였으며 국제연맹은 그 상징이었다. 그러나 1930년대에 들어 국제정치의 운영이 혼돈상태에 빠지자 이상주의를 억압하는 부정주의, 즉 오늘날 '현실주의'라고 불리는 국제정치학의 대두를 촉구하여 (   )의 발발과 그 후의 냉전이라는 특이한 임전(臨戰)체제의 진전은 이 현실주의를 국제정치학의 중핵으로 위치하게 하였다.

- 현실주의자의 중심적 존재가 되었던 것은 나치의 손길을 피해 (   )으로 건너간 망명 지식인, 특히 H. J. 모겐소(Hans Joachim Morgenthau), J. 허츠(John Herz), A. 울퍼스 (Arnold Wolfers) 등의 정치학자였다.

- 시스템이론가인 D. 이스턴(David Easton)은 하나의 시스템이 완전히 갖추어져 있어 중앙권위체(central authority)도 있는 단계를 최상위 단계라 하고 최하위 단계는 그저 공동체의식 정도 밖에 없는 단계라 가정할 때 (   )은 그 중간 단계라고 주장한다.

- (   )는 경험에 의한 체계적인 관찰을 통하여 획득되는 객관적 증거를 중시하는 사회과학의 방법론이다.

- 사회학·인류학·심리학·정치학·경제학·언어학 등 인간의 행위를 주제로 하는 (   )이 전통적 방법은 철학적-사변적인 것을 특징으로 하였으나 경험에 의한 실증적 근거의 객관성을 내세우는 행태주의자들은 종래의 사회과학과 구별 지으려는 학자들이다.

- 행태주의는 사회과학의 대상도 (   )처럼 유기체(생명체)로 보려고 노력하여 '행태주의 혁명'을 이루어냈다. 이로서 시스템이론이 나왔고 엄청난 학문의 발달이 이루어졌다.

- 대표적인 시스템이론은 (   )의 투입, 시스템, 산출, 그리고 피드백 모델이다.

- 시스템이론(Systems theory)은 하나의 시스템(체계)은 각 요소들의 단순한 집합체도 아니고, 각 요소들을 초월한 추상적 총체도 아니며, 상호 연관되는 각 요소들에 의해 구성된 (   )라고 보는 입장이다.

- '사회에 대한 가치의 권위적 배분을 지향하는 행위'라는 것은 정치에 대한 (   )의 고찰이지만 그 위에 그는 인간의 행위 전체에서 그러한 의미에서의 정치적 측면만을 '추출'하여 분석적·추상적인 정치체계이론을 구상하였다. 거기에서 핵심 개념의 하나인 정치적 산출도 또한 분석적·추상적인 개념이다.

- 처리가 요청되어 '환경(environment)'에서 입력(정치투입(政治投入) political input)된 다양한 '요구(demand)'에 대해 각종 권위역할의 점유자들(authorities)은 정치체계의 회원, 자원·에너지를 어떠한 상태로 컨트롤하는 정치적 산출을 배출한다. 거기에 이르기까지 (   )에 있어서 전형적인 것은 출력된 결정이나 법률에 정당성을 부여하는 의회과정, 정부 및 관료의 행동이지만 거기에는 논리적인 '설득'이나 협동에 덧붙여 '담합', '협박', '방해자의 테러' 등 정치의 어두운 면도 작용한다.

제 4 장

"국제기구와 글로벌거버넌스"를 이해하는 대 도움이 되는 영화들

1. "진정한 파워는 사람을 죽일 수 있는 것이 아니라, 사람을 용서하고 살릴 수 있는 것이다."[102)]

국제관계[103)]에 대한 수업에서 제일 먼저 추천하는 영화가 <쉰들러 리스트 Schindler's List>(1993)이다. 만약에 필자가 본 영화들 중에서 "제일 먼저 추천할 영화가 무엇이냐?"라고 물으면 서슴없이 이영화를 강추할 것이다. 그래서 행복학 수업에서도 학생들에게 추천한다. 비극을 보고 인생과 행복을 다시금 생각하게 되기 때문이다. 또 다른 유태인홀로코스트 영화인 <인생은 아름다워 La Vita E Bella>(1997)의 제목은 역설적이다.

<쉰들러 리스트>는 오스카 쉰들러(Liam Neeson 분) (1908-1974)라는 인물의 실화를 다루고 있다. 1939년 9월 독일은 침공 2주 만에 폴란드 군을 대파했고 매일 만 명 이상의 유태인들이 독일군 점령지

---

102) 이홍종. 2017. "진정한 파워는 사람을 죽일 수 있는 것이 아니라, 사람을 용서하고 살릴 수 있는 것이다."『물처럼 바닷처럼』2017 통권 제11호, pp. 157-160.

103) 각주내용 없음

인 폴란드의 크라코프(Krakow)에 도착했다. 체코 출신의 독일인 쉰들러는 유태인이 경영하는 그릇 공장을 인수하러 크라코프에 도착한다. 그 공장을 인수하기 위해 나치당원이 되어 나치의 친위대원인 SS요원들에게 여자, 술, 시가 등을 뇌물로 바치며 갖은 수단을 동원하게 된다. 인건비 한 푼 안들이고 유태인을 이용하면서 유태인 회계사인 스턴(Itzhak Stern: Ben Kingsley 분)과 가까워지게 된다.

스턴은 쉰들러의 이기주의와 양심을 흔든다. 나치의 살인 행위로 쉰들러는 결국 자신의 눈을 통해 현실을 직시하게 되고 쉰들러의 현실 직시는 마침내 그의 양심을 움직이고 유태인을 강제 노동 수용소로부터 구해내기로 결심하게 된다. 문제는 이들 일명 '쉰들러의 유태인들 Schindler's List'를 어떻게 구해낼 것 인가? 결국 SS요원인 소위계급의 노동수용소장에게 뇌물을 주고 구해내기로 계획을 잡는다. 그리고는 '쉰들러의 유태인들'을 독일군 점령지인 크라코프로부터 탈출시켜 쉰들러의 고향으로 옮길 계획을 하고 스턴과 함께 유태인 명단을 만들게 된다. 그러한 모든 계획은 완벽하게 이루어지고 쉰들러는 거의 전 재산을 털어 마침내 1,100명의 유태인을 아우슈비츠 대학살로부터 구해내게 된다.

노동수용소장 아몬 괴트(Ralph Fiennes 분) 소위가 사냥하듯 사람을 죽이는 모습을 보면 전쟁이 얼마나 인간을 황폐하게 만드는가를 잘 보여주고 있다. 쉰들러가 아몬에게 한 말이 명대사로 남는다. "진정한 파워는 사람을 죽일 수 있는 것이 아니라, 사람을 용서하고 살릴 수 있는 것이다."

1945년 전쟁이 종식되고 러시아 군대가 동유럽을 자유화시켰을 때 쉰들러는 연합군으로부터 잡히지 않기 위하여 공장의 나치군인들을 집으로 돌아가도록 종용하면서 자신도 연합군으로부터 멀어진다. 마지막으로 쉰들러가 연합군으로부터 도망가기 전, 자신이 살아 있다는 안도감보다는 죄책감과 후회에 시달리게 된다. "왜 나는 더 많은 유태인들을 구해내지 못하였는가?" 마지막 남은 재산을 팔지 않은 것을 자책하며 후회하는 장면에서 필자는 다시 눈물이 났다.

나치는 제2차 세계대전 전체를 포함하면 더 많겠지만 유태인홀로코스트만으로 약 600만의 유태인을 죽인 것으로 알려져 있다. 독일과 그 협력자들은 백만 명 이상의 유태인 어린이와 수만 명의 로마니(Romani, 집시) 어린이, 수용 시설에 살고 있는 신체적 장애와 정신 장애가 있는 독일 어린이, 폴란드 어린이, 그리고 소련 점령지에 살고 있는 아이들을 포함하여 약 150만 명의 어린이들을 학살하였다.

스티븐 스필버그(Steven Spielberg)감독은 <쉰들러 리스트>을 흥행을 위해 컬러로, PG-13으로 만들 수 있겠지만 진실을 알리기 위해서 R등급으로, 너무 잔혹해서 흑백으로 만들었다. 그리고 3시간 넘는 영화지만 전혀 지루하지 않다. 스필버그는 <쉰들러 리스트>로 아카데미 최우수 감독상과 최우수 작품상을 받았다. 유태인홀로코스트를 그린 많은 영화들이 있지만 이 영화가 가장 감동적인 이유들 중 하나는 아마도 스필버그 자신이 유태인이기 때문일 것이다.

휴머니즘의 회복을 외치는 예술이라는 찬사를 받은 <쉰들러 리스트>는 정서적인 진폭이 매우 깊고 크다. 이 영화가 전하고자 하는 메시지가 "인간애(人間愛)에의 호소"라고 하는 데는 이견이 없을 것이다. 영화가 끝나면서 자막이 나온다. "현재 폴란드에 있는 유태인은 약 1000명이다. 하지만 쉰들러가 살려낸 유태인의 후손은 약 6000명이다."

참고문헌

김용구. 1997. 『세계관 충돌의 국제정치학: 동양의 예와 서양의 공법』 서울: 나남출판.

윤영철. 2015. 『국제정치학(상)』 서울: 도서출판 배움.

이홍종. 2018. 『영화 속의 국제관계』 부산: 도서출판 누리.

이홍종. 2017. "진정한 파워는 사람을 죽일 수 있는 것이 아니라, 사람을 용서하고 살릴 수 있는 것이다." 『물처럼 바닷처럼』 2017 통권 제11호, pp. 157-160.

복 습

- 영화 〈쉰들러 리스트 Schindler's List〉(1993)의 감독은?

- 〈쉰들러 리스트〉는 흑백영화인가? 컬러작품인가?

- "America First"와 "Make America Great Again"을 내세워 많은 사람들의 예상을 뒤엎고 당선된 미국 대통령은?

- 처음에 "Make America Great"를 내세운 미국 대통령은?

- 『거래의 기술 The Art of the Deal』의 저자는?

- 트럼프의 극단적 주장에 대중이 열광하는 현상은?

2. '정당한 전쟁'과 '인간안보'

<쉰들러 리스트 Schindler's List>(1993)와 관련하여 살펴 볼 수 국제정치이론으로 두 가지('정당한 전쟁'과 '인간안보')가 있다. '정당한 전쟁'(just war 正戰)은 일정의 기준을 만족함으로써 불법한 전쟁과는 구별되는 전쟁이다. 이러한 견해는 여러 시대와 문화에서 볼 수 있지만 통상 유럽의 기원을 갖는 견해를 가리킨다. 단어 자체는 고대 로마까지 거슬러 올라가며, 그 이래 중세에서도 정전은 신(神)에 의해 재가(裁可)된 전쟁이라는 의미의 성전(聖戰)(holy war)이라는 사고를 종종 수반하였다. 정전이라는 사고를 고유하게 논한 견해를 정전론(just war theory)이라고 한다. 정전론(正戰論)은 아우구스티누스(Aurelius Augustinus)를 기점으로 하여 토마스 아퀴나스(Thomas Aquinas)나 법학자들의 논의를 거쳐 초기 근대에 있어서 비토리아(Francisco de Vitoria)나 수아레스(Francisco de Suárez) 등 신학자들에 의해 전개되었다. 또한 그로티우스(Hugo Grotius)가 이것을 신학에서 분리하여 세속화하였다. 그 후 정전론은 그로티우스를 마지막으로 일단 맥락이 끊겨 전쟁 당사자 간에 정/부정을 구별하지 않는 무차별 전쟁관의 시대가 도래하였지만 제1차 제2차 세계대전의 경험과 전쟁의 위법화의 진전을 통하여 새롭게 관심을 불러일으키고 있다. 한 예를 들면, 전투원과 비전투원, 군사시설과 비군사시설을 구별, 독가스 등의 사용금지나 적의 생활기반, 특히 물, 식량 그리고 의약품의 확보에 필요한 시설을 파괴하는 것의 금지 등이 도출되었다.104)

---

104) https://terms.naver.com/entry.nhn?docId=729312&cid=42140&categoryId=42140(검색일: 2018. 5. 19).

안보의 궁극적인 대상을 인간으로 보는 '인간안보'(human security, 人間安保) 개념은 처음 1994년 국제연합개발계획(UNDP)이 새로운 안보개념으로 제시하였지만[105] 필자는 이 개념이 제2차 세계대전의 유태인 학살에도 소급 적용되어야 한다고 생각한다. '국가안보'(national security 國家安保)와 구별되는 개념이' 인간안보'이다. 이는 약 600만의 유태인 학살, 1990년대 후반 북한의 소위 "고난의 행군" 때 약 300만 아사자(餓死者), 보스니아의 "인종청소"(ethnic cleansing 人種淸宵)[106], 르완다 내전 때 죽은 약 100만 등은 "한 국가만의 문제"가 아니고 "인류 전체가 관심을 갖고 해결할 문제"라는 것이다. '내정간섭'이 아니다. 그래서 유엔이나 유럽연합에서 북한 인권에 관한 결의안이 나오고 미국이나 일본에서도 북한인권법이 나오는 이유이다.

'인간안보'의 문제를 잘 보여주는 영화가 <호텔 르완다 Hotel Rowanda>(2004)이다. 약 100일 동안 1,268명의 목숨을 지켜낸 한 남

---

105) https://terms.naver.com/entry.nhn?docId=1224325&cid=40942&categoryId=31645(검색일: 2018. 5. 19).
'인간안보'는 군사감축이나 군비축소 외에도 인권, 환경보호, 사회 안정, 민주주의 등이 기본적으로 보장되어야만 진정한 세계평화가 가능하다는 생각에서 출발한 개념이다. 전통적인 '국가안보'는 국가 또는 국제사회 등 집단적인 실체를 대상으로 외부로부터의 군사적 침입에 대응하는 개념이었지만 1970년대 이후 사회경제적 문제가 전쟁의 원인으로 대두되면서 '인간안보' 개념이 나오게 되었다. UNDP는 인간안보의 요소로 평화와 안보, 경제발전 및 복지, 인권존중, 환경보존, 사회정의, 민주화, 군축, 법치, 좋은 정치 등을 포함시켰다. 따라서 정치적 자유, 사회적 안정, 환경권, 경제적 풍요, 문화권 등 다양한 개념을 포함하는 포괄적 개념이다. 개인의 안보를 국가의 안보보다 우선시한다는 개념이기 때문에 인간의 평화를 해칠 수 있는 모든 요소를 안보위협의 요인으로 보며 여기에는 군사적인 위협뿐만 아니라 경제적 고통으로부터의 자유, 삶의 질, 자유와 인권보장 등이 포함된다.

106) 인종청소는 다른 민족 집단의 구성원을 강제로 제거하는 정책을 통틀어 일컫는다. 이 용어에 해당하는 정책은 그 강도에 따라 긴 연속체를 이루는데 경미한 쪽은 강제 이민과 인구 이동 정책과 구별이 거의 불가능한 데 반해 심한 쪽은 강제 이주와 대량 학살에 통한다. 1990년대 유고슬라비아 전쟁 때 구유고연방 방송 · 언론에서 자주 사용하던 세르비아어 · 크로아티어어의 'etničko čišćenje'를 영어로 'ethnic cleansing'이라 대략적으로 번역한데서 나온 신조어이다. 하지만 우리가 오늘날 인종청소라 부르는 개념 자체는 오래전부터 있었고 그 예가 많아 많은 학자들이 이 용어를 사용하고 있다. "청소"라는 말을 이런 용도로 처음 사용한 것은 나치 독일이었다. https://ko.wikipedia.org/wiki/%EB%AF%BC%EC%A1%B1_%EC%B2%AD%EC%86%8C(검색일: 2018. 5. 19).

자의 감동 실화인 이 영화는 아프리카판 <쉰들러 리스트>라고 한다.

<호텔 르완다>의 내용은 다음과 같다. 영화 도입부에 라디오 선동 방송이 나온다.

> 뒤늦은 휴전은 마을들을 보호하기엔 너무 늦었습니다. 오늘 클린턴 대통령의 성명은 소말리아의 악화되는 상황에 대한 염려가 담겨있습니다. 청취자들이 "왜 투시를 증오하냐"고 나에게 묻는다면 "우리의 역사를 돌아보라"고 말하겠습니다. 투시족은 벨기에 식민지배자들의 동조자들이었습니다. 그들은 우리 후투족의 영토를 빼앗았으며 우리를 약탈했습니다. 지금 그들이 다시 나타났습니다. 투시 반란군들. 그들은 바퀴벌레이며, 그들은 살인자들입니다. 르완다는 우리의 영토이며 우리가 다수 민족입니다. 그들은 소수 반역자들이며 침략자들입니다. 우리는 그 침략자들을 물리칠 것이며 RPF 반군을 쓸어버릴 것입니다. 여기는 RTLM, 후투진영 방송입니다. 경계를 늦추지 마십시오. 이웃을 살펴보시기 바랍니다.

1994년 르완다, 후투족 출신 대통령이 두 부족의 공존을 위해 평화 협정에 동의하면서 수십 년간 이어진 후투(Hutu)족과 투치(Tutsi)족의 대립은 일단락되는 듯 했다. 평화 협정의 진행을 돕기 위해 UN군이 파견되었고 외신 기자들이 이 역사적인 사건을 취재하기 위해 르완다로 몰려들었다. 르완다의 최고급 호텔 밀 콜린스(the Milles Collines Hotel)의 지배인인 폴 루세사바기나(Don Cheadle 분)는 평화 협정과 관련하여 밀려드는 취재 기자와 외교관들 때문에 바쁜 나날을 보내고 있다. 사랑 받는 가장이자 지배인으로서 행복한 삶을 살아가는 폴은 하루빨리 협정이 체결돼 르완다가 안정되기를 바란다. 그러나 르완다의 대통령이 암살당하면서 르완다의 상황은 악화된다. 후투족 자치군은 대통령 살해의 책임을 빌미로 아이들까지 투치족을 닥치는 대로 살해하고 온건파 후투족까지 곱지 않은 시선으로 바라본다. 위협을 느낀 폴은 투치족 아내와 가족들의 안전을 위해 호텔로 피신한다. 이후 그곳으로 수천 명의 피난민들이 모여드는데… 전세계도 외면한 잔혹한 학살 속에서 가족과 차마 버릴 수 없었던 1,268명의 이웃을 지키기 위해 홀로 힘겨운 싸움을 하는 폴! 불가능해 보이는 그의 도전이 뜨거운 감동으로 당신을 감동시킨다. 영화 <호텔 르완다>는 아래 자막을 남기고 끝난다.[107)

> 폴은 1268명의 투시인과 후투 난민들을 키길리(Kigali)에 있는 밀 콜린스 호텔에서 보호해줬다. 폴과 타티나아는 현재 벨지움(Belgium)에서 아이들, 로저, 다이안, 리스, 트레서, 그리고 조카 에나이스, 캐린과 같이 살고 있다. 타티아나의 오빠 토마스와 그의 아내 페덴스는 찾을 수 없었다. 2002년, 어거스틴 비지문구 장군(General Augustin Bizimungu)은 앙골라에서 잡혀 탄자니아로 이송, 유엔 전범 재판에 회부되었다. 모든 인터함웨(the Interhamwe)의 리더들과 죠지 루타간다(George Rutaganda)도 재판을 거쳐 무기징역을 선고받고 수감됐다. 투시 반군이 후투 정규군과 인터함웨 시민군을 국경 넘어 콩고로 몰아낸 후 인종학살은 1994년 6월에 종식됐다. 이 민족갈등의 내전은 거의 백만 명의 주검을 남겼다.

---

107) https://movie.naver.com/movie/bi/mi/basic.nhn?code=39813(검색일: 2018. 5. 20).

참고문헌

김용구. 1997.『세계관 충돌의 국제정치학: 동양의 예와 서양의 공법』서울: 나남출판.

윤영철. 2015.『국제정치학(상)』서울: 도서출판 배움.

이홍종. 2018.『영화 속의 국제관계』부산: 도서출판 누리.

이홍종. 2017. "진정한 파워는 사람을 죽일 수 있는 것이 아니라, 사람을 용서하고 살릴 수 있는 것이다."『물처럼 바닷처럼』2017 통권 제11호, pp. 157-160.

- 일정의 기준을 만족함으로써 불법한 전쟁과는 구별되는 전쟁은?

- 중세에서 신(神)에 의해 재가(裁可)된 전쟁이라는 개념은?

- 처음 1994년 국제연합개발계획(UNDP)이 새로운 안보개념으로 제시된 개념으로 안보의 궁극적인 대상을 인간으로 보는 것은?

- 인간안보의 반대 개념은?

- 다른 민족 집단의 구성원 모두를 강제로 제거하려는 정책은?

- 아프리카판 〈쉰들러 리스트〉로 알려진 영화는?

- 〈호텔 르완다〉는 어느 나라의 실화를 바탕으로 한 영화인가?

3. "우리를 갈라놓는 것은 무엇인가?
   그것은 한낱 포피인가?"

"나에게는 친절했던 사람들이 어째서 저들을 그토록 잔인하게 죽이는 것일까? 우리를 갈라놓는 것은 무엇인가? 그것은 한낱 포피인가?" 영화 <유로파 유로파 Europa Europa>(1990)에 나오는 명대사이다. '유태인 '여부를 구별하는 '포피' … '할례'108)는 독일인들이 유태인을 식별해내는 유효한 방법이어서 할례를 하지 않은 것처럼 보이기 위해 자기 고추를 스스로 새로이 꿰매기까지 하는 주인공의 모습은 처절함을 넘어 깊은 감동을 준다. <유로파 유로파>는 실제인물이었던 솔로몬 페렐(Solomon Perel)의 자전적 소설을 영화화 한 작품이다. 그는 제2차 세계대전 발발 전 독일에 거주하던 유태인으로서 유태인 학살극의 와중에서 살아남기 위해 1938년부터 1945년까지 소설보다 더 드라마틱한 삶을 살았다.109)

<유로파 유로파>의 줄거리는 다음과 같다.

> 나치 치하의 독일! 유태인 소년 솔로몬 페렐(Marco Hofschneider 분)은 아버지의 명으로 형 이삭(Rene Hofschneider 분)과 함께 피난을 떠난다. 피난길에 형과 헤어지게 된 솔로몬은 소련 영토가 된 폴란드의 고아원에 보내지고 소련 공산당으로 유년 시절

---

108) 여러분은 '여성의 할례'를 아시나요? 그야말로 비인간적인 풍습입니다. 여성의 할례는 피를 뽑는 것에서부터 음부봉쇄(음핵, 소음순과 대음순의 2/3를 제거하고 대음순의 나머지 부분은 뒤의 작은 구멍과 연결되도록 함)에 이르는 의식적 수술과정이다. 이집트 정부는 2008년부터 할례를 법으로 금하고 있다. 그러나 2016년 기준 소말리아(98%), 기니(96%), 지부티(93%), 이집트(91%) 등에서는 여전히 대부분의 여성에게 할례가 행해지고 있어 문제가 되고 있으며 일부 남성들은 여성의 성욕을 절제하기 위해서 할례가 필요하다는 인식을 갖고 있는 것으로 보도되었다. http://100.daum.net/encyclopedia/view/b24h3114a(검색일: 2018. 5. 19).

109) https://movie.naver.com/movie/bi/mi/scriptAndRelate.nhn?code=19114(검색일: 2018. 5. 15).

을 보내다가 히틀러가 스탈린과의 협정을 깨고 폴란드를 공격하자 다시 피난을 떠난다. 피난길에 일행과 떨어진 솔로몬은 독일군에게 발각되고 영특한 솔로몬은 살기 위해서 자신이 독일인이라고 우긴다. 독일군은 능숙한 독일어를 구사하는 솔로몬의 말을 믿었고 소련어까지 유창하게 구사하는 그를 통역관으로 쓰게 된다. 그러나 솔로몬은 자기에게 동성애를 품고 있는 로버트(Andre Wilms 분)에게 자신이 유태인이란 사실을 들키게 되지만 그 이유로 인해 더욱 가까운 사이가 된다. 격전 중 로버트가 전사하자 실의에 빠진 솔로몬은 후퇴시기를 놓쳐 소련군에 투항할 결심을 한다. 하지만 솔로몬이 소련군과 통신하는 것을 들은 독일군들은 접선 장소를 덮쳐 소련군을 소탕하고 반대로 솔로몬을 독일군의 영웅이 된다. 이 일로 인해 사령관 레레노[110](Hanns Zischler 분)는 그를 양아들로 삼을 결심으로 독일에 있는 학교에 보낸다. 매우 운이 좋은 남자의 이야기라고 할 수도 있다. 어릴 적에 별 생각 없이 "이 나라에 충성하고 저 나라에 충성하는 것이 뭐 대수일까?"라며 목숨만을 유지하고 있었다. 그러나 점차 나이가 들어감에 따라 부모와 내 민족에 대한 아픔이 할례의 아픔과 동시에 찾아오게 된다. 학교에서 리니(Juli Delphy 분)라는 여학생을 만나 사랑하게 되는 솔로몬. 그러나 전쟁에서 아버지를 잃은 그녀는 유태인을 끔찍이 증오하고 있었고 자신의 비밀을 털어놓을 수 없었던 솔로몬의 마음을 오해한 리니와 헤어지게 된다. 할례 때문에 리니가 원하는 무언가를 줄 수 없게 되고 민족의 상징 때문에 사랑하는 여자도 잃게 된다. 그 후 전선에 투입되어 소련군과 격전을 벌이던 솔로몬은 소련군에게 투항하지만 그가 유태인이라는 사실을 믿지 않던 소련군들은 그를 죽이려 한다. 절대 절명의 순간에 형 이삭을 만나, 가까스로 목숨을 구한 솔로몬은 순수한 유태인으로 살기로 결심하고 팔레스타인(지금의 이스라엘 땅)으로 이민을

---

110) 레레노가 주인공에게 "이 전쟁은 영국, 소련, 미국 등과 싸우는 것이 전쟁의 목적이 아니고 유태인을 완전히 없애기 위한 전쟁이다"라고 한 것이 필자는 기억난다.

떠나 여생을 산다.[111]

과연 민족과 가족을 버리고 '유대인'의 신분을 숨기고 독일에서 러시아로, 러시아에서 독일로, 다시 독일에서 러시아로... 이랬다저랬다 왔다갔다 충성을 바친 솔로몬이 죄가 있는 것일까? 법적으로 죄 라기 보다 그의 죄책감에 우리가 더욱 돌을 던져줄 수 있는 것일까?[112] 필자는 이 영화를 처음 볼 때 한 선배님 아버님의 이야기가 생각났다. 한국전쟁 중 의사였던 그 분은 처음에 한국군 의사, 다음에 인민군 의사, 다시 한국군 의사... 필자가 이 영화에서 생각나는 장면은 소련 고아원에서 스탈린이 주는 것이라고 아이들이 천장에서 떨어지는 사탕을 받는 모습이다. "사탕을 주십시오!" 간절히 기도한 후 아이들이 사탕을 받고 감격해 하는 장면! 공산당 독재이든, 나치 독재이든 얼마나 바보스러운가를 잘 보여주는 영화이다.

111) https://movie.naver.com/movie/bi/mi/scriptAndRelate.nhn?code=19114(검색일: 2018. 5. 15).

112) https://movie.naver.com/movie/bi/mi/scriptAndRelate.nhn?code=19114(검색일: 2018. 5. 15).

참고문헌

김용구. 1997. 『세계관 충돌의 국제정치학: 동양의 예와 서양의 공법』 서울: 나남출판.

윤영철. 2015. 『국제정치학(상)』 서울: 도서출판 배움.

이홍종. 2018. 『영화 속의 국제관계』 부산: 도서출판 누리.

이홍종. 2017. "진정한 파워는 사람을 죽일 수 있는 것이 아니라, 사람을 용서하고 살릴 수 있는 것이다." 『물처럼 바닷처럼』 2017 통권 제11호, pp. 157-160.

- 〈유로파 유로파 Europa Europa〉(1990)은 실화인가? 소설인가?

- 유태인 여부를 무엇으로 구분하는가?

- 주인공이 최종적으로 정착한 곳은?

4. 영화 속의 뮌헨회담(Munich Agreement)

<다키스트 아워 Darkest Hour>(2017), <덩케르크 Dunkirk>(2017/1958), 그리고 <D-13 Thirteen Days>(2000)에 공통되게 언급되는 회담이 1938년의 뮌헨회담(Munich Agreement)이다. 그리고 히틀러에 대한 잘못된 유화정책(appeasement policy)[113]이다.

뮌헨회담은 1938년 9월 29일부터 이틀간 독일의 뮌헨에서 나치스 독일의 주데텐 병합문제를 수습하기 위하여 영국, 프랑스, 독일, 이탈리아 4국이 개최한 정상회담이다. 1938년 3월 오스트리아를 점령한 나치스 독일이 다음의 침략목표를 체코슬로바키아 쪽으로 돌려 9월 체코슬로바키아에 대하여 독일계 주민이 많은 주데텐을 할양할 것을 요구하였다. 이에 대하여 영국은 체코슬로바키아 정부에 타협을 권고하고 프랑스와 함께 9월 27일 히틀러에게 그 요구를 받아들이는 타협안을 제시하였다. 9월 28일 이탈리아 총리 무솔리니에게 열국회담의 개최를 의뢰, 9월 29일 뮌헨회담이 열렸으나 당사국인 체코슬로바키아도 그의 동맹국인 소련도 초청되지 않았다. 회담 결과 주데텐을 무혈로 독일에게,[114] 기타의 소수민족 지방을 폴

---

113) 유화정책은 상대국의 적극적인 정책에 대하여 양보 · 타협을 위주로 하는 무마정책이다. 현상타파를 목적으로 전개되는 상대국의 적극정책에 대하여 현상유지의 정책테두리 안에서 취할 수 있는 타협을 행하려는 외교정책이다. 그러나 타협이 상대국을 우쭐하게 만들어 현상타파의 결과를 가져오는 수도 있으며, 상대국은 적극정책을 조금씩 비추어 봄으로써 현상타파의 목적을 위장하는 수도 있다. 그 대표적인 예로 제2차 세계대전 발발 전 수년간의 영국의 독일 · 이탈리아에 대한 정책을 들 수 있다. 독일의 재군비, 라인란트 진주, 오스트리아 점령, 수데텐 귀속문제, 이탈리아의 에티오피아 침략 등 계속되는 적극정책에 대하여 영국의 수상 체임벌린은 묵인 또는 타협으로 대하였으며, 프랑스 정부 또한 이를 따랐다.
https://terms.naver.com/entry.nhn?docId=1132964&cid=40942&categoryId=31657(검색일: 2018. 5. 20).
114) 회담 결과 체코슬로바키아는 국가방위능력을 상실하고 전체 국토의 30%를 잃고 500만 명의 인구를 잃었다. 이러한 모든 것은 국제법 위반이며 국내법적으로도 위헌이었다.
https://ko.wikipedia.org/wiki/%EB%AE%8C%ED%97%A8_%ED%98%91%EC%A0%95(검색일: 2018. 5. 20).

란드·헝가리에게 할양하는 뮌헨협정이 체결되어 독일은 전략상 유리한 발판을 얻었다.[115] 이와 함께 프랑스·소련·체코슬로바키아 3국의 상호원조조약체제는 붕괴하여[116] 소련은 국제적으로 고립되었고 소련의 영국에 대한 불신은 증대되었다.[117] 이 회담은 제2차 세계대전 전에 있었던 대(對)독일 유화정책의 정점으로 유명하다.[118]

뮌헨회담의 체결은 열강들이 전쟁을 원하지 않았고 독일의 군사력에 대해 두려움을 갖고 있었기 때문이다.[119] 프랑스와 영국에서는 독일과의 무력 충돌을 피하기 위해서라도 굳이 반대하지 않는 편이 좋다는 의견이 대세였다. 재건과 재정비를 거친 독일군과 대치하기에는 아직 군사적으로 준비가 미비하다는 것이었다.[120] 독일, 이탈리아, 영국, 프랑스 정부는 뮌헨에서 조인한 조약을 통해 체코슬로바키아의 산업 지역 대부분을 독일에게 양보했다. 이들 중에는 중요한 슈코다 군수 공장과 체코슬로바키아의 서방 군사 방어시설도 포함되어 있었다. 히틀러와 뮌헨 회담을 마치고 귀국한 영국 수상 네빌 체임벌린(Artur Neville Chamberlain)은 다우닝 가에 운집해 있던

---

115) 히틀러는 영국과 독일 사이의 불가침 조약을 제안하면서 주데텐 위기가 단순히 체코슬로바키아의 소수 민족인 독일인들을 보호하기 위한 것이었음을 강조하였다.
https://terms.naver.com/entry.nhn?docId=1004594&cid=43023&categoryId=43023(검색일: 2018. 5. 20).

116) 체코슬로바키아는 상호원조조약체제를 믿고 프랑스를 믿었으나 결국 프랑스에게 배신당했다.

117) 영국과 프랑스는 히틀러에 대한 견제도 필요하지만 공산주의 세력, 소련의 확대에 대한 견제도 필요했다.

118) https://terms.naver.com/entry.nhn?docId=1095968&cid=40942&categoryId=33457(검색일: 2018. 5. 20).

119) https://terms.naver.com/entry.nhn?docId=646827&cid=43124&categoryId=43124(검색일: 2018. 5. 20).

120) 그러나 사실은 모든 자료를 종합해 볼 때 당시 독일은 영국, 프랑스는커녕 체코슬로바키아조차 싸워 이길 능력이 없었다. 히틀러에 대한 압박을 조금만 강화했던들 히틀러는 실각하거나 야욕을 포기했을 것이고 제2차 세계대전도 일어나지 않을 수 있었다는 주장도 있다.
https://terms.naver.com/entry.nhn?docId=3577172&cid=59016&categoryId=59024(검색일: 2018. 5. 20).

군중으로부터 열렬한 환호를 받았다. 체임벌린은 자신이 서명한 주데텐 합병 승인 서류를 흔들면서 "명예로운 평화"[121], "우리의 시대를 위한 평화"를 쟁취했다고 선언했다. 그로부터 6개월이 채 못 되어 독일군은 프라하로 진격했고 히틀러는 체임벌린에게 한 약속을 어기고 체코슬로바키아를 독일의 보호령으로 선포하였다. 파시스트 독재정권에 대한 이러한 유화정책을 신랄하게 비난한 대표적인 인물은 바로 윈스턴 처칠이었다. 처칠은 영국이 신속하게 재무장하여 히틀러와 무솔리니와 맞서야 한다고 확신했다.[122]

윈스턴 처칠은 그의 『제2차 세계대전 회고록』에서 전쟁의 전주곡이 된 1938년의 체코슬로바키아 위기가 뮌헨 협정으로 일단락되는 내용을 쓰면서 이렇게 쓰디쓴 어조로 마감하고 있다.

> "외국이 도전해 온다면 반드시 맞받아쳐야 한다는 사람들이 언제나 옳지는 않다. 겸허한 자세로 인내와 성실함으로 평화적 타협을 추진하는 사람들이 언제나 틀리지도 않는다. 아니, 대개의 경우 그런 사람들이야말로 도덕적으로나, 현실적으로 더 나은 선택을 했다고 할 것이다. 인내와 꾸준한 선량함 덕분에 이제껏 피할 수 있었던 전쟁이 몇 번일까! 종교와 도덕은 개인끼리만이 아니라 국가와 국가 사이에서도 온화함과 겸허함을 종용하고 있다. (......) 그러나 국가의 안전, 동포의 생명과 자유가 걸린 문제에서, 최후의 수단을 쓰지 않으면 안 될 때가 오면, 그런 확신이 있을 때는, 무력을 사용하는 일을 피하면 안 된다. 그것은 정당하고 절실한 문제다. 싸우지 않을 수 없을 때는, 싸워야 한다."

---

121) 이것은 "진정한 평화"(genuine peace)가 되어야 한다고 비난받는다.

122) https://terms.naver.com/entry.nhn?docId=800125&cid=43082&categoryId=43082(검색일: 2018. 5. 20).

당시 전 해군상이면서 야당 지도자였던 처칠은 뮌헨협정 타결 소식에 "우리는 완전하고 절대적으로 패배했다."고 부르짖었으나 그의 연설은 항의하는 청중의 야유에 묻혀버렸다. "이것은 끝이 아니다. 시작일 뿐이다!"는 그의 말에는 아무도 귀를 기울이지 않았다. 그러나 두 번째의 세계대전이 터진 다음, 처칠의 관점은 뮌헨협정을 바라보는 정통의 관점이 된다.[123] 이러한 과정을 잘 보여 준 영화가 <다키스트 아워 Darkest Hour>(2017)와 <덩케르크 Dunkirk>(2017)이다.

"우린 결코 굴복하지 않습니다. 승리가 없으면 생존도 없기 때문입니다." <다키스트 아워>는 살아남는 것이 승리였던 사상 최대의 덩케르크 철수작전, 절대 포기하지 않는 용기로 40만 명을 구한 윈스턴 처칠의 가장 어두웠지만 뜨거웠던 시간을 담은 영화이다. <덩케르크>의 제2막! <다키스트 아워>는 제2차 세계대전 당시 프랑스 북부 덩케르크 해안에서 벌어진 사상 최대의 덩케르크 탈출 작전, 그 시작을 담고 있다. 끝나지 않는 전쟁으로 역사상 가장 어두웠던 시간으로 불리던 당시, 영국은 윈스턴 처칠의 신념에서 시작되고 윈스턴 처칠의 용기로 실행된 덩케르크 작전을 통해 세계의 역사를 뒤바꿀 수 있었다. 약 40만명의 영국군과 연합군이 군함과 동원된 민간배들을 끌고 독일 기갑부대의 포위를 뚫고 영국으로 탈출하는데 성공시킨 덩케르크 작전! 수많은 이들의 반대와 우려에도 불구하고 오직 승리를 목표로 덩케르크 작전을 진두지휘한 것은 물론 희망을 잃은 국민들에게 결코 포기하지 않고 끝까지 싸울 것을 호소한 윈스

---

123) https://terms.naver.com/entry.nhn?docId=3577172&cid=59016&categoryId=59024(검색일: 2018. 5. 20).

턴 처칠의 모습은 <다키스트 아워>를 통해 면밀하게 밝혀진다. 후에 미국 존 F. 케네디 대통령은 처칠을 다음과 같이 높이 평가하였다.[124]

> 날은 어둡고 밤은 더 어둡던 나날, 온 세상에 영국만 홀로 서있던 그 때,
> 모두들 영국 국민을 구하고 영국을 구하기를 포기했던 그 때,
> 그는 말을 동원해 전장에 내보냈습니다.
> 닿으면 델 듯 뜨거웠던 그의 말은 영국 국민에게 용기를 불어넣었지요.

오직 승리만이 목표라는 신념으로 40만 명의 목숨과 세계의 운명이 걸린 덩케르크 작전을 진두지휘한 윈스턴 처칠! 덩케르크 작전, 그 시작 <다키스트 아워>는 윈스턴 처칠이 발표한 두 번의 연설의 순간이 담겨있다. 1940년 5월과 6월에 걸친 이 연설문은 당시 자신의 국민들에게 계속 앞으로 나아갈 수 있게 하는 희망을 전한 것은 물론 발표된 그 순간부터 지금까지 역사상 가장 위대한 연설이다.[125]

<다키스트 아워 Darkest Hour>(2017)와 <덩케르크 Dunkirk>(2017) 모두 필자에게 감동적인 장면들이 많았지만 처칠이 40만 명을 구하려고 다른 지역의 3만 명을 포기해야 하는 어려운 결정을 하고 전시 내각의 다른 멤버 등을 설득하는 장면! 처음 전시내각을 맡으면서 정적들을 모두 내각에 포함시키는 처칠의 지혜도 생각난다.

---

124) https://movie.naver.com/movie/bi/mi/basic.nhn?code=150687(검색일: 2018. 5. 20).

125) https://movie.naver.com/movie/bi/mi/basic.nhn?code=150687(검색일: 2018. 5. 20).

1962년 쿠바미사일위기를 그린 영화 <D-13 Thirteen Days>
(2000)에서도 뮌헨회담이 여러 번 언급된다. "잘못하면 뮌헨처럼 된
다. 우리에게 필요한 것은 진정한 평화(genuine peace)다." 뮌헨회담
당시 주영 미국대사로 관여했던 조지프 케네디(Joseph Kennedy), 케
네디 대통령 아버지의 잘못까지 제기되는 장면이 있다. 필자는 10번
이상 이 영화를 보아 거의 모든 대사가 기억이 난다. 쿠바미사일위
기는 표현은 검역(quarantine)이지만 해양 봉쇄(blockade)까지 가면서
제3차 세계대전의 위기로 발전되었지만 결국 소련이 굴복하면서 끝
난다. '뮌헨의 교훈'으로 이루어 낸 미국의 승리였다.

"You'll never believe how close we came." 제3차 세계대전의 위기
를 잘 보여 주는 대사이다. 1962년 10월 16일, 미국 U-2 비행기가
쿠바 항공을 정찰 중 핵미사일 기지가 건설되고 있음을 포착한다. 이
미사일은 미국 전역을 단 5분 만에 전멸시킬 수 있는 소련제 핵탄두
이다. 발사될 경우, 전 미국의 파괴는 물론 제3차 세계대전을 피할 수
없는 상황에 이른다. 대통령 존 F. 케네디는 동생인 로버트 F. 케네디
(Robert F. Kennedy)와 보좌관 케네스 오도넬(Kenneth O'Donnell)
을 중심으로 ExComm(Executive Committee of the National Security
Council 비상대책위원회)을 소집해 대책을 강구하지만 내부에서조
차 의견이 엇갈린다. 군부는 이러한 소련의 태도를 명백한 도전 행
위로 간주하고 강력한 군사적 행동을 취하자고 주장한다. '선전포고'
냐 '외교협상'이냐 라는 치열한 논쟁 속에 강경파와 온건파의 대립
은 커져만 가고 한치 앞을 알 수 없는 막막한 현실 속에 전 세계인
들은 제3차 세계대전의 공포에 휩싸인다.[126)]

---

126) https://movie.naver.com/movie/bi/mi/basic.nhn?code=31171(검색일: 2018. 5. 20).

쿠바미사일위기는 분쟁이론[127])에 의하면 '대국(大國) 간의 직접분쟁'이다. 13일 간 극도의 긴장 상태가 계속되다가 결국 소련은 물러섰다. 1962년 10월 28일 흐루쇼프는 쿠바 미사일 기지의 폐쇄와 소련 무기의 철수를 약속하고 미국 관리들이 기지 폐쇄 상황을 감시하도록 허용하는 내용의 발표를 했다. 약속대로 기지 내 미사일 시설이 제거되었고 미국의 쿠바 해상 봉쇄도 해제되었다. 이렇게 해서 전 세계를 공포에 떨게 핵전쟁 위기가 무사히 해소되었다. 쿠바 사태는 미국이 국력의 절정에서 전 세계에 미국의 힘이 어떤 것인지를 행동으로 보여준 상징적인 사건이었다.[128]) 쿠바미사일위기는 겉으로 보기에는 협상의 결과로 해결되었지만 실제는 '뮌헨회담의 교훈'을 가장 잘 실천한 사례이다.

---

127) 분쟁이론에 의하면 분쟁의 유형은 내정간섭, 식민지독립전쟁, 대국 간의 직접분쟁, 영토적 분쟁, 분열국가 간의 분쟁 등이다(윤경철 2015, 274).

128) https://terms.naver.com/entry.nhn?docId=2070726&cid=62123&categoryId=62123(2018. 8. 15).

참고문헌

김용구. 1997. 『세계관 충돌의 국제정치학: 동양의 예와 서양의 공법』서울: 나남출판.

윤영철. 2015. 『국제정치학(상)』서울: 도서출판 배움.

이홍종. 2018. 『영화 속의 국제관계』부산: 도서출판 누리.

이홍종. 2017. "진정한 파워는 사람을 죽일 수 있는 것이 아니라, 사람을 용서하고 살릴 수 있는 것이다."『물처럼 바닷처럼』2017 통권 제11호, pp. 157-160.

복습

- 뮌헨회담이 열린 연도?

- 뮌헨회담에 참석한 네 국가는?

- 뮌헨회담으로 붕괴된 상호원조조약체제의 세 국가는?

- 제2차 세계대전 때 대(對)독일 유화정책으로 대표되는 영국 수상은?

- 제2차 세계대전 당시 윈스턴 처칠을 찬양한 다음 글은 누가 한 말인가?
  날은 어둡고 밤은 더 어둡던 나날, 온 세상에 영국만 홀로 서있던 그 때,
  모두들 영국 국민을 구하고 영국을 구하기를 포기했던 그 때,
  그는 말을 동원해 전장에 내보냈습니다.
  닿으면 델 듯 뜨거웠던 그의 말은 영국 국민에게 용기를 불어 넣었지요.

- 1962년 쿠바미사일위기를 그린 영화는?

- 〈D-13〉 대사 중 "You'll never believe how close we came."은 1962년 쿠바미사일위기가 무슨 위기로 발전할 지도 모른다는 것을 잘 표현한 것인가?

- 쿠바미사일위기 때 ExComm?

5. 〈D-13〉과 관료정치모델

　영화 <D-13 Thirteen Days>(2000)는 국제정치이론에서 관료정치
모델(bureaucratic politics model)의 좋은 예이다. 관료정치모델에 의
하면 한 국가의 대외정책은 국가 내 관료조직의 줄다리기의 결과이
다. 쿠바미사일위기 때는 백악관, 중앙정보부, 국무부, 국방부 그리
고 로버트 F. 케네디의 법무부 등이 그 예이다. 관료정치모델의 정
반대 이론은 한스 모겐소(Hans Morgenthau)로 대표되는 전통적 현
실주의이다. 전통적 현실주의에 의하면 국제정치의 행위자는 국가이
고 국가내의 조직은 볼 필요가 없다고... 국가는 국제정치의 유일한/
합리적인 행위자라고 주장한다. 모겐소는 국제정치의 책을 쓰면서
제목도 *Politics among Nations*(1948)[129]라고 했다.[130]

　관료정치모델은 그래함 앨리슨(Graham T. Allison)이 제시한 국제
정치에 있어서 정책결정의 한 모델이다. 하나의 국가의 대외정책을
생각할 때 그것은 해당의 문제에 권한을 갖는 행정(관료)조직의 장
(長) 사이의 줄다리기의 결과라고 생각하는 모델이다. 각 관료조직의
장은 개인적인 정책지향을 가지고 있지만 기본적으로는 각 관료조
직의 이익, 기능을 대표하는 입장을 취하여 다른 관료조직의 장과
줄다리기를 전개한다. 관료조직의 장이 가지고 있는 정책지향은 개
인적인 것이 아니라 어느 조직에 속해 있는가에 따라 결정된다. 즉
"무엇을 말하는가는 어디에 앉아 있는가, 어느 조직에 속해 있는가
에 따라 결정된다." 다른 정책지향을 가지고 있는 관료조직의 장 사

---

129) 한스 모겐소 저. 이호재·엄태암 역. 2014. 『국가 간의 정치 1: 세계평화의 권력이론적 접근』 서울: 김영사.

130) 이홍종·염동용. 2003. 『국제관계의 이해』 부산: 부경대학교 출판부. 참조.

이의 임기응변 속에서 어떤 정책을 지지하는 연합이 형성되어 지배적인 연합이 생기면 그 연합이 지지하는 정책이 하나의 국가적 정책이 된다. 그 경우 지배적인 연합의 형성에 있어서 대통령(총리)은 큰 역할을 한다.[131]

---

131) https://terms.naver.com/entry.nhn?docId=726247&cid=42140&categoryId=42140(검색일: 2018. 5. 20).

참고문헌

김용구. 1997. 『세계관 충돌의 국제정치학: 동양의 예와 서양의 공법』서울: 나남출판.

윤영철. 2015. 『국제정치학(상)』서울: 도서출판 배움.

이홍종. 2018. 『영화 속의 국제관계』부산: 도서출판 누리.

이홍종. 2017. "진정한 파워는 사람을 죽일 수 있는 것이 아니라, 사람을 용서하고 살릴 수 있는 것이다." 『물처럼 바닷처럼』2017 통권 제11호, pp. 157-160.

이홍종·염동용. 2003. 『국제관계의 이해』부산: 부경대학교 출판부.

한스 모겐소 저. 이호재·엄태암 역. 2014. 『국가 간의 정치 1: 세계평화의 권력이론적 접근』서울: 김영사.

- 한 국가의 대외정책은 국가 내 관료조직의 줄다리기의 결과라고 보는 모델은?

- 쿠바미사일위기 때 로버트 F. 케네디의 직책은?

- 관료정치모델의 반대 이론은?

- 국제정치에 있어서 전통적 현실주의의 대표적 학자와 그의 저서는?

- 관료정치모델의 대표적인 학자는?

6. 영화 속의 베트남전쟁(I)

영화 속의 베트남전쟁, 그리고 미국의 베트남전쟁 개입을 설명하기 전에 미국에 대한 이해를 높이기 위해 졸저『미국의 이해』서문의 일부[132]를 아래와 같이 옮겨 오겠다.

1982년 9월, 유학 차 미국에 처음 가서 느낀 점은 그야말로 "세상은 넓고 할 일은 많다"였다. 고속도로 상하행선 분리하는 땅이 아주 넓어 거기에 농사를 지어도 "대한민국 사람들을 다 먹여 살리겠구나?"하는 상상을 해 보았다. 미국이 선진국이라고 했는데 아직도 새로이 개발하는 곳들이 많은 데에 놀랐다. 미국에 이민가는 사람들을 부정적으로만 볼 것이 아니고 장려해야 된다.

미국은 많은 문제점들을 안고 있는 나라라고 한다. 로마제국이 멸망하기 직전과 비유되듯이 도덕적 타락 등... 그럼에도 불구하고 미국은 한 나라로 유지되고 건재하고 발전하고 있다. 그것이 단지 나라의 '사이즈' 때문일까? 그것만은 아닐 것이다. 이 책은 이러한 관점에서 미국을 이해하고자 한다.

"반미기자"로 유명한 오마이뉴스 오연호 대표이사가 1995년부터 1997년까지 월간 '말' 워싱턴특파원을 하면서 미국에서 석사를 공부하고 돌아와 강연을 할 때 들은 적이 있다. 기본적인 이야기는 반미만 할 것이 아니고 미국을 제대로 알아야 한다는 것이고 미국에는 지배하는 '기득권층(establishment)'만 있는 것이 아니고 양심세력인 "제2의 정부"가 있다고 강조했다.

---

132) 이홍종. 2017.『미국의 이해』부산: 부경대학교 출판부. pp. 5-11.

제2차 세계대전 이후 승승장구하던 미국을 좌절시킨 두 사건이 있었다. 그것은 베트남전쟁과 워터게이트사건이다. 베트남전쟁은 두 가지 의미가 있다. "미국이 이기지 못한 전쟁"이고 미국민들의 지지를 받지 못한 전쟁이다. 워터게이트사건으로 닉슨대통령은 탄핵 위기에 몰렸다가 사임한다. 상대 당인 민주당 선거본부에 도청장치를 한 것도 잘못이지만 그것을 알고도 거짓말한 것이 문제였다.

외교정책 등에서 얼마나 진실만을 말할 수 있는지 모르지만 미국은 거짓말 안 하는 것을 중요한 가치로 생각한다. 예를 들어, 조지 워싱턴을 초대 미국 대통령으로 만든 것은 '정직'이라고 한다.

워싱턴이 아주 어린 나이였을 때 아버지가 도끼를 한 자루 주었다. 번쩍거리는 새 것이었다. 그는 정원으로 달려가서 자기의 작은 도끼를 가지고 일을 시작했다. 나무는 매우 작았기 때문에 그 나무를 넘어뜨리는 일은 오래 걸리지 않았다. 그리고 얼마 안 있어 아버지가 집으로 돌아왔다. "누가 내 어린 벚나무를 잘랐느냐?"하고 소리를 쳤다. "그 나무는 이 나라에는 단 한 그루밖에 없는 것이라서 그걸 사는 데 많은 돈을 들인 것인데..." "만약 그 벚나무를 자른 녀석을 알기만 하며 그 녀석을 그냥..." 하며 아버지는 소리쳤다. "아버지!" 하고 어린 워싱턴이 크게 말했다. "솔직히 말씀드려서 제가 제 도끼로 그 나무를 베어 쓰러뜨렸습니다." 아버지는 어린 아들을 두 팔로 껴안으며 말했다. "조지. 네가 정직하게 말해주니 기쁘다. 내게는 네가 거짓말을 한 번 하느니 차라리 벚나무 열두 그루를 잃어버리는 것이 낫다."[133]

다음은 필자가 유학 시절(1980년대) 접한 이야기이다, 미국에서

---

133) http://blog.naver.com/PostView.nhn?blogId=genseoks1&logNo=220541974692(검색일: 2017. 4. 29).

세금을 천천히 나누어 내는 것은 죄가 되지 않지만 세금을 "거짓보고"하면 죄가 된다. 야구선수 피트 로즈(Pete Rose)는 안타 4,256개로 메이저리그 최다 안타을 기록한 선수이지만 3천(?) 안타를 친 배트를 경매하고 세금보고하지 않아 결국 감옥에 간다.

제2차 세계대전 이후 승승장구하던 미국을 좌절시킨 두 사건, 베트남전쟁과 워터게이트사건 등을 겪으면서 1960년대와 1970년대, 소위 "폭동과 혁명의 시기(the era of revolts and revolution)"가 온다. 가꾸로 보면 "양심의 시기"라고도 볼 수 있다.

1960년대와 1970년대는 사회적으로 엄청난 격변의 시기였다. 시작할 때는 낙관주의와 기대로 가득 찼다. 젊은 존 F. 케네디가 대통령으로 선출되었기 때문이다. 마틴 루터 킹 목사는 미국 내에서 폭력 없이 흑백 분리와 인종주의를 종결시키자고 주장하여 미국 전역의 주목을 받았다. 그러나 이상주의는 산산 조각이 났다. 케네디 대통령이 1963년 암살당한 것이다. 1965년부터 1968년까지 많은 도시에서 폭동이 일어났다. 1968년 마틴 루터 킹(Martin Luther King Jr.)과 케네디 대통령의 동생인 로버트 케네디도 흉탄에 쓰러졌다. 그러나 1960년대 미국 사회에서 가장 충격적이고도 결정적인 사건은 베트남 전쟁의 발발이었다. 1960년대 젊은이들이 느끼는 소외감에는 다른 원인도 있었다. 일차적으로는 1950년대부터 이어져 오던 세대 간의 차이가 지속되었고 또 다른 면에서는 대학생들이 대학 과정을 불합리한 것으로 생각하기 시작했다. 많은 학생들이 일종의 공동체를 이루고 살면서 터무니없는 의복을 걸치고 마약을 하면서 살았다. '히피'라 불리우는 많은 젊은이들이 목걸이를 하고 정신에 영향을 주는 LSD[134]같은 향정신성 약물들을 실험적으로 복용했다. 베이비붐 세대 젊은이들의 일탈은 1970년대 초기에 발생한 사건들 때문에 더욱 심해졌다. 1974년, 대통령 리처드 닉슨은 권력 남용 때문에 불명예스럽게 대통령직을 내놓았다. 참고로 이 시기 동안 젊은 세대들을 하나로 묶어준 것은 대중음악이었다.[135]

미국을 탄생시키고 건재하게 만든 것으로 '미국의 양심 세력과 양심적인 운동' 뿐 아니라 먼저 자유주의와 공동체주의를 들어야 한다. 공동체주의는 특히 미국 건국초기에 큰 역할을 하였다. 미국민들은 행복이 '개인적인 출세(사회적/경제적)' 뿐 아니라 본인이 속한 '공동체(community)에의 기여(contribution)'에 의해서 주어진다고 한다. 공동체의 기여는 시간과 물질적인 방법으로 이루어진다.

공동체주의는 인간의 정체감은 자신이 특정한 가족, 계급, 공동체, 국가, 민족의 구성원이라는 의식으로부터 분리될 수 없다고 보는 사상이다. 자유주의자들은 개인의 자율성에 절대적인 우선성을 부여하고 인간이 사회 이전에 개인으로 존재한다고 보는 반면 공동체주의자들은 자유주의가 사람들의 가치는 그들이 살고 있는 사회에 의해 만들어지는 점을 무시한다고 비판한다.[136] 공동체주의는 개인의 자유보다는 평등의 이념, 권리(right)보다는 책임(responsibility), 가치중립적 방임보다는 가치 판단적 담론을 중시한다. 18세기 말~19세기 초의 미국인들은 공적(公的) 미덕, 즉 개인이 사적(私的)인 이해관계를 공동체의 이익을 위해 기꺼이 종속시키는 것을 강조하는 신념체계, 다시 말해 공동체주의를 고수했다.[137]

---

134) 1966년까지 LSD는 합법이었다.

135) http://100.daum.net/encyclopedia/view/168XX57600214(검색일: 2017. 4. 30).

136) http://terms.naver.com/entry.nhn?docId=1838312&cid=42044&categoryId=42044(검색일: 2017. 4. 30).

137) http://terms.naver.com/entry.nhn?docId=1518618&cid=41908&categoryId=41932(검색일: 2017. 4. 30).

베트남전쟁을 그린 유명한 작품들은 <디어 헌터 The Deer Hunter> (1978), <귀향 Coming Home>(1978), <지옥의 묵시록 Apocalypse> (1979), <플래툰 Platoon>(1986), <7월 4일생 Born on the Fourth of July>(1989) 등이 있다. 이 장에서는 앞의 세 영화를 중심으로 설명하고 올리버 스톤(Oliver Stone)의 두 작품은 다음 장에서 소개하겠다.

<디어 헌터>는 <귀향>과 함께 베트남전쟁에 관한 가장 오래된 유명한 영화이다, 베트남전쟁에 관한 한국영화 <하얀 전쟁>(1992)을 보면 영화 속에 <디어 헌터> 포스터가 벽에 붙여져 있는 것을 본 기억이 난다. <디어 헌터>는 미국 국민들, 특히 젊은이들의 베트남에 대한 시각 변화를 처절하게 보여준다. 처음 베트남전쟁에 가게 되어 주인공들이 "빨갱이들을 깨부수게 됐다"고 기뻐하는 장면이 필자가 이 영화를 보았을 때 참으로 낯설게 느껴졌다.138) 베트남전쟁의 비극을 필자가 미리 알기 때문일까?

<디어 헌터>의 줄거리는 다음과 같다. 미국 펜실베니아주 클리어턴 의 제철소에 다니는 마이클(Robert De Niro 분), 닉(Christopher Walken 분), 스티븐(John Savage 분)은 절친한 친구 사이로 종종 라이플을 메고 사슴사냥을 즐긴다. 이 세 젊은이는 스티븐이 누구의 아이인줄도 모르는 아기를 임신한 연상의 여인, 안젤라(Rutanya Alda 분)와 결혼을 마치자마자 베트남으로 떠난다. 피와 초연이 뒤범벅된 베트남에서 전투를 치루던 마이클, 닉, 스티븐은 적에게 사로잡히는 신세가 되고, 그들은 베트콩의 잔인한 고문과 죽음의 공포로 인해 육신과 정신이 피폐해지기 시작했다. 점점 이성을 잃어 가는 스티븐

---

138) 이런 느낌은 미국 남북전쟁을 남쪽의 입장에서 그린 <콜드 마운틴 Cold Mountain>(2003)에서 마찬가지였다. 드디어 "양키 놈들을 박살낼 수 있게 됐다"고 하면서 기쁜 마음으로 참전한다. <가을의 전설 Legends of the Fall>(1994)에서는 심지어 제1차 세계대전에 고생하는 영국을 돕기 위해 미국 청년들이 캐나다군에 지원하여 참전한다.

을 일으켜 세우며 닉과 함께 탈출의 기회를 엿보는 마이클! 베트콩들이 좋아하는 고문의 한 방법인 러시안룰렛[139] 게임에 말려 들어가던 닉과 마이클은 게임 도중 적들을 해치우고 탈출에 성공한다. 죽을 고비를 넘기고 친구들과 헤어져 제대를 하고 고향에 돌아온 마이클을 기다리고 있는 것은 닉이 베트남에서 실종되었다는 소식과 반신불수가 된 스티븐이었다. 매월 베트남에서 거액의 돈이 스티븐 앞으로 우송된다는 사실을 알게 된 마이클은 돈을 보내는 사람이 베트남에서 실종된 닉이라고 확신한다. 닉을 찾아 다시 베트남으로 향하는 마이클은 의외의 장소에서 그를 발견했다. 거액의 돈을 걸고 러시안룰렛을 하는 도박장! 이미 넋이 나간 닉은 마이클을 알아보지 못한 채 마치 기계와 같이 자신의 머리를 향해 방아쇠를 당긴다.[140]

프랜시스 포드 코폴라(Francis Ford Coppola)가 연출과 제작을 맡은 <지옥의 묵시록 Apocalypse>(1979)은 베트남전을 배경으로 극한의 상황에 놓인 인간의 이성과 광기를 그린 전쟁영화다. 이 영화는 조지프 콘래드(Joseph Conrad)의 소설, 『암흑의 오지』[141](*Heart of darkness*)(1899)에 기초해 만들어졌다.[142]

---

139) 러시안룰렛(Russian roulette)은 러시아룰렛은 회전식 연발권총(대개 6연발 리볼버)에 총알 한 발만 장전하고 총알의 위치를 알 수 없도록 탄창을 돌린 뒤 상대와 돌아가면서 관자놀이에 대고 방아쇠를 당기는 위험한 게임이다. 사실 게임이라기보다는 목숨을 건 일생일대의 도박이라 할 수 있다. 이 게임으로 사람이 죽을 확률은 6분의 1, 약 17% 정도이다. 이 위험천만한 게임은 자신의 담력을 자랑하거나 운을 시험해 보기 위해, 또는 내기의 일환으로 행해진다. 러시안룰렛은 자칫하면 모든 것을 잃어버릴 수도 있는 위험을 감수하면서 벌이는 시도 즉 무모한 모험을 비유하는 말로 쓰인다. 영화, TV 드라마, 비디오 게임, 음악 등의 소재로도 자주 등장하는데 특히 영화 <디어헌터>에 등장하는 러시안룰렛 장면은 아주 유명하다.
   https://terms.naver.com/entry.nhn?docId=1352448&cid=40942&categoryId=31944(검색일: 2018. 5. 21).
140) https://movie.naver.com/movie/bi/mi/basic.nhn?code=10128(검색일: 2018. 5. 20).
141) 조지프 콘래드 저. 장왕록 역. 2012. 『암흑의 오지』서울: 큰글.
142) 로버트 W. 그레그 저. 여문환·윤상용 역. 2007. 『영화 속의 국제정치』서울: 한울아카데미, p. 463.

미군 정부의 기밀암살 임무를 받은 윌라드(Martin Sheen[143] 분) 대위가 임무 목적지로 향하는 과정에서 목격하는 전쟁 상황과 목적지인 캄보디아에서 만난 커츠(Marlon Brando 분) 대령의 기괴한 모습을 통해 공포로 인해 변화하는 인간이라는 존재의 실체를 보여준다. 특수부대의 윌라드는 하루하루 계속되는 전쟁에 지루함을 느끼고 지쳐가던 중 뜻밖의 특명을 받게 된다. 미군으로서의 경력이 화려하고 타의 모범이 되던 군인이었으나 어느 날 미군의 통제를 벗어나 캄보디아로 망명하여 자신의 독자적인 부대를 거느리고 있는 커츠를 암살하라는 것이다. 윌라드는 전쟁 경험이 많지 않은 네 명의 병사들과 함께 커츠가 있는 캄보디아를 향해 기나긴 여정을 시작한다. 그 과정 중 윌라드의 부대는 킬고어(Robert duvall 분) 중령의 부대를 만나는데 킬고어는 포탄이 바다로 투하되고 있는 상황에도 서핑을 즐기려고 바그너의 <발퀴레의 기행> 선율에 맞추어 적에게 포탄을 퍼붓는 광적인 인물이다. 그 험난하고 종잡을 수 없는 여정 속에서 윌라드는 미군 정부로부터 받은 커츠에 대한 정보를 살피며 거츠에 대한 궁금증과 호기심을 키워간다. 캄보디아 접경 지역으로 향할수록 심해지는 견제와 공격에 몇몇 부대원을 잃지만 살아남은 윌라드와 그의 남은 일행은 드디어 커츠가 거느리는 캄보디아 부대를 만나게 된다. 목 매달린 시체들과 해골이 즐비한 그곳의 캄보디아인들과 사진기자는 무언가에 홀린 것처럼 커츠를 왕으로 추앙한다. 월라드는 커츠로부터 그가 직면했던 전쟁 속의 도덕적 딜레마와 그로 인한 궁극의 공포, 광기에 대한 긴 이야기를 듣게 된다.[144]

---

143) 그의 아들 Charlie Sheen은 다른 베트남전 영화 <플래툰 Platoon>(1986)의 주인공이다.

144) https://terms.naver.com/entry.nhn?docId=2073077&cid=42621&categoryId=44426(검색일: 2018. 5. 21).

베트남전은 시기와 전쟁 주체에 따라 제1차 전쟁과 제2차 전쟁으로 구분되며 이를 통틀어 인도차이나전쟁 혹은 30년 전쟁이라고 일컫기도 한다. 제1차 전쟁은 1946년에서 1954년까지 공산주의와 민족주의를 내세운 북베트남이 프랑스로부터 독립하기 위해 프랑스군과 치른 전쟁이며, 제2차 전쟁은 1960년부터 1975년까지 미국의 대공산주의 봉쇄 전략에 따라 미군과 미군의 비호를 받는 남베트남인들이 베트남의 공산주의 조직인 베트콩들과 치른 전쟁이다. 베트남전 당시 미국 내에서는 실제로 전쟁을 중단할 것을 요구하는 여론이 높았으나 미국은 베트남전에서 철수할 뜻을 몇 번 내비치다가도 계속해서 북베트남과 대치 국면을 오랫동안 유지해나갔다. 결국 미국은 1973년 1월 파리평화협정에서 정전협정에 합의를 하고 남베트남 정부에 대한 지원을 줄이기 시작했다. 이런 상황 속에서 북베트남은 1975년 초 남베트남에 대한 총공세(구정 대공세)를 벌여 그해 4월30일 사이공을 함락시키면서 항복을 얻어낸다. 미국은 55만3천여 명의 군 병력을 파견했고 이중 5만8천여 명이 사망했으며 남베트남군은 25만 명 이상 사망한 것으로 알려져 있다. 베트남 전체 민간인은 200만 명 이상 사망하거나 부상당한 것으로 집계됐다.[145]

<지옥의 묵시록>은 베트남전에 대해 시적이면서도 명상적인 태도로 전쟁에 대한 미국의 자성의 목소리를 드러냄과 동시에 전쟁이라는 극한상황에 놓인 인간을 다각도로 묘사하는 작품이다. 윌라드는 미군이 베트남 아이들에게 예방접종을 해주었으나 아이들이 주사 맞은 팔을 스스로 잘라내고 그 작은 팔들이 쌓인 광주리를 보며 혼란스러워지기 시작했다. 그동안 수많은 전쟁 상황을 목격하면서도

---

145) https://terms.naver.com/entry.nhn?docId=2073077&cid=42621&categoryId=44426(검색일: 2018. 5. 21).

크게 동요하지 않던 윌라드는 이 대목에서 충격에 빠진다. 영화는 전쟁의 폭력성과 광기에 취해 비틀거리는 미군의 이미지와 함께 스스로 팔을 자르는 베트남 아이들의 이미지를 상상하도록 유도하여 그 대비를 통해 반전 메시지를 드러낸다.[146]

---

146) https://terms.naver.com/entry.nhn?docId=2073077&cid=42621&categoryId=44426(검색일: 2018. 5. 21).

참고문헌

김용구. 1997.『세계관 충돌의 국제정치학: 동양의 예와 서양의 공법』서울: 나남출판.

로버트 W. 그레그 저. 여문환·윤상용 역. 2007.『영화 속의 국제정치』서울: 한울아카데미.

윤영철. 2015.『국제정치학(상)』서울: 도서출판 배움.

이홍종. 2017.『미국의 이해』부산: 부경대학교 출판부.

이홍종. 2017. "진정한 파워는 사람을 죽일 수 있는 것이 아니라, 사람을 용서하고 살릴 수 있는 것이다."『물처럼 바닷처럼』2017 통권 제11호, pp. 157-160.

이홍종. 2018.『영화 속의 국제관계』부산: 도서출판 누리.

이홍종·염동용. 2003.『국제관계의 이해』부산: 부경대학교 출판부.

조지프 콘래드 저. 장왕록 역. 2012.『암흑의 오지』서울: 큰글.

한스 모겐소 저. 이호재·엄태암 역. 2014.『국가 간의 정치 1: 세계평화의 권력이론적 접근』서울: 김영사.

– 베트남전쟁에 관한 영화 〈디어 헌터〉, 〈귀향〉, 그리고 〈지옥의 묵시록〉 각각 제작된
연도는?

– 러시안룰렛 장면으로 유명한 베트남전쟁에 관한 영화는?

– 〈지옥의 묵시록〉의 감독은?

– 〈지옥의 묵시록〉은 실화인가? 소설을 바탕으로 만들어졌는가?

– 미국은 1973년 1월 (　　　)협정에서 정전협정에 합의를 하고 남베트남 정부에 대한
지원을 줄이기 시작했다.

– 북베트남은 (　　　)년 초 남베트남에 대한 총공세(구정 대공세)를 벌여 그해 4월30일
사이공을 함락시키면서 항복을 얻어낸다.

7. 영화 속의 베트남전쟁(II)

베트남전 영화 <플래툰 Platoon>(1986)과 <7월 4일생 Born on the Fourth of July>(1989)를 감독한 올리버 스톤(Oliver Stone)은 역사학, 특히 미국외교사에 있어서 수정주의학파를 따르는 영화인이다. 미국 역사학은 냉전 등에 대한 해석에 관하여 전통주의와 수정주의로 양분된다. 올리버 스톤이 감독했을 뿐만 아니라 각본을 직접 쓰고 제작한 <살바도르 Salvador>(1986)는 그의 수정주의적 미국 해석의 성향이 나타나기 시작한 영화라 할 수 있다. 엘살바도르의 내전은 '냉전의 산물'이라는 것이 <살바도르>의 주제이다. 미국이 "이기지 못한 전쟁" "여론의 지지를 받지 못한 전쟁"인 베트남전은 올리버 스톤이 미국사, 미국의 외교 정책을 수정주의적으로 비판하기 딱 좋은 대상이었다. 그래서 <플래툰>이 탄생하였다. 그는 베트남전이 확산되는 과정에는 군산복합체와 군산복합체의 지지를 받고 있는 대통령이 있었다고 주장한다. 올리버 스톤이 베트남전을 "베트남 편"으로 비판한 영화가 <플래툰>이라면 "미국 편"으로 비판한 영화가 <7월 4일생>이다. 그러나 올리버 스톤은 베트남전쟁도 자유를 수호하기 위한 숭고한 것이 있었다는 점을 애써 무시하고 있다.[147]

<월 스트리트 Wall Street>(1987)로 올리버 스톤은 미국 자본주의 시장도 음모론으로 수정주의로 해석할 수 있다는 주장을 한다. 미국 주식 시장도 '거대한 손' 군산복합체(군수산업)에 의해 결국 움직인다고 설명하고 있다. 미국 자본의 총본산이고 미국의 경제가 어떻게 변하느냐에 따라서 세계 경제는 요동치고 영향을 받는다고도 볼 수

---

147) 이홍종. 2017. 『비교문화연구』부산: 부경대학교 출판부, pp. 186-188.

있다. 우리나라도 미국 주식이 어떻게 변하느냐에 따라서 한국주식
도 그 영향을 받고 있는 실정이면 분명 미국이라는 나라는 세계 경
제의 중심국가라는 말은 틀린 말은 아니다. 올리버 스톤은 이 영화에
서 그의 수정주의적인 미국 해석을 너무 지나치게 확대한 면이 있다.
2편이라 할 수 있는 <월 스트리트: 머니 네버 슬립스 Wall Street:
Money Never Sleeps>(2010)에서는 올리버 스톤의 수정주의적 경향
이 약화되는 것을 알 수 있다. 사람은 나이가 들면 안정을 취하고 싶
은데 올리버 스톤도 그런 것 같다. 예전의 오리버 스톤 작품처럼 긴
장감이 없다. 이 영화 <월 스트리트> 2편이 말하고자 하는 것은 시
장과 정부의 실패인데 2008년 미국발 금융위기 서브프라임사태에
대한 정확한 해석도 제대로 하지 못했다. 구조주의로 비판적이던 올
리버 스톤의 "전의(戰意)"가 약해 진 것이 분명하다. 2008년 1월 20
일에 있었던 영화 전문지 '버라이어티'와의 인터뷰에서 올리버 스톤
감독은 자신을 수정주의자로 단정 짓는 것을 싫어한다고 했다. "사
람들이 나의 정치적 생각을 상투적인 말로 피상적으로 표현하지만
나는 사람에 흥미를 가진 극작가이며 인간으로서의 부시 대통령에
대해 카스트로나 닉슨, 짐 모리슨, 짐 개리슨, 알렉산더 대왕 처럼
감정적 공감을 갖고 있다"고 말했다.[148] 이 인터뷰는 그 자신에 대
한 변명일 수 도 있고 후반부의 그의 작품 성향의 변화를 보여 주는
것일 수도 있다.[149]

　　<JFK>(1991)는 올리버 스톤 감독이 수정주의적 시각에서 군산복
합체를 강력히 비판한 영화이다. 존 케네디 대통령 암살 이후 미국
에는 다수의 수정주의적 음모 이론이 쏟아져 나왔다. "케네디는 한

---

148) http://media.daum.net/entertain/culture/newsview?newsid=20080122094215962
149) 이홍종. 2017. 『비교문화연구』부산: 부경대학교 출판부, pp. 186-188.

사람의 저격수에게 살해된 것이 아니다." "2001년 9월11일 테러분자들의 공격은 이스라엘과 공모한 조지 부시 행정부의 내부소행이었다." 9.11테러분자들의 공격을 미국 정부가 사전에 알았는데도 일어나도록 방치했다고 생각한다. 심지어 미국의 군산복합체가 2001년 9.11 공격을 비밀리에 조직했다고 생각한다. 사람들이 복잡하고 비극적인 여러 가지 상황에 대응하여 단순하고 쉽고 순진한(naive) 해답을 찾는 사회에서 그런 이론들이 기승을 부린다. 악이 존재한다는 불쾌한 현실 인정을 회피하기 위해 단순화를 계속하는 문화에서 수정주의가 번성한다. 올리버 스톤은 너무 음모론만을 가지고 '순진하게' 케네디 암살사건을 설명하고 있다. 한 가지 의혹을 미리 선점해놓고 '증거' 하나 없이 그저 증거로 내세울 수 없는 '근거'만 내세워놓는 방식을 내세우고 있다. 군산복합체가 미국에서 영향력 있는 집단이지만 모든 것을 예외 없이 지배하고 있지는 않다. 다양성이라는 요소도 미국의 큰 특징이다. 수정주의가 강조하는 군산복합체가 미국 현대사나 외교사에 있어서 중요한 요소임을 인정하지만 전체를 군산복합체로만 해석하려는 것은 환원주의(reductionism)의 오류이다. 올리버 스톤은 <닉슨 Nixon>(1995)에서 자기의 잣대를 닉슨에 대한 설명에 까지 무리해서 확대한다. "그들은 케네디에게선 그들이 바라는 모습을 보지만 나에게서는 자신들의 모습을 본다. 그래서 그들은 나를 싫어하는 것이다." 이 영화에 나오는 닉슨의 독백이다. 적극/소극, 긍정/부정을 가지고 미국 대통령을 위한 네 가지 조합을 만든 미국의 한 정치학자는 닉슨은 적극적이지만 부정적이어서 실패했다고 주장한다. 닉슨의 부정정적인 측면, 콤플렉스로 닉슨을 설명하기 충분한 것으로 보이는데 올리버 스톤은 닉슨에 대해 설명에 수정주의를 적용한다. 미국의 대중문화, 특히 영화에 대한 연구가 많이 이루어지고 있지만 올리버 스톤의 영화들이 미국을 수정주의적인 시각으로 본다는 점에 대한 연구는 없었다. 본 연구에서는 올리버 스톤의 많은 영화들이 수정주의적으로 미국을 보고 있다는 것을 알 수 있었다. 그러나 올리버 스톤의 모든 영화들이 미국을 수정주의적으로 미국을 보는 것은 아니었다. 그리고 이러한 경향은 올리버 스톤의 최근의 작품들에서 나타나고 있다.150)

---

150) 이홍종. 2017. 『비교문화연구』부산: 부경대학교 출판부, pp. 186-188.

참고문헌

김용구. 1997. 『세계관 충돌의 국제정치학: 동양의 예와 서양의 공법』서울: 나남출판.

로버트 W. 그레그 저. 여문환·윤상용 역. 2007. 『영화 속의 국제정치』서울: 한울아카데미.

윤영철. 2015. 『국제정치학(상)』서울: 도서출판 배움.

이홍종. 2017. 『미국의 이해』부산: 부경대학교 출판부.

이홍종. 2017. "진정한 파워는 사람을 죽일 수 있는 것이 아니라, 사람을 용서하고 살릴 수 있는 것이다." 『물처럼 바닷처럼』2017 통권 제11호, pp. 157-160.

이홍종. 2017. 『비교문화연구』부산: 부경대학교 출판부.

이홍종. 2018. 『영화 속의 국제관계』부산: 도서출판 누리.

이홍종·염동용. 2003. 『국제관계의 이해』부산: 부경대학교 출판부.

조지프 콘래드 저. 장왕록 역. 2012. 『암흑의 오지』서울: 큰글.

한스 모겐소 저. 이호재·엄태암 역. 2014. 『국가 간의 정치 1: 세계평화의 권력이론적 접근』서울: 김영사.

- 베트남전 영화 〈플래툰 Platoon〉(1986)과 〈7월 4일생 Born on the Fourth of July〉(1989)의 감독은?

- 역사학, 특히 미국외교사에 있어서 수정주의학파를 따르는 영화감독은?

- 미국 역사학은 냉전 등에 대한 해석에 관하여 (   )와 수정주의로 양분된다.

- 수정주의가 강조하는 군산복합체가 미국 현대사나 외교사에 있어서 중요한 요소임을 인정하지만 전체를 군산복합체로만 해석하려는 것은 (   )의 오류이다. 즉 단순화의 실수이다.

8. 〈킬링필드〉

앞에서 설명한 베트남전과 연관하여 꼭 살펴 볼 영화가 실화를 바탕으로 한 <킬링필드 the Killing Field>(1984)이다. 한 미국인기자와 그의 캄보디아 통역인과의 관계에 대해 그린 이 영화는 크메르 루주(Khmer Rouge)에 의해 자행된 대학살 장면으로 유명하다.151) 필자도 몇 년 전에 캄보디아에 가서 학살 현장과 감옥소 등을 보았다. 크메르루주는 "얼굴이 하얀 사람", "안경 쓴 사람" 등 150만 이상을 학살하였다는 증언을 들었다.

크메르루주는 정권장악의 목적으로 설립된 캄보디아의 급진적인 좌익(左翼) 무장단체이다. '붉은 크메르'라는 뜻이다. 1967년에 결성된 크메르루주는 시아누크(Norodom Sihanouk)가 1970년 론 놀(Lon Nol)의 우익(右翼) 군사쿠데타로 전복되자 농촌지역에 대한 대대적인 세력 확장을 통해 마침내 1975년 4월, 수도 프놈펜을 장악함으로써 정권장악에 성공하였다. 그러나 폴 포트(Pol Pot)가 이끈 크메르루주 정권의 4년간에 걸친 통치기간은 20세기 어느 좌파정권에서도 찾아볼 수 없는 잔인함과 무자비한 보복으로 얼룩졌다. 150만 이상의 캄보디아인이 학살되었고 전문지식인층과 기술자층이 기회주의라는 죄명으로 죽어갔다. 이러한 비인간적인 야만(野蠻)과 살상(殺傷)은 서방에서 <킬링필드>로 전세계에 알려졌다. 1979년 베트남군대와 이를 지지하는 캄보디아 공산동맹군의 공격으로 크메르루주는 전복되었고 이후 캄보디아에는 베트남의 지원을 받는 헹삼린(Heng Samrin) 정부가 들어섰다. 크메르루주는 이후 타이 국경 근처에 근

---

151) 로버트 W. 그레그 저. 여문환·윤상용 역. 2007. 『영화 속의 국제정치』서울: 한울아카데미, p. 471.

거지를 확보하고 중국의 지원 하에 무장 게릴라전을 전개했으며, 이로 인해 캄보디아내전은 계속되었다. 그 후 유엔의 중재로 캄보디아 내전 당사자들이 휴전에 동의하고, 1993년 5월 총선거를 실시하기로 합의했으나 크메르루주는 1993년 4월 선거불참을 선언하였다. 총선의 결과로 1993년 9월 캄보디아는 시아누크를 국왕으로 하여, 제1당인 민족연합전선의 지도자 노로돔 라나리드(Norodom Sihanouk)(시아누크의 아들)가 제1총리로, 그리고 프놈펜정권의 총리였던 훈센(Hun Sen)이 제2총리로 선출되어 정부를 구성하였다. 그러나 크메르루주는 1994년 7월 그들의 지도자인 키우삼판(Khieu Samphan)을 총리로 하는 임시정부를 수립하고 무장투쟁을 계속할 것을 선언함으로써 캄보디아의 평화정착을 어렵게 하고 있다. 그러나 크메르루주는 과거의 악명과 계속되는 좌경(左傾) 모험주의의 채택으로 그 세력이 현저히 약화되고 있다.[152]

<킬링필드>의 줄거리는 다음과 같다. 캄보디아는 태국과 마찬가지로 많은 서구인들에겐 낙원? 아니면 하나의 숨겨진 세계인지 모른다. 그러나 이웃 베트남에서 벌어진 전쟁이 캄보디아로까지 번졌고 중립국이었던 캄보디아는 전쟁에 휩쓸리게 되었다. 주인공은 이 전쟁을 취재하기 위해 뉴욕 타임즈 특파원으로 캄보디아로 갔다. 그땐 이미 정부군과 공산 크메르루주 반군간의 치열한 격전으로 전국이 쑥대밭이 되어 있었다. 1973년 8월 7일, 캄보디아 주재 뉴욕 타임스지 특파원인 시드니 쉔버그(Sydney Schanberg: Sam waterston 분)는 캄보디아가 공산주의 크메르루주 정권에 의해 함락되기 직전인 1973년 8월 현지 취재차 캄보디아의 수도 프놈펜에 도착한다. 시드

---

152) https://terms.naver.com/entry.nhn?docId=1151256&cid=40942&categoryId=31645(검색일: 2018. 5. 21).

니는 뉴욕 타임스지 현지 채용 기자인 캄보디아인 디스 프란(Dith Pran: Hang S. Ngor 분)과 함께 어렵게 현지에 가서 참혹한 현장을 카메라에 담는다. 그러나 전쟁 상황은 시시각각 캄보디아 정부에 불리하게 돌아가고 이에 위기를 느낀 시드니와 프란 일행은 미국 대사관의 도움을 얻어 가족을 탈출시키고 자신들은 남아서 마지막까지 취재를 한다. 그리고 크메르 루즈군에게 붙잡혀 처형되기 직전 프란의 간곡한 설득과 도움 덕분에 시드니와 다른 서구 기자들은 무사히 풀려난다. 결국 수도 프놈펜이 크메르 루즈군에게 함락되고 궁지에 몰린 시드니와 프란 일행은 프랑스 대사관을 찾아가 도움을 청하나 프랑스 대사관 측은 프란이 캄보디아인이라는 이유로 도움을 거절한다. 대사관 밖으로 쫓겨난 프란은 친구들과 아쉬운 작별을 하고 크메르루주 군에게 붙잡혀 강제 노동수용소에서 인간 이하의 대접을 받으며 죽지 못해 하루하루를 살아간다.[153]

---

153) https://movie.naver.com/movie/bi/mi/basic.nhn?code=10045(검색일: 2018. 5. 21).

참고문헌

김용구. 1997.『세계관 충돌의 국제정치학: 동양의 예와 서양의 공법』서울: 나남출판.

로버트 W. 그레그 저. 여문환·윤상용 역. 2007.『영화 속의 국제정치』서울: 한울아카데미.

윤영철. 2015.『국제정치학(상)』서울: 도서출판 배움.

이홍종. 2017.『미국의 이해』부산: 부경대학교 출판부.

이홍종. 2017. "진정한 파워는 사람을 죽일 수 있는 것이 아니라, 사람을 용서하고 살릴 수 있는 것이다."『물처럼 바닷처럼』2017 통권 제11호, pp. 157-160.

이홍종. 2017.『비교문화연구』부산: 부경대학교 출판부.

이홍종. 2018.『영화 속의 국제관계』부산: 도서출판 누리.

이홍종·염동용. 2003.『국제관계의 이해』부산: 부경대학교 출판부.

조지프 콘래드 저. 장왕록 역. 2012.『암흑의 오지』서울: 큰글.

한스 모겐소 저. 이호재·엄태암 역. 2014.『국가 간의 정치 1: 세계평화의 권력이론적 접근』서울: 김영사.

복 습

- 한 미국인기자와 그의 캄보디아 통역인과의 관계에 대해 그린 이 영화는 크메르 루주
(Khmer Rouge)에 의해 자행된 대학살 장면으로 유명하다. 이 영화는?

- 폴 포트(Pol Pot)가 이끈 크메르루주 정권의 4년간에 걸친 통치기간은 20세기 어느
좌파정권에서도 찾아볼 수 없는 잔인함과 무자비한 보복으로 얼룩졌다. (   )만 이상의
캄보디아인이 학살되었고 전문지식인층과 기술자층이 기회주의라는 죄명으로 죽어갔다.

- 1973년 8월 7일, 캄보디아 주재 (   )지 특파원인 시드니 쉔버그(Sydney Schanberg)
는 캄보디아가 공산주의 크메르루주 정권에 의해 함락되기 직전인 1973년 8월 현지
취재차 캄보디아의 수도 프놈펜에 도착한다.

9. "원은 둥글지 않고 시간은 멈추지 않는다."

　국제정치[154] 관련 수업에서 꼭 보여주고 싶은 영화중 하나가 <비포 더 레인 Pred Dozhdot>(1995)이다. 새뮤얼 헌팅턴(Samuel P. Huntington)의 '문명충돌론'이 어느 정도 적절성이 있는지 논란이 있지만 <비포 더 레인>은 문명과 종교의 충돌의 가장 적당한 예가 될 수 있다. 이 영화는 인간의 구원을 약속한 종교가 타인의 신앙을 포용하지 않는 비극에서 출발하고 있다.

　20세기 후반 냉전시대의 마감으로 모두 평화를 기대했으나 민족분쟁이나 종교분쟁, 국지전 같은 국제적 분란에 휩쓸리자 대응논리로서 새로운 패러다임이 등장하였다. 헌팅턴은 1993년 『포린 어페어즈』(Foreign Affairs)에 "문명의 충돌"이란 논문을 발표해 세계적인 큰 반향을 불러일으켰다. 그는 연이어 몇 편의 관련 논문을 발표한 후 그것을 『문명의 충돌과 세계질서의 재편』(The Clash of Civilizations and the Remaking of World Order)로 한데 묶어 1996년에 출간하였다.

　종교적인 갈등을 겪는 마케도니아 출신의 감독 밀코 만체브스키(Milcho Manchevski)는 <비포 더 레인>을 만들었다. '유럽의 화약고'라고 불리는 발칸반도, 그 중에서도 마케도니아를 배경으로 ... 그리스정교도인 마케도니아인과 이슬람교도인 알바니아인 간의 충돌은 휴전합의가 이루어졌지만 원인은 제거되지 않은 상태로 남아있었다. 내전의 참상을 다룬다고 해서 전쟁영화들이 흔히 보여주는 스펙터클은 없다. 오히려 함축적이고 은유적으로 메시지를 전하고 있다.

---

154) 국제관계와 국제정치는 용어로서 혼용되고 있다. 국제정치의 영어 표기도 international politics보다 international relations가 사용되고 특히 약자인 IR이 널리 알려져 있다.

주인공 알렉산다르(Rade Serbedzija 분)는 퓰리처상을 수상한 저명한 사진작가이다. 그는 마음의 안식처인 고향을 찾는다. 그러나 사촌의 시신을 보고 셔터 누르는 시늉을 하는 게 고작이었던 알렉산다르는 자신의 사촌을 죽였다는 이유로 납치된 딸을 구하기 위해 가장 미련한 방법을 택한다. 맨몸으로 가서 딸을 데리고 나오고 딸이 탈출할 시간을 벌기 위해 총에 맞고도 멀쩡한 척 걷는다. 이것은 부성애와 비폭력 무저항의 반전 메시지를 담고 있다. 그러나 이러한 설정은 주인공의 무기력함을 부각시키는 동시에 개인의 힘으로 잠재울 수 없는 전쟁의 소용돌이를 역설하고 있다. 이런 비극은 알렉산다르와 의사의 대화에서 직접적으로 드러난다. "전쟁할 이유가 없다"는 알렉산다르의 푸념에 의사는 의미심장한 말로 답한다. "이유를 찾아낼 거야. 여기서 전쟁은 미덕이니까" ㅠㅠ

알렉산다르는 때로는 영국인도 마케도니아인도 아닌 모호한 정체성을 지니고 있다. 마케도니아인으로서 알바니아인을 만나는 것은 쉽지 않지만 젊은 시절 사랑했던 알바니아 여인 하나(Phyllida Law 분)를 만나러 간다. 그러나 하나의 아들은 알렉산다르를 향해 "여기에 속하지 않는 사람"이라며 "반드시 목을 자르겠다"고 협박한다. 알렉산다르에게 '갈등의 핵'인 자미라(Labina Mitevska 분)가 자신의 딸이라는 사실을 알게 되자 경계인이라는 입장이 더 이상 불가능함을 의미하는 것이다. 그는 마케도니아인이지만 딸은 알바니아인이다.

마케도니아의 조그마한 동네! 청년들의 손에 쥐어져 있는 현대식 총들, 카세트 레코더에서 시끄럽게 흘러나오는 팝송… 그러나 '서방'은 너무나 먼 곳에 위치해 있다. 그곳에서 서방 사람들은 자신들에 대해 관심 없는 이방인들일 뿐이라고 되뇌이는 마을 사람들과 서방으로 도망가면 아무도 그들을 찾을 수 없으리라고 자미라에게 말하는 키릴(Gregoire Colin 분)!!

영화의 제목에도 등장하듯이 가장 중요한 상징은 바로 '비'이다. 영화에서 비는 모두가 기다리는 것이지만 정작 비 오는 장면은 마지막 장면 한 번뿐이다. "비가 올 것 같다"는 주인공의 추측만 있을 뿐이다. 알렉산다르가 귀향길 버스에서 만난 사람은 "비가 와야 할 텐데"라며 걱정한다.[155] 그리고 알렉산다르 역시 자전거를 타면서 'Raindrops keep falling on my head '를 휘파람으로 분다.[156]

<비포 더 레인>은 '비오기 전'의 이야기이다. 영화가 시작할 때와 끝의 상황은 분명히 달라져 있다. '비'는 정화의 의미이다. 마케도니아인과 알바니아인의 내전으로 피폐해진 사람들을 위한 정화! 갈라진 땅, 멀어진 마음을 한데 모으는 비는 끊어진 원을 잇고 원이 둥글다는 것을 증명한다. 자연은 이렇듯, 용서와 화해라는 희망의 끈을 놓지 않고 제 모습을 찾도록 도와주는데 우매한 인간은 깨닫지 못하고 있다. 곧 현실의 원이 둥글지 않다는 진단인 것이다.

<비포 더 레인>은 마케도니아공화국의 영화다. 알바니아와의 접경지대의 아름다운 풍경 속에서 자행되는 불안한 일상과 우연과도

---

155) 필자는 여기서 한국 영화 <개 같은 날의 오후>(1995)에서의 '비'를 생각한다. 무더운 여름 5층 아파트 단지. 40도를 육박하는 폭염, 두 달이 넘도록 지속되는 가뭄, 바람 한 점 없는 날씨에 찜통으로 변해버린 집안에 있기가 생지옥 같기만 한 주민들은 아파트 광장으로 쏟아져 나와 더위를 식히게 된다. 아파트 광장으로 남편의 상습적인 구타에 못 이겨 정희(하유미 분)가 도망쳐 나오고 뒤쫓아 나온 남편이 정희를 마구 때리는 사건이 발생한다. 그것을 보며 자극을 받는 아파트 주민 여자들. 남자들은 불구경하듯 재미있어만 하고 여인들이 말려보지만 오히려 봉변만 당한다. 결국 분노의 화신이 된 여인들, 정희 남편에게 달려들어 몰매를 주고 수수방관하던 남자들도 뛰어와 자기의 마누라를 끌어내리다 여인들 전체와 싸움을 벌이게 되고 경찰차가 도착한다. 의식을 잃은 정희 남편은 구급차에 실려 가고 남편들과 합세해 일방적으로 여인들을 몰아붙이던 경찰들은 이송 도중 사망했다는 무전을 받고 여인들 전부를 현장 살인범으로 연행하려자 여인들은 무작정 아파트 건물로 뛰어들어 옥상으로 피신하게 된다. 뜨거운 태양이 내리 쬐는 오후, 제목 그대로 '개 같은 날의 오후' 밥하고 설거지, 빨래만 하는 아줌마들의 반란이 시작된 것이다. 결국 하늘에서 빗방울이 떨어진다. 오랜 폭염과 가뭄도 끝이다. 멀리서 함성이 들리고 손에 피켓을 든 여성지지자들이 몰려오며 영화는 마무리된다.

156) 이 노래는 영화 <내일을 향해 쏴라 Butch cassidy and the Sundance Kid>(1969)에서 나온다.

같은 전쟁의 공포에 대한 묘사! 그러나 영화가 진행됨에 따라 우연은 필연으로 이미 정해져 있음을 알게 된다. 감독은 마케도니아의 언덕에서건 런던의 레스토랑에서건 일어나는 알 수 없는 폭력들과 그것들의 '무의미성'을 이야기하고 싶어 한다.

이야기는 거꾸로 흐르거나 옆길로 새기 때문에 줄거리를 따라잡기 쉬운 영화는 아니다. 런던 거리의 낙서에는 "시간은 절대 죽지 않는다. 원은 항상 둥글지는 않다."라고 쓰여 있다. 순환되는 고리, 다음에 일어날 일을 뻔히 알고 있다고 관객들이 믿게 된다면 그리고 그것이 관객들이 순수한 마음으로 일어나지 말았으면 하고 생각하는 슬픈 이야기가 <비포 더 레인>이다. 이 영화는 '포스트모더니즘' 계열에 속한다. 시간과 공간의 자유로운 해체와 해석의 토대 위에서 만들어졌기 때문이다.

이렇게 <비포 더 레인>은 어렵지만 또한 쉬운 메시지를 주는 영화이다. 발칸반도 국가들 사이에서 일어난 종교와 인종간의 증오에 관한 이 영화는 평화의 약속은 지키기 어렵지만 폭력의 약속은 지켜진다는 인류의 비극을 시적인 묘사를 통해 비판한다. 이러한 끝없는 고통 속에서 감독은 '사랑'을 통해 한 줄기의 희망을 이야기한다. <비포 더 레인>은 전쟁이 인간에게 미치는 정신적 상처를 아름다운 영상과 특이한 구성으로 그려냈다.

참고문헌

김용구. 1997. 『세계관 충돌의 국제정치학: 동양의 예와 서양의 공법』서울: 나남출판.

로버트 W. 그레그 저. 여문환·윤상용 역. 2007. 『영화 속의 국제정치』서울: 한울아카데미.

윤영철. 2015. 『국제정치학(상)』서울: 도서출판 배움.

이홍종. 2017. 『미국의 이해』부산: 부경대학교 출판부.

이홍종. 2017. "진정한 파워는 사람을 죽일 수 있는 것이 아니라, 사람을 용서하고 살릴 수 있는 것이다." 『물처럼 바닷처럼』2017 통권 제11호, pp. 157-160.

이홍종. 2017. 『비교문화연구』부산: 부경대학교 출판부.

이홍종. 2018. 『영화 속의 국제관계』부산: 도서출판 누리.

이홍종·염동용. 2003. 『국제관계의 이해』부산: 부경대학교 출판부.

조지프 콘래드 저. 장왕록 역. 2012. 『암흑의 오지』서울: 큰글.

한스 모겐소 저. 이호재·엄태암 역. 2014. 『국가 간의 정치 1: 세계평화의 권력이론적 접근』서울: 김영사.

복 습

– 문명충돌론을 주장한 학자는?

– 〈비포 더 레인〉은 어느 나라와 어느 나라 사이의 이야기인가?

– 〈비포 더 레인〉은 어느 종교와 어느 종교 사이의 이야기인가?

– 〈비포 더 레인〉에서 '비'(rain)가 상징하는 것은?

10. "우리가 하는 일을 신이 용서하실지? 하지만 금방 깨닫곤 하지… 신이 오래 전에 아프리카를 떠났다는 걸…"

<블러드 다이아몬드 Blood Diamond>(2006)에서 국제정치와 관련해서 살펴볼 것은 '다국적기업'과 '소년병' 문제이다. 소년병은 최근 IS(Islamic State)[157] 등에서도 이슈가 되고 있다.

소년병[158]은 만 18세 미만인 미성년의 군인 또는 그들로 이루어

---

157) IS는 2003년 국제 테러조직 알카에다의 이라크 하부조직으로 출발한 단체로, 이라크에서 각종 테러활동을 벌이다 2011년 시리아 내전이 발발하자 거점을 시리아로 옮겼다. 이들은 2013년 시리아 내전 당시 정부군에 대항해 싸우는 반군으로 활동했으나, 2014년 초부터는 다른 반군들과 본격적으로 충돌을 빚기 시작했다. 반군으로 활동하며 세력을 급격히 확장한 IS는 2014년 6월 이라크 제2의 도시 모술과 인근 유전 지역을 점령하면서 엄청난 기세로 확장을 거듭했다. 이들은 개명 당시 시리아 북부 알레포에서부터 이라크 동부 디얄라 주에 이르는 지역에 이슬람 지도자 칼리프(Caliph)가 통치하는 독립국가를 창설한다고 밝혔다. 또 IS의 최고 지도자인 아부 바크르 알바그다디(Abu Bakr al-Baghdadi)를 칼리프로 추대했다고 발표했다. 시리아의 락까에 본부를 둔 IS의 자금력과 조직 동원력, 군사력은 이전의 다른 무장단체나 테러조직들과 비교하기 어려울 정도로 위협적이다. 이들은 이라크 모술과 인근 유전 지역을 점령하면서 유전과 댐 등 기반 시설까지 확보한데다가 수니파 부호들의 막대한 자금 지원으로 역사상 최고 부자 테러단체라는 평가를 받았다. 또 과거 알카에다 등 다른 테러단체와는 달리 영토를 갖고 있는 것도 특징이다. 특히 이라크와 시리아 북부를 아우르는 영토를 확보한 IS는 중동 지역에서의 세 확산은 물론 2015년 파리 동시다발 테러, 2016년 브뤼셀 테러, 2017년 맨체스터 테러 등을 자행하며 전 세계에 공포를 안기기도 했다. 당초 1만 2000~2만 명 수준이던 군사력도 2014년 10월을 기준으로 최대 5만 명까지 증가했으며, 여기에는 스웨덴, 핀란드, 덴마크, 영국 등 외국 국적을 가진 지하디스트(이슬람 전사)도 다수 있는 것으로 확인됐다. IS는 매년 그들의 활동사항을 담은 연례보고서를 발행하고 있는데, 특히 다양한 트위터 계정을 통해 7개 국어로 서방 출신 신병을 모집하거나 유튜브에 미국 기자 살해 같은 잔혹한 동영상을 올려 반대 세력에 공포감을 심는 등 소셜미디어를 주요 선전 무대로 활용하고 있다. 군사·경제·종파적 이해관계로 대립하던 중동 국가들이 IS를 막기 위한 목표로 협력하면서, 중동의 역학 구도가 재편되었다. 2014년 6월 이라크 제2의 도시 모술과 인근 유전 지역을 점령하면서 엄청난 기세로 세력을 확장한 IS의 승승장구는 2014년부터 미국이 주도하는 국제 동맹군이 IS 격퇴에 착수하면서 뒤집어지기 시작했다. IS에 밀리던 이라크와 시리아 정부군, 쿠르드족 및 이슬람 시아파 민병대들이 국제 동맹군의 지원으로 반격에 나섰기 때문이다. 그 결과 IS는 2017년 한 해 주요 거점에서 패전을 거듭하기 시작했다. IS는 2017년 7월 주요 거점도시였던 이라크 모술에서 약 3년 만에 쫓겨났고, 3개월 뒤인 10월에는 사실상 수도 역할을 하던 시리아 락까에서 패하면서 세력이 급속히 약화됐다. https://terms.naver.com/entry.nhn?docId=2212646&cid=43667&categoryId=43667(검색일: 2018. 5. 21).

158) 한국전쟁 당시 대한민국에서는 고등학교를 중심으로 학교장의 독려 등에 의해 자원입대('학도병') 하거나 강제징집 당한 소년병이 2만9천여 명에 이른다. 특히, 강제징집자 중에는 만 13~14세의 중학생도 섞여 있었다. 이들은 병역의무가 없는 만 18세 미만의 소년이었지만 정식으로 군번을 받은 정규군이었다. 국방부는 60년 간 소년병 자체를 인정하지 않다가 2010년 국민권익위원회의 권유에 따라 실체를 인정했다. 그러나 국가유공자로는 받아들이지 않고 있다.

진 군대를 뜻한다. 1989년에 성립된 '아동의 권리에 관한 협약'에서는 병사의 징병 최소 연령을 만 15세로 규정하였다. 그리고 '국제형사재판소에 관한 로마규정'은 국제적 및 비국제적 무력충돌 시 15세 미만의 아동을 징집 또는 모병하거나 적대행위에 적극적으로 참여하도록 이용하는 행위를 전쟁 범죄로 규정하고 있다. 그러나 일부 국가들이 이 규약을 공공연히 무시하고 만 10세 미만의 어린이조차 징병하는 일이 계속되자, UN은 2000년에 스위스의 제네바에서 열린 UN 산하 국제회의에서 징병 및 참전을 위한 최소 연령을 만 18세로 끌어올리기로 합의하였고 2002년 2월 '아동의 무력충돌 참여에 관한 아동의 권리에 관한 협약 선택의정서'가 발효되었다. 이에 따라 각국 정부는 만 16세 미만의 소년을 자원병으로도 모집할 수 없고, 직접적인 적대행위에 내세우지 않는다는 전제 아래에서만 만 16세 이상 18세 미만의 청소년을 자원병으로 모집할 수 있다. 또, 국가가 아닌 기구(게릴라 등)가 소년병을 모집하여 전쟁터로 내보내는 행위는 전면 금지하였다. 그러나 현재 정치적으로 불안한 국가들에서 소년병들이 강제로 징집받고 있다. 아직도 아프리카엔 20만 명의 소년 병사들이 있다. 앰네스티 보고서에 따르면 우간다와 시에라리온 지역 소년병들이 마약중독과 육체적 학대 및 죽음에 대한 위협 아래 참전을 강요받고 있다. 심지어는 시에라리온 내전 당시 만 5세 미만의 어린이들이 전쟁에 동원된 경우도 있다. 인권론자들은 이 소년병들이 어린 나이에 강제징집되어 강제로 사람을 죽이고 다치게 한 죄에 대한 마음의 상처를 정신과치료와 상담을 통해서 치료받도록 배려해야 한다고 말한다.[159]

---

159) https://ko.wikipedia.org/wiki/%EC%86%8C%EB%85%84%EB%B3%91(검색일; 2018. 5. 21).

<블러드 다이아몬드>의 줄거리는 다음과 같다. 1999년, 세계 최고 품질의 다이아몬드 생산지인 시에라리온에서 내전이 다이아몬드 지역 지배를 두고 벌어졌다. 수천 명이 죽고 수만 명의 난민이 발생했다. 무기구입을 위해 밀수거래를 일삼던 용병, 대니 아처(Leonardo Dicaprio 분)는 다이아몬드 광산에서 강제노역을 하던 솔로몬(Djimon Hounsou 분)이 크고 희귀한 다이아몬드를 발견해 숨기고 있다는 사실을 알게 된다. 아처는 그 다이아몬드가 일생일대의 발견이라는 것과 폭력과 난동이 난무하는 아프리카에서 벗어날 기회를 줄 것임을 알고 다이아몬드를 손에 넣기 위해 그에게 접근한다. 그러나 이 다이아몬드는 솔로몬에게 소년병으로 끌려간 아들을 구하기 위한 목숨보다 소중한 것이었다. 다이아몬드를 숨긴 사실이 발각될 즉시 사살 당할 것을 알았지만 솔로몬은 이를 은폐한다. 매디 보웬(Jennifer Connelly 분)은 시에라리온에서 폭리를 취하는 다이아몬드 산업의 부패를 폭로하면서 분쟁 다이아몬드 이면에 숨겨진 진실을 밝히려고 하는 이상주의적 열혈 기자이다. 매디는 정보를 얻기 위해 아처를 찾지만 이내 그가 자신을 더 필요로 한다는 것을 알게 된다. 결국 아처는 매디의 도움으로 솔로몬과 함께 반란 세력의 영토를 통과하기로 결정한다. 아처는 죽음이 도사리고 있는 아프리카를 벗어나기 위해, 솔로몬은 가족을 위해, 매디는 진실을 위해... 그들의 운명을 건 위험한 모험이 시작된다.[160]

2003년 1월, 40개국이 분쟁 지역 다이아몬드의 유통을 방지하는 '킴벌리 협약'에 서명했다. 그러나 불법적인 다이아몬드는 아직도 시장을 가지고 있다. 이 문제는 블러드 다이아몬드가 아닌 "분쟁 없

---

160) https://movie.naver.com/movie/bi/mi/basic.nhn?code=62265(검색일: 2018. 5. 21).

는 다이아몬드"를 찾는/강조하는 소비자에 달려있다. 다이아몬드는 훨씬 어두운 면을 함축한다. "분쟁 다이아몬드"란 전쟁 중에 불법으로 채굴되어 밀수되는 다이아몬드를 지칭한다. 이로 인해 더 많은 무기를 사들일 수 있고 사상자는 늘어 가며 국가의 파괴가 촉진된다. 일부 수익으로도 엄청난 양의 무기들을 사들일 수 있다. 1990년대 후반, 여러 NGO기관이 이렇게 무기구입에 쓰이는 다이아몬드에 대한 대중의 자각을 일깨우기 위해 이름을 지었고, '블러드 다이아몬드'라고 부르기 시작했다.

엘살바도르 소년병을 그린 영화 <이노센트 보이스 Innocent Voices>(2004)에 출연하고 엠네스티 인터내셔널 USA(AIUSA)의 인권 교육 대사로 활동하는 Jennifer Connelly는 열정으로 가득 찬 겁없는 기자 역으로 더 없는 적역이었다. 뛰어난 지성은 뿜어내는 그녀는 자신이 맡은 역할의 모델이 될 만한 여성종군기자를 찾아 그들의 습관과 태도를 배웠다. 소년병은 내전 이전에도 시에라리온에 오랫동안 존재했다. 아직까지 소년병이 있다는 건 아이들이 적들에 맞서 얼마나 효과적인 군사력인지 깨달은 사람들이 있기 때문이다. 그들은 아이들의 마음을 망치고 끔찍한 일들을 어떻게 하는지 가르친다. 그러나 아이들에게 살인을 강요하고 영혼을 파괴하는 행위는 인간성에 대항하는 용서 받지 못 할 범죄이다.[161]

---

161) https://movie.naver.com/movie/bi/mi/basic.nhn?code=62265(검색일: 2018. 5. 21).

참고문헌

김용구. 1997. 『세계관 충돌의 국제정치학: 동양의 예와 서양의 공법』서울: 나남출판.

로버트 W. 그레그 저. 여문환·윤상용 역. 2007. 『영화 속의 국제정치』서울: 한울아카데미.

윤영철. 2015. 『국제정치학(상)』서울: 도서출판 배움.

이홍종. 2017. 『미국의 이해』부산: 부경대학교 출판부.

이홍종. 2017. "진정한 파워는 사람을 죽일 수 있는 것이 아니라, 사람을 용서하고 살릴 수 있는 것이다."『물처럼 바닷처럼』2017 통권 제11호, pp. 157-160.

이홍종. 2017. 『비교문화연구』부산: 부경대학교 출판부.

이홍종. 2018. 『영화 속의 국제관계』부산: 도서출판 누리.

이홍종·염동용. 2003. 『국제관계의 이해』부산: 부경대학교 출판부.

조지프 콘래드 저. 장왕록 역. 2012. 『암흑의 오지』서울: 큰글.

한스 모겐소 저. 이호재·엄태암 역. 2014. 『국가 간의 정치 1: 세계평화의 권력이론적 접근』서울: 김영사.

- 만 18세 미만인 미성년의 군인 또는 그들로 이루어진 군대는?

- 아프리카의 세계 최고 품질의 다이아몬드 생산지는?

- 2003년 1월, 40개국이 분쟁 지역 다이아몬드의 유통을 방지하는 (   )협약에 서명했다.

- 엘살바도르 소년병을 그린 2004년도 영화는?

11. "최악들 중 최선의 방법이죠.

This is the best bad idea we have,

Sir. By far."162)

　"유엔묘지"라고 일컫는 부산의 유엔평화공원에 가보면 미군의 묘지가 거의 없다. 이유는 영연방국가는 외국에 나가 자국 군인이 죽으면 그 나라에 묻히게 하는 것과 달리 미국은 자국 군인이 외국에서 죽으면163) 시신을 본국에 가지고 온다. 시신이 없으면 뼈라도 챙겨 온다. 미국은 죽은 사람도 이렇게 하지만 자국민이 외국에서 위험에 처해 있을 때 어떻게 해서라도 구출하려고 최선을 다 한다. 이 것을 잘 보여준 영화가 실화를 바탕으로 한 <아르고 Argo>(2012)이다. "모든 인질들은 무사히 구출되었고 이로써 국가로서의 자존심을 지킬 수 있었다."

　영화의 근간은 1979년에 일어난 '주이란 미국대사관 인질사건'이다. 대사관이 성난 시위대에게 점령당하자 6명의 직원들은 캐나다 대사관저로 피신한다. 캐나다 대사 켄 타일러가 위험을 무릅쓰고 이들을 보호했다. 그는 "폭력적으로 외교가 단절되어 날카로웠지만 우방으로서 친밀한 관계를 유지하고 또한 자신을 신뢰하는 미국의 일을 외면할 수 없었다"고 밝혔다. 1997년 클린턴 행정부 때 비밀문서가 공개되기까지는 CIA가 이토록 위험한 임무를 맡아 그들을 구출했는지는 알지 못했다.

　6명을 구하기 위해 다양한 작전들이 논의되던 중, CIA의 구출 전

---

162) 이홍종. 2017. 『미국의 이해』부산: 부경대학교 출판부, pp. 98-101.
163) 한국전쟁 때 미군이 약 3만7천명 죽었다.

문요원 토니 멘데스(Ben Affleck 분)가 투입된다. 자신의 아들이 보고 있던 영화 <혹성탈출>에서 힌트를 얻은 토니 멘데스는 <아르고>라는 제목의 가짜 SF 영화를 제작하는 영화사를 세워 인질을 구출하는 기상천외한 작전을 세운다. "이게 최선의 방법인가?" "최악들 중 최선의 방법이고죠." 긴급회의 끝에 캐나다 국회는 법률을 깨고 영화 스태프로 가장한 미국인들에게 가명으로 캐나다 여권을 발급해주었고 멘데스는 여권과 함께 적법한 이란 비자를 인쇄했다. 할리우드 제작자들과 협력해 시나리오를 만들고 배우를 캐스팅해 기자 회견까지 여는 치밀함으로 전 세계를 감쪽같이 속인 그는 로케이션 장소 헌팅이라는 명목으로 테헤란에 잠입한다.

<아르고>가 이야기하는 정의는 결국 자신의 이익을 추구하는 것이 아닌 남을 위하는 순수한 마음이다. 어려운 처지에 있는 이웃을 보고 안타까워하고 애통해하는 그 마음. 곧 그들을 배려하고, 그들을 위해 어떤 행동을 취하는 것이다. 아르고는 미국의 잘못도 이야기하고 있지만 이란을 바라보는 시각도 날카롭다. 이란은 극에 달한 반미감정으로 미국인과의 친분을 가진 동족들을 처형하기도 하고 실제로 크레인에 사람을 매달아 전시하기도 한다. 성난 이란 군중들은 미국인 자체를 몰아내기 위해 무서운 일들을 자행하지만 정작 이란사람들은 미국 회사인 'KFC'에서 식사를 즐기는 것이다. <아르고>는 또한 허리우드 영화산업을 풍자한다. 감독이나 주연 배우의 이름도 없는 가짜 영화의 포스터가 신문에 실리고 기자회견을 여는 등 실제로 제작되지 않을 뿐 할리우드 공식을 따름으로 관객에게 웃음을 선사한다.

참고문헌

김용구. 1997. 『세계관 충돌의 국제정치학: 동양의 예와 서양의 공법』서울: 나남출판.

로버트 W. 그레그 저. 여문환·윤상용 역. 2007. 『영화 속의 국제정치』서울: 한울아카데미.

윤영철. 2015. 『국제정치학(상)』서울: 도서출판 배움.

이홍종. 2017. 『미국의 이해』부산: 부경대학교 출판부.

이홍종. 2017. "진정한 파워는 사람을 죽일 수 있는 것이 아니라, 사람을 용서하고 살릴 수 있는 것이다." 『물처럼 바닷처럼』2017 통권 제11호, pp. 157-160.

이홍종. 2017. 『비교문화연구』부산: 부경대학교 출판부.

이홍종. 2018. 『영화 속의 국제관계』부산: 도서출판 누리.

이홍종·염동용. 2003. 『국제관계의 이해』부산: 부경대학교 출판부.

조지프 콘래드 저. 장왕록 역. 2012. 『암흑의 오지』서울: 큰글.

한스 모겐소 저. 이호재·엄태암 역. 2014. 『국가 간의 정치 1: 세계평화의 권력이론적 접근』서울: 김영사.

복 습

- "유엔묘지"라고 일컫는 부산의 유엔평화공원에 미군의 묘지가 거의 없는 이유는?

- 한국전쟁 때 사망한 미군은 몇 명?

- '주이란 미국대사관 인질사건'이 발생한 연도는?

12. "이 땅은 내꺼다. 이건 나의 숙명(destiny)이다."

- 〈영화〉 파 앤드 어웨이[164]

미국을 공부하는 과목 첫 시간에 추천하는 영화가 <파 앤드 어웨이 Far and Away>(1992)이다. 미국의 개척시대에 있었을 이야기를 통해 "사람들에게 불의란 무엇일까?" 또 "개인에게 자유란 무엇일까?" 등을 잘 보여준 사실주의적 영화이다.

아일랜드(Ireland)의 1892년은 소작농들에게 과중한 소작료와 철거 등을 일삼는 지주 계급에 대한 농부들의 불만이 점점 더해가던 때였다. 당시 아일랜드는 먹을 것이 없어 굶는 사람이 많았고 영국의 압제와 가난으로 비참하게 살았다. "기회의 땅" 미국은 유럽의 가난한 사람에게 많은 기회를 주었다. 미국의 가톨릭 신자는 많은 수가 아일랜드계인 것을 보면 많이들 미국에 갔던 것을 알 수 있다.

조셉 다넬리(Tom Cruise 분)는 소작농의 막내아들로 부친이 지주 때문에 죽게 된 거라고 믿으며 지주인 크리스티를 살해할 목적으로 길을 떠난다. 땅을 얻기 위한 조셉은 크리스티를 죽이러 갔다가 쉐넌(Nicole Kidman 분)을 만나고 둘은 멀고도 먼(far and away) 미국으로 건너간다. 미국에서 역경에 부딪혀도 둘의 사랑은 뜨거워져 간다. 결국 둘이 꿈꾸던 땅도 얻게 되고 땅보다 더 소중한 사랑을 서로 재확인하기에 이른다.

조셉은 자기들 것이 될 땅에 기를 꽂으면서 말한다. "이 땅은 내꺼다. 이건 나의 숙명(destiny)이다." 영화는 여기서 미국에 와서 미국을 지배하고 번창해야 하는 것은 하나님이 미국인들에게 주어진

---

164) 이홍종. 2017. 『미국의 이해』부산: 부경대학교 출판부, pp. 45-48.

명백한 기독교적인 사명이라는 것을 암시하고 있다. 더 나아가 전세계의 으뜸이 되고 전세계를 지도할... 미국의 저녁 메인뉴스는 "월드뉴스"이고 미국 프로야구 결승 시리즈는 "월드 시리즈"이다.

"미국은 돈 없으면 아무 소용없어"라는 대사에서 자본주의를 비판하는 듯이 보이지만 미국이라는 나라는 당시 천대 받던 아이리시(Irish) 소작농 아들도 땅을 가질 수 있고 성공할 수 있는 기회의 나라라는 점을 영화는 강조하고 있다. Americanism! 작품성이 좋은 영화를 오스카상이 선택하겠지만 선호하는 내용 중 하나도 Americanism[165]이다.

영화에선 미국인들이 땅 차지하는 것이 제일 흥미롭다. 말 타고

---

165) 미국은 이민의 나라이기 때문에 민족주의(nationalism)보다 아메리카니즘이라는 용어를 선호한다. 이민의 나라는 통합이라는 관점에서 긍정적으로 "melting pot" 그리고 부정적으로 "salad bar"로 표현된다. 킹(Martin Luther King, Jr.)목사의 제자인 잭슨(Jesse Jackson)목사는 백인에 대하여 유색인종은 "rainbow Coalition"을 형성하여야 한다고 주장한다. 아메리카니즘은 미국인이 자기 나라를 사랑하고 자기 나라의 이익을 중시하는 기질 및 태도을 말한다. 유럽과 아시아에 대한 미국인의 문화적 특징을 말하며 미국정신, American way of life라고도 한다. 미국역사의 특수성 때문에 아메리카니즘은 단순한 애국심 이상의 의미를 가지게 되었다. 첫째로 미국은 독립혁명에 의해 성립된 나라로 자유와 평등을 중심으로 하는 건국 정신이 계속 상기되어 왔다. 미국의 민주주의가 유럽의 정치 및 사회제도보다 우수하다고 강조되어 온 일이다. 이러한 것들을 유럽보다 먼저 신대륙에서 실험하여 성공하였고 이것이 하느님이 미국인들에게만 주어진 숙명(destiny)이다. 둘째로 미국인은 처음부터 미국인으로 태어나는 사람 말고도 이민과 그 자손이 많았다는 사실이다. 이민은 미국적 생활양식을 받아들여 미국정신을 받들지 않으면 안 된다. 이것이 바로 아메리카나이제이션(Americanization)이다. 아메리카니즘은 고립주의 또는 배타주의와 결부되는 경우도 있고, 한편 뉴잉글랜드 식민지를 건설한 청교도 이래의 사명감과 결부되어 팽창주의의 경향을 취할 경우도 있다. 이러한 맥락에서 레이건의 "Make America Great" 그리고 트럼프의 "Make America Great Again"을 이해할 수 있다. 아메리카니즘은 자주 아메리칸 드림(American Dream)의 의미로 사용된다. 아메리칸 드림은 미국적인 이상 사회를 이룩하려는 꿈을 뜻하는 말로 미국인이라면 대부분이 가지고 있는 공통된 소망으로 무계급 사회와 경제적 번영의 재현, 압제가 없는 자유로운 정치 체제의 영속되는 등의 개념을 포함한다. 미국에는 계급이나 계층이 없고 미국은 누구나 성공할 수 있는 "기회의 나라"이다.[1] 미국 이민의 역사를 되돌아보았을 때 미국에 가면 무슨 일을 하든 행복하게 잘살 수 있으리라는 생각 또한 아메리칸 드림에 해당한다. 아메리칸 드림은 단결된 미국을 만드는데 중요한 역할을 했다. 19세기 초부터 미국은 건국자들의 철학, 도덕적 사상을 바탕으로 자신들의 나라가 자유를 상징한다고 여겼고 또한 그렇게 되기 위해 많은 노력을 했다. 미국에서의 성공은 가족의 부나 정치적 관계 보다는 개인의 재능이나 열정으로 가능하다고 여겨져 왔다.[1] 미국의 자유주의와 개인주의는 개성과 창의력을 발전시키고 지금은 IT산업이나 융합적인 제4차산업혁명에 미국과 미국인들이 잘 적응하게 만들고 있다.
이홍종. 2017. 『미국의 이해』부산: 부경대학교 출판부, pp. 19-22.

제일 먼저 달려가 자기 깃발을 꽂으면 주인이 되니 그 후에 농사짓기는 힘들어도 얼마나 좋았을까? 오클라호마 등 중부의 오지는 그런 식으로 땅을 개발했다.

달리기를 할 때 먼저 출발한 사람을 여지없이 총으로 쏴 죽이는 장면이 필자는 가장 인상 깊었다. 방임할 정도를 자유를 누리지만 공공질서를 어길 때는 여차 없이 처벌하는 미국의 법질서를 보는 것 같았다. 미국에 유학 갔을 때 한국과는 달리 경찰이 캠퍼스 안에 들어와 있는 것을 보고 놀랐다. 1970년 5월 4일, 4명의 켄트주립대 학생이 시위 중 오하이오 주방위군의 총격으로 사망하는 사건을 같은 맥락에서 이해할 수가 있다. 이 영화를 보며 미국의 법과 질서를 지키는 문화, 법치주의 그리고 민주주의를 다시금 생각한다.

참고문헌

김용구. 1997. 『세계관 충돌의 국제정치학: 동양의 예와 서양의 공법』서울: 나남출판.

로버트 W. 그레그 저. 여문환·윤상용 역. 2007. 『영화 속의 국제정치』서울: 한울아카데미.

윤영철. 2015. 『국제정치학(상)』서울: 도서출판 배움.

이홍종. 2017. 『미국의 이해』부산: 부경대학교 출판부.

이홍종. 2017. "진정한 파워는 사람을 죽일 수 있는 것이 아니라, 사람을 용서하고 살릴 수 있는 것이다." 『물처럼 바닷처럼』2017 통권 제11호, pp. 157-160.

이홍종. 2017. 『비교문화연구』부산: 부경대학교 출판부.

이홍종. 2018. 『영화 속의 국제관계』부산: 도서출판 누리.

이홍종·염동용. 2003. 『국제관계의 이해』부산: 부경대학교 출판부.

조지프 콘래드 저. 장왕록 역. 2012. 『암흑의 오지』서울: 큰글.

한스 모겐소 저. 이호재·엄태암 역. 2014. 『국가 간의 정치 1: 세계평화의 권력이론적 접근』서울: 김영사.

- "이건 나의 숙명(destiny)이다."의 의미는?

- Americanism?

- 〈파 앤드 어웨이〉에서 남녀 주인공을 맡은 남녀 배우는?

13. 순수의 사랑도 짓밟았던 비극적인 미국의 자화상, 남북전쟁![166]

미국에 관한 수업시간에 남북전쟁(the American Civil War)[167]에 관해 꼭 추천해 주는 영화는 <콜드 마운틴 Cold Mountain>(2003), <링컨 Lincoln>(2012) 그리고 <노예 12년 12 Years a Slave>(2013) 등이다. <콜드 마운틴>은 남북전쟁을 남부의 입장에서 만든 영화이다. 물론 남부의 입장에서 만든 영화로 제일 유명한 영화는 <바람과 함께 사라지다 Gone with the Wind>(1939)가 있다. 이 두 영화 모두 여성학적 관점에서도 의의가 있다.

<콜드 마운틴>에서 생활력이 강한 루비(Renee Zellweger 분)를 만난 아이다(Nicole Kidman 분)는 이런 말을 한다. "난 꽃꽂이는 잘하지만 감자는 키울 줄도 모르고 자랐다." 아이다는 생활에 필요한

---

166) 이홍종. 2017. 『미국의 이해』부산: 부경대학교 출판부, pp. 49-53.

167) 미국이 한 나라로 유지하고 발전한 가장 큰 이유는 남북전쟁 극복으로 두 나라로 되는 것을 막았기 때문이다. 더불어 노예제도의 폐지일 것이다. 영화 <링컨 Lincoln>(2012)을 보면 링컨대통령이 노예제도 폐지를 위한 수정헌법 제13조 통과를 위해 얼마나 노력을 했는지를 알 수가 있다. 전쟁을 빨리 끝낼 수도 있는데 노예제도 폐지를 위해 링컨이 노력하는 모습이 감동적이었다. 1861년 부터 1865년 까지 4년에 걸친 격전 끝에 남부는 패하여 다시 연방으로 복귀하는 데 10여년이 걸렸다. 나라가 갈라져서 싸운다는 것은 확실히 비극이었으나 미국은 이 엄청난 시련을 이겨내고 국가적 단결을 한층 굳혔다. 남북전쟁의 원인은 복잡하고 그 배경도 광범위하다. 그러나 전쟁의 직접적인 동기는 주(州)가 연방으로부터 분리·탈퇴한다는 것이 헌법에서 인정되고 있는가의 여부에 관한 헌법해석의 문제였다. 이 밖에 이 문제를 유발시킨 노예제도 시비, 그리고 이와 관련된 동서남북 각 지역 간의 이해 대립 등 실로 많은 문제가 얽혀 전쟁의 원인을 이루었다. 19세기 중반 무렵 미국의 남과 북은 전혀 다른 나라처럼 운영되고 있었다. 북부는 공장 지대가 많아 산업이 발전했고 남부는 농장이 발달해 있었다. 남부에서는 플랜테이션이라는 농장에서 면화와 담배를 길렀는데, 재배할 때 손이 많이 가는 힘든 일이라 아프리카에서 끌고 온 노예가 꼭 필요했지만 북부는 상공업이 발달해서 자유로운 노동력이 필요했기 때문에 노예를 풀어주길 원했다. 그러던 중 1860년에 북부의 지지로 링컨이 대통령에 당선되자 결국 남부의 몇몇 주가 연방을 탈퇴하고 독립 국가를 건설하기로 다짐했다.1) 남부에서는 아프리카에서 흑인을 납치해 노예로 매매했고 북부는 노예 매매를 부정했다. 노예 제도에 반대하는 링컨은 1863년 약 300만 명 노예의 해방을 선언하고 '국민의, 국민에 의한, 국민을 위한 정치'를 주장하였다.
이홍종. 2017. 『미국의 이해』부산: 부경대학교 출판부, pp. 32-34.

필수적인 일이라곤 남의 도움이 없이는 하나도 할 줄 모르는 연약한 여성에서 전쟁과 궁핍이 지배하는 끔찍하고 처참한 환경 속에서 생존 방법을 터득해야만 되는 강인한 여성으로 변모한다. 절망 직전에 다다른 아이다를 구해주는 과정에서 루비는 오랫동안 갈구해왔던 인간과의 따뜻한 접촉과 가족 간의 화해의 소중함을 깨닫기 시작한다. 아이다와 루비 사이에서 맺어지는 여자들 사이의 진한 우정에 관한 주제도 흥미롭다. 남자 사이의 우정을 그린 버디(buddy)영화는 많이 보았지만…

노스캐롤라이나의 블루 릿지(Blue Ridge) 태생인 찰스 프레지어(Charles Frazier)의 데뷔 소설인 <콜드 마운틴>의 시대적 배경은 미국인의 삶에 있어서 가장 중요한 가족의 미덕이 무엇인지를 재발견하는 시대였다. 찰스 프레지어는 전해 내려온 남북전쟁의 이야기를 읽으면서 성장했다. 그는 또한 버지니아의 병원으로부터 약 300마일(480km)를 걸어서 고향에 실제로 돌아온 W. P. 인만(W. P. Inman)에 관한 이야기도 들었다. 소설 <콜드 마운틴>와 주드 로가 인만 역으로 열연한 영화 <콜드 마운틴> 모두 기만과 배반이 세상을 뒤덮은 혼란기를 배경으로 인간들의 삶이 어떻게 방향을 잃고 황폐해졌는가를 잘 묘사한 걸작이다. 과정과 결과가 그렇게 참혹한 전쟁을 하게 됐다고 기뻐하는 남부의 청년들을 보면서 필자는 베트남전을 그린 <디어 헌터 The Deer Hunter>(1978)가 생각났다. 비극으로 끝난 전쟁에 드디어 참전하게 되었다고 당시 기뻐하던 미국의 젊은이들…

링컨 대통령에 관한 영화들이 많지만 스필버그(Steven Spielberg) 감독의 <링컨>이 제일 감동적이다. 너무 길고 지루하다는 평을 받았지만 "현실은 훨씬 더 힘들고 지루하다." 뒤에 이야기할 <신데렐라

맨 Cinderella Man>(2005)도 마찬가지이다. 실화를 바탕으로 만들어졌기 때문이다. 필자가 감동깊게 읽은 책 『전태일 평전』(1983)은 픽션이라면 지루하지 않게 만들었겠지만 고생의 현실이 너무 힘들고 지루하기 때문에...

미국 역사상 가장 아픈 상처로 기억될 남북전쟁, 거기에는 노예제도가 있었다. 모든 인간은 자유로워야 한다고 믿는 링컨은 전쟁이 끝나는 순간 노예제 폐지 역시 물거품이 될 것이라 확신하고 전쟁 종결 이전에 헌법 13조 수정안을 통과시키려 한다. 그러나 수정안 통과까지 20표만을 남겨놓은 상황에서 남부군으로부터 평화제의가 들어온다. 전장에서 흘리게 될 수많은 젊은 장병들의 목숨! 그리고 앞으로 태어날 모든 인류의 자유! 링컨은 위대한 결단을 내리고 노예제도 폐지를 관철한다. 링컨 대통령의 가족, 정치 그리고 인간적인 고뇌들을 잘 보여준 영화다. 링컨의 사망을 확인한 후 의사가 그를 기리며 "대통령은 더 이상 안 계십니다. 이제 역사 속에 계십니다."

미국의 노예제도에 관한 영화들이 많지만 제일 감동 깊게 본 영화는 <노예 12년 12Years a Slave>(2013)이다. 1840년대 미국에서는 노예 수입이 금지되자 흑인 납치 사건이 만연하게 된다. 1841년 뉴욕, 자유로운 삶을 누리던 음악가 솔로몬 노섭(Chiwetel Ejiofor 분)은 갑자기 납치되어 노예로 팔려간다. 그가 도착한 곳은 노예주 중에서도 악명 높은 루이지애나였다. 신분을 증명할 방법이 없는 그에게 노예 신분과 '플랫'이라는 새 이름이 주어지고 12년의 시간 동안 두 명의 주인을 만나게 된다. <노예 12년>에는 주인공이 단 한 순간도 희망을 놓지 않았던 12년간의 기록이 펼쳐진다. "나는 7번을 도망쳤지만 7번 모두 주민의 신고로 노예주에게 붙잡혔다." 두 인생을 산 한 남자의 거짓말 같은 실화!

이 영화를 보면서 백인 주인의 성고문 등 온갖 핍박을 받는 팻시 (Lupita Nyong'o 분)가 주인공에게 "저는 용기가 없어 스스로가 죽을 수는 없습니다. 제발 저를 죽여주십시오! Please Kill me!"라고 할 때 필자는 가장 슬펐다.

참고문헌

김용구. 1997. 『세계관 충돌의 국제정치학: 동양의 예와 서양의 공법』서울: 나남출판.

로버트 W. 그레그 저. 여문환·윤상용 역. 2007. 『영화 속의 국제정치』서울: 한울아카데미.

윤영철. 2015. 『국제정치학(상)』서울: 도서출판 배움.

이홍종. 2017. 『미국의 이해』부산: 부경대학교 출판부.

이홍종. 2017. "진정한 파워는 사람을 죽일 수 있는 것이 아니라, 사람을 용서하고 살릴 수 있는 것이다." 『물처럼 바닷처럼』2017 통권 제11호, pp. 157-160.

이홍종. 2017. 『비교문화연구』부산: 부경대학교 출판부.

이홍종. 2018. 『영화 속의 국제관계』부산: 도서출판 누리.

이홍종·염동용. 2003. 『국제관계의 이해』부산: 부경대학교 출판부.

조지프 콘래드 저. 장왕록 역. 2012. 『암흑의 오지』서울: 큰글.

한스 모겐소 저. 이호재·엄태암 역. 2014. 『국가 간의 정치 1: 세계평화의 권력이론적 접근』서울: 김영사.

- 〈링컨 Lincoln〉(2012)을 연출한 감독은?

- 버디(buddy) 영화란?

- 소설 *Cold Mountain*의 저자는?

- 영화 〈링컨 Lincoln〉(2012)을 보면 링컨대통령이 노예제도 폐지를 위한 수정헌법
  제(   )조 통과를 위해 얼마나 노력을 했는지를 알 수가 있다.

14. "우리가 아무리 가난해도, 훔치는 것은 안 돼, 약속해. 훔치지 않겠다고. 그럼 나도 널 다른 집으로 보내지 않겠다고 약속할게"168)

미국 복싱 역사에서 라이트 헤비급 제임스 J. 브래독(James J. Braddock)의 삶은 감동적인 인간 승리의 결정체이다. 그의 삶을 바탕으로 만든 영화가 <신데렐라 맨 Cinderella Man>(2005)이다. 세계 대공황169) 시기, 전도유망했던 브래독(Russell Crowe 분)은 잇단 패

---

168) 이홍종. 2017. 『미국의 이해』부산: 부경대학교 출판부, pp. 54-57.

169) 사회현상에 대한 기본적인 이해를 기준으로 자유주의와 진보주의로 나눈다. 자유주의는 사회를 구성하고 있는 개인, 기업, 국가 등은 가만히 놔두면 "저절로" 안정과 균형을 이룬다고 보는 시각이다. 예를 들어, A라는 사람이 기막힌 제품을 만들어/찾아 팔면 B도 C도 마찬가지로 하기 때문에 셋의 부는 비슷해진다. A 국가가 힘이 커지면 B와 C 국가가 힘을 합쳐 견제하기 때문에 결국 세 나라의 힘이 비슷해진다는 생각이다. "저절로"가 A. Smith의 '보이지 않는 손'이다. 이것이 수요와 공급의 시장 기제(mechanism)이다. 이러한 시각에서 사유재산과 자유로운 경쟁을 강조한다. 이것이 '자본주의'이다. 진보주의는 반대로 사회를 구성하고 있는 개인, 기업, 국가 등이 가지고 있는 부(富)를 포함 power는 항상 하나나 둘에 집중된다고 보는 시각이다. 그래서 여기서는 불균형과 불평등을 고치기 위해 '보이는 손'(개입)이 필요하며 보고 시장이 아니고 국가의 역할이 강조된다. 불균형과 불평등이 있으면 안 되는 병원, 교육, 교통 등은 될 수 있으면 국가나 공공기관에 둔다는 것이 '사회주의'이고 이러한 불균형과 불평등을 처음부터 없애기 위해 공동 생산하고 공동 분배한다는 것이 '공산주의'이다. Max Weber에 의하면 자유주의와 진보주의는 이상형(ideal type)이고 현실은 그 중간의 혼합형(real type)으로 나타난다고 한다. 공산주의는 생산성과 탄력성에서 실패했지만 자본주의는 오히려 사회주의적인 요소를 받아들여 수정자본주의나 사회민주주의 등으로 변화하고 성공하였다. 자유주의와 진보주의는 정책적으로는 정부의 시장개입 여부/정도에 따라 시장경제와 계획경제로 나눌 수 있고 민주주의의 관점에서 자유민주주의, 사회민주주의, 인민민주주의 등으로 나눌 수 있다. 1929년 대공황이 덮친 미국의 농장에서 실제 벌어진 광경이다. 농장주들은 오렌지를 땅에 묻거나 석유를 없애느라 골치를 앓았다. 그 때 농장 밖에서는 영양실조에 걸린 사람들이 오렌지를 훔치다 경비원의 총에 맞기도 하였다. 이제 미국은 케인스의 말대로 자본주의의 틀을 바꾸어야만 하였다. 제1차세계대전 후 미국은 유럽 여러 나라에 돈을 빌려 주었고, 해마다 엄청난 무역 흑자를 올려 세계 최고의 경제력을 자랑하게 되었다. 기계는 쉬지 않고 움직였고, 공장에는 생산품이 쌓여만 갔다. 이런 호황에도 불구하고 노동자들의 임금은 크게 오르지 않았다. 따라서 소비는 점차 생산을 따라갈 수 없게 되었다. 재고가 쌓이자 기업들은 생산량을 줄였고, 일자리를 잃는 사람들이 늘어났다. 그러던 어느 날, 1929년 10월 24일 목요일 아침, 뉴욕 월스트리트 증권 거래소가 대혼란에 빠졌다. 주식 값이 최악의 수준으로 폭락한 것이다. '검은 목요일'로 불리게 된 이 날의 주가 폭락은 장밋빛 미래를 노래하던 세계를 순식간에 혼돈으로 몰아넣었다. 기업이 무너지자 실업이 늘고 소비가 줄어드는 악순환이 계속되었다. 미국과 세계 여러 지역이 경제적으로 긴밀하게 연결되어 있었기 때문에 경제 위기는 태평양과 대서양을 넘어 모든 자본주의 국가로 확산되었다. 세계대공황이 일어난 것이다. 상점과 공장에는 팔리지 않는 물건들이 잔뜩 쌓였는데, 거리에는 굶주린 사람들이 쓰레기통을 뒤지며 돌아다녔다. 실업자로

배와 부상으로 복싱을 포기하게 되고 아내(Renee Zellweger 분)와 아이들을 위해 각종 허드렛일을 하며 생계를 꾸려나간다. 스스로를 '헝그리 복서'라 칭하며 불황의 늪에서 허덕이던 미국인들에게 큰 희망을 선사한 브래독의 진실된 이야기는 전형적인 '아메리칸 드림' 이다. <신데렐라 맨>은 인간의 인내심과 사랑의 힘이 얼마만큼 위대해질 수 있는 지를 우리에게 보여준다.

1920년대 '재즈 에이지(The Jazz Age)'는 제1차 세계대전이 끝나고 번영을 축하하던 미국의 황금기였다. 또한 원초적이고도 원시적인 싸움으로 사람들의 상상력을 사로잡았던 복싱의 황금 시대였다. 당시 노동자 가정의 아이들과 마찬가지로 브래독은 복싱을 출세를 위한 티켓으로 생각했다. 복싱은 그의 유일한 특기였으며 한동안 그

전락한 가난한 노동자, 농민, 소시민들은 날마다 일자리를 요구하며 시위를 벌였다. 모두가 자유롭게 자신의 이익을 추구해도 '보이지 않는 손'의 조화로 모든 일이 잘 풀릴 것이라던 자유주의의 믿음은 이제 깨져 버렸다. '시장의 자유'를 절대시하는 자유방임적 자본주의가 파탄을 맞은 것이다. 1930년대 미국은 수요를 늘리기 위해 국가가 적극적으로 개입해야 한다고 주장한 영국의 경제학자 케인스(1883~1946)의 의견을 따라 수정자본주의를 시도하였다. 그래서 국가가 대규모 공공 사업을 벌여 일자리를 만들어 나갔다. 독점적인 기업 활동을 규제하는 법률을 강화하고, 정부가 나서서 임금 협상에도 관여하였다. 최저 임금 제도도 도입하였다. 이는 무분별한 과잉 생산을 막고, 수요를 늘리기 위해 노동자의 소득을 안정시키는 것이었다. 이 같은 정책을 추진하던 루스벨트 대통령은 사회주의자라는 공격에 시달렸지만, 수정 자본주의 정책을 지속적으로 펼쳐 나갔다. 미국 경제는 대공황의 늪에서 조금씩 빠져 나왔고 수정자본주의는 전 세계로 확산되었다. 수정자본주의는 독점, 공황 등 자본주의의 모순들을 국가의 개입 등에 의하여 완화함으로써 자본주의 사회의 발전과 영속을 도모하려는 정책이다. 현대의 대기업에서는 자본(소유)과 경영은 분리되어 종래와 같은 자본의 소유로 인해 소수자의 지배는 후퇴하고, 자본은 널리 대중이 소유하게 되며, 기업은 전문적 경영자의 사회적 책임 자각에 따라 주주·경영자·노동자의 협의에 의해 운영된다. 국가가 종래의 자유방임주의를 포기하고 초계급적 입장에서 적극적으로 투자활동이나 경제통제를 통해 자본주의의 결함을 제거하게 된다고 하는 생각과 누진과세와 사회보장제도에 의해 사회 여러 계층의 소득을 평준화함으로써 소득 불평등에서 발생하는 갖가지 모순이나 곤란을 제거하고 사회 전체의 유효수요를 증대하여 불황을 회피하려는 주장 등이다. 미국은 사회주의적인 정책들을 자본주의에 보완하여 수정자본주의를 만들었다. 그래서 대공황을 극복했기 때문에 "미국은 사회주의나 공산주의가 필요없다"고 한다. 그리고 미국은 누구에게나 기회가 주어지는 "계급 없는 사회"라고... 진보주의자들은 미국이 제2차 세계대전으로 대공황을 극복했다고 주장한다. 사실은 수정자본주의와 제2차세계대전, 둘 다에 의해서... 마르크시즘 보다 자본주의는 탄력성이 있다. 포퍼(Karl Popper)는 그의 저서 *Open Society and its Enemies*에서 우익독재든 좌익 독재든 닫힌 사회는 탄력성이 없어 망한다고 주장한다.
이홍종. 2017. 『미국의 이해』부산: 부경대학교 출판부, pp. 35-41.

의 실력은 유감없이 발휘되었지만 오른손의 잇단 부상으로 그의 권투 생활은 사양길에 접어들기 시작하였다.

미국 역시 마찬가지였다. 주식시장은 일반주의 액면가가 40 퍼센트나 하락하면서 붕괴되었으며 충격은 전국으로 확산되어 각계각층의 미국 가정은 저축 뿐 아니라 집, 농장, 그리고 비즈니스를 잃었다. 1932년까지 직장을 갖지 못한 미국인은 네 명 중 한 명으로 나타났다. 한때 일을 하던 가족들이 센트럴 파크에 마련된[170] 구세군 보호시설에 모습을 나타내면서 나라 전체가 충격으로 휘청거리고 있었다.

1934년 루즈벨트 대통령의 뉴딜 정책이 본격화 되자 브래독에게도 행운이 찾아왔다. 브래독은 모두가 그의 패배를 점친 존 "콘" 그리핀과 대전할 기회를 얻게 되었으며 부두에서 일하면서 단련된 왼손 덕택에 아무도 믿을 수 없었던 승리를 하게 되었다. 얼마 있지 않아 명예의 전당에 오른 라이트 헤비급 선수 존 헨리 루이스와의 10 라운드 경기에서 승리함으로써 그는 이전의 승리가 요행이 아니었음을 증명해 냈다.

벌어들인 돈으로 그가 맨 처음 한 일은 정부 공공구호 기관에 빚진 돈을 갚는 일이었다. 이 밖에 <신데렐라 맨>을 보면서 필자가 감동받은 것들은 어려운 환경에도 자식들과 떨어지지 않으려는 부성애, 먹을 것을 훔친 큰 아이를 데리고 돌려주려 가는 정직함, 인내심, 불굴의 의지 등이다. "우리가 아무리 가난해도, 훔치는 것은 안돼, 약속해. 훔치지 않겠다고. 그럼 나도 널 다른 집으로 보내지 않겠다고 약속할게" 인생을 포기하고 좌절하려는 사람들이 그들의 영웅, 브래독에게서 영감을 찾았다. 그는 진정으로 "신데렐라 맨"이다.

---

170) 필자도 이 영화를 보고 이 사실을 처음 알고 놀랐다.

참고문헌

김용구. 1997. 『세계관 충돌의 국제정치학: 동양의 예와 서양의 공법』 서울: 나남출판.

로버트 W. 그레그 저. 여문환·윤상용 역. 2007. 『영화 속의 국제정치』 서울: 한올아카데미.

윤영철. 2015. 『국제정치학(상)』 서울: 도서출판 배움.

이홍종. 2017. 『미국의 이해』 부산: 부경대학교 출판부.

이홍종. 2017. "진정한 파워는 사람을 죽일 수 있는 것이 아니라, 사람을 용서하고 살릴 수 있는 것이다." 『물처럼 바닷처럼』 2017 통권 제11호, pp. 157-160.

이홍종. 2017. 『비교문화연구』 부산: 부경대학교 출판부.

이홍종. 2018. 『영화 속의 국제관계』 부산: 도서출판 누리.

이홍종·염동용. 2003. 『국제관계의 이해』 부산: 부경대학교 출판부.

조지프 콘래드 저. 장왕록 역. 2012. 『암흑의 오지』 서울: 큰글.

한스 모겐소 저. 이호재·엄태암 역. 2014. 『국가 간의 정치 1: 세계평화의 권력이론적 접근』 서울: 김영사.

복 습

- 영화 〈신데렐라 맨 Cinderella Man〉(2005)은 권투선수 누구의 삶을 바탕으로 만든 영화인가?

- 자유주의와 진보주의의 차이?

- Open Society and its Enemies의 저자는?

- 1920년대 제1차 세계대전이 끝나고 번영을 축하하던 미국의 황금기를 무엇이라고 하나?

- 뉴딜 정책을 시행한 미국 대통령은?

- 자유주의와 진보주의는 이상형(ideal type)이고 현실은 그 중간의 혼합형(real type)으로 나타난다고 한 학자는?

- 수정자본주의를 주장한 영국의 경제학자는?

15. "나 같은 쓰레기의 자유가 보장되면 모든 사람들의 자유 또한 보장될 수 있다."171)

　　<래리 플린트 The People vs. Larry Flynt>(1996)는 포르노 잡지 <허슬러 Hustler>를 창간한 플린트(Larry Flynt)의 일대기를 그리면서 표현의 자유를 보장하는 미국 수정헌법 제1조172)의 중요성과 가

---

171) 이홍종. 2017. 『미국의 이해』부산: 부경대학교 출판부, pp. 58-61.

172) 미국 헌법은 지난 2백 년 이상 미합중국 헌법은 정치 제도의 발전을 이끌었으며 정치적 안정과 개인의 자유, 경제 성장, 사회 진보를 위한 기반을 제공해주었다. 수정헌법이라고 하여 보완하는 조항을 추가했지만 헌법 자체는 한 번도 개정하지 않았다. 미국 헌법은 세계에서 가장 오래된 성문 헌법으로서 세계 여러 나라 헌법의 본보기가 되어왔다. 미국 헌법이 안정적인 효력을 지닐 수 있었던 것은 영미법 특성인 간결성과 유연성 덕분이었다. 미국이 이러한 간결성을 잘 이용한 탄력성과 유연성으로 한 나라로 유지하고 발전시켰지만 거꾸로 잘못했으면 간결성은 혼란을 가져올 수 있었다. 헌법 제정 과정은 결코 평탄하지만은 않았다. 미국의 13개 영국 식민지들은 1776년에 영국으로부터 독립을 선언했다.1) 1775년, 미국 식민지들과 영국 사이에 전쟁이 발발했으며 독립을 쟁취하기 위한 그 치열한 전쟁은 6년 동안이나 계속되었다. 식민지들은 전쟁의 와중에서도 그들을 하나의 국가로 결속시킬 수 있는 협정을 기초했다. '연합규약(the Articles of Confederation)과 영속적인 연합'으로 명명된 협정은 1777년 미 의회에서 채택되었으며, 1778년 7월에 공식 인준을 받았다. 이후 1781년 3월, 미국의 13번째 주인 메릴랜드에 의해 비준되면서 구속력을 지니게 되었다. 연합규약은 주들 간의 느슨한 연대를 강구했으며 연방정부에 극히 제한적인 권한을 부여했다. 이 점이 연합(confederation)이 연방(federation)과 다른 점이다. 연방정부는 방위, 재정, 무역과 같은 중요한 사안에 대해서는 주 의회의 결정을 따라야 했다. 연방정부는 바로 뚜렷한 약화 조짐을 드러내게 되었으며 새 나라는 정치적·경제적 혼란에 빠져들고 말았다. 1787년 2월, 공화국의 입법기관이었던 대륙회의가 연합규약 수정을 위해 각 주의 대표자들을 펜실베이니아 주 필라델피아로 소집하였다. 1787년 5월 25일, 독립기념관에서 헌법제정회의가 개최되었다. 각 주 대표자들에게는 연합규약 수정이라는 권한만이 주어졌을 뿐이었지만 그들은 완전히 새롭고 보다 집중화된 정부 형태를 갖추기 위한 헌장 수립까지 나아갔다. 그 결과 1787년 9월 17일, 완전히 새로운 헌법 초안이 완성되었고, 1789년 3월 4일 그 헌법이 공식적으로 채택되기에 이르렀다. 헌법을 기초한 55명의 대표자들은 건국의 아버지들(founding fathers)로 구성되어 있었다. '연합규약' 하에서는 각 주정부나 연방정부는 거의 아무 것도 할 수가 없었다. 새 헌법에서는 연방정부가 독자적으로 법을 제정하고 집행하며 필요시 공권력(군대, 경찰, 감옥 등)으로 이를 강제할 수 있는 제도적 장치가 마련되었다. 연방정부에서 제정된 법은 이제 명실상부한 최고법으로, 주정부는 무조건 이를 따라야만 하는 것이다. 그러나 헌법과 연방 법률이 국가의 최고법이라고 해서 모든 문제에 연방정부가 전권을 갖지는 않는다. 연방정부가 권한을 행사할 수 있는 분야는 몇 가지로 제한되어 있으며, 그밖에 "헌법에 명시적으로 연방정부에 부여되지 않은 권한, 그리고 명시적으로 주정부에 대하여 금지하지 않은 권한"은 전적으로 주정부에 속하도록 했다. 주정부는 주정부의 운영, 기업설립 허가, 종교와 교육의 문제, 국민의 건강 안전 복지에 관한 문제에서 완전히 독립적인 권한을 가지며, 조세권도 원칙적으로 주정부에 위임되었다. 연방정부는 기본적으로 선전포고권과 외교권을 가지며, 여기에 제한된 범위에서의 조세권, 지방군대에 대한 일반적 감찰권이 추가되었다. 또한 이민을 허가하고 대외무역과 국내무역을 규제할 수 있는 권한도 연방정부에 귀속되었다. 결국 새 헌법은 연방정부의 권한을 강화하되 동시에 주정부의 독립성도 보장함으로써 양자간에 힘의 견제와 균형이 이루어지도록 했다. 연방(federation)을 주장하는

치를 생각하게 하는 영화다. 미국을 떠들썩하게 했던 플린트(Woody Harrelson 분)의 기나긴 법정 투쟁사는 보수주의자들이 고소한 '음란물 간행 및 배포죄'로 시작된다. 1977년 신시내티 경찰에 체포된 플린트는 평생의 파트너가 될 27살의 변호사 앨런 아이삭맨(Edward Norton 분)을 만난다. 아이삭맨은 "많은 사람들이 그렇듯이 나 역시 <허슬러>를 좋아하지 않는다. 그러나 표현의 자유는 보장되어야 한다"고 말한다. 수정헌법 제1조는 종교 활동을 방해하거나, 언론과 출판의 자유를 막거나, 집회의 자유를 방해하거나 정부에 대한 탄원의 권리를 막는 어떠한 법 제정도 금지하는 미국 헌법 수정안이다.

오하이오173) 주법원은 플린트에게 25년형을 내리며 성인잡지에 대한 편견과 보수성을 노골적으로 보여준다. 5개월이 지난 뒤 항소심에서 무죄 판결을 받은 플린트는 언론 자유 운동의 투사의 이미지를 얻게 된다. 한 집회에서 선 그는 "살인은 불법인데 그것을 보도하면 특종이 된다. 섹스는 합법인데 그것을 보여주면 불법이 된다.

연방주의자와 연합(confederation)을 주장하는 반연방주의자, 강력한 중앙정부를 주장하는 연방주의자와 주정부와 개인의 권리를 강조하는 반연방주의자, 이 두 그룹은 연방주의로 헌법을 만들기로 하고 바로 수정헌법 1조부터 10조까지 반연방주의자가 주장하는 내용을 추가하여 대타협을 이룬다. 그리고 모두가 동의하는 조지 워싱턴을 초대 대통령으로 하고 연방주의자들 뿐 아니라 토마스 제퍼슨 같은 반연방주의자가 교대로 대통령을 하는 대화합을 하는 것이야말로 미국이 건국 초기에 둘로 나누어지지 않고 하나로 번영하게 되는 큰 사건들이다. 미국의 헌법과 관련하여 삼권분립제도에 대해 분명히 할 필요가 없다. 한국에서는 입법부, 행정부, 그리고 사법부 간의 완전 분리, 권한 침해 금지 등으로 이해되고 있으나 미국에서는 '견제와 균형'(balances and checks)로 설명된다. 제헌회의에서 만들어진 미국의 헌법은 '미국식 민주주의'로 일컬어지는 독특한 정치제도를 구현하고 있으며, 그 근본 원리는 '견제와 균형'이라는 말로 요약될 수 있다. 이 원리는 미국에서 주정부와 중앙정부 사이, 상원과 하원 사이에서도 적용된다. 미국의 헌법을 설명하면서 수정헌법 제1조-제10조, 특히 제1조를 자세히 언급할 필요가 있다. 수정헌법 제1조-제10조는 흔히 '권리장전(Bill of Rights)'으로 불리며 1791년부터 효력을 발생하였다. 강력한 중앙정부를 주장하는 연방주의자와 주정부와 개인의 권리를 강조하는 반연방주의자, 이 두 그룹은 연방주의로 헌법을 만들기로 하고 바로 수정헌법 1조부터 10조까지 반연방주의자가 주장하는 내용을 추가하여 대타협을 이룬다. 수정헌법 제1조는 보통 '언론의 자유와 출판의 자유'조항이라고 한다. 수정헌법 제1조의 중요성을 잘 보여준 영화는 <래리 플린트 The People vs. Larry Flynt>(1996)이다. 이홍종. 2017. 『미국의 이해』부산: 부경대학교 출판부, pp. 23-29.

173) 필자가 10년 이상 유학했던 오하이오 주는 hard liquor(맥주나 와인 보다 독한 술)를 주정부에서 직접 제한된 시간에만 파는 전형적인 보수적인 주(州)다.

이건 무척 아이러니한 일"이라고 연설한다.

미국 국민들로부터 많은 신임을 받는 제리 포웰(Richard Paul 분)이라는 원리주의 계열 기독교 목사가 어린 시절 엄마와 근친상간했다는 내용의 풍자만화 광고가 <허슬러>에 실린다. 제리 포웰은 플린트를 상대로 명예훼손죄로 고소하고 손해배상 소송을 제기한다. 그러나 법원은 "수정헌법 제1조와 제14조는 공무원이나 공적 인물이 자신을 풍자하는 만화 광고를 이유로 불법 행위의 책임을 부과하는 것을 인정하지 않는다"라며 플린트의 손을 들어주었다.

영화의 배경인 1970년대 중반의 미국은 1960년대에 불어 닥친 반전운동, 학생운동, 인권운동, 여성운동 등 기존의 권위에 도전하는 진보의 바람이 확산되고 있었다. 플린트가 주장하는 언론의 자유가 미국 전역에 큰 반향을 일으킬 수 있었던 것도 그런 이유 때문이다.

<래리 플린트>는 필자가 본 영화들 중 가장 충격적이면서 또한 가장 감동적인 영화다. 마약, 섹스, poligamy, 근친상간풍자[174] 등 충격의 연속이었고 그럼에도 불구하고 언론의 자유, 표현의 자유를 미국의 가장 높은 가치로... "수정헌법 제1조 덕분에 미국에 공산주의가 없다"라는 주장도 있지만 여하튼 언론과 표현의 자유가 미국 발전의 원동력임에는 틀림이 없다.

---

174) <허슬러>의 풍자 중 <오즈의 마법사 The Wizard of OZ>(1939)의 여주인공 도로시가 틴맨과 성관계를 하는 것도 있다. <오즈의 마법사>는 1930년대 대공황 때 미국 국민들에게 희망을 준 영화다.

참고문헌

김용구. 1997. 『세계관 충돌의 국제정치학: 동양의 예와 서양의 공법』서울: 나남출판.

로버트 W. 그레그 저. 여문환·윤상용 역. 2007. 『영화 속의 국제정치』서울: 한울아카데미.

윤영철. 2015. 『국제정치학(상)』서울: 도서출판 배움.

이홍종. 2017. 『미국의 이해』부산: 부경대학교 출판부.

이홍종. 2017. "진정한 파워는 사람을 죽일 수 있는 것이 아니라, 사람을 용서하고 살릴 수 있는 것이다." 『물처럼 바닷처럼』2017 통권 제11호, pp. 157-160.

이홍종. 2017. 『비교문화연구』부산: 부경대학교 출판부.

이홍종. 2018. 『영화 속의 국제관계』부산: 도서출판 누리.

이홍종·염동용. 2003. 『국제관계의 이해』부산: 부경대학교 출판부.

조지프 콘래드 저. 장왕록 역. 2012. 『암흑의 오지』서울: 큰글.

한스 모겐소 저. 이호재·엄태암 역. 2014. 『국가 간의 정치 1: 세계평화의 권력이론적 접근』서울: 김영사.

– 포르노 잡지 〈허슬러 Hustler〉를 창간한 플린트(Larry Flynt)의 일대기를 그리면서 표현의 자유를 보장하는 미국 수정헌법 제1조의 중요성과 가치를 생각하게 하는 영화는?

– 수정헌법 제1조–제10조는 흔히 '(   )'으로 불리며 1791년부터 효력을 발생하였다. 강력한 중앙정부를 주장하는 연방주의자와 주정부와 개인의 권리를 강조하는 반연방주의자, 이 두 그룹은 연방주의로 헌법을 만들기로 하고 바로 수정헌법 1조부터 10조까지 반연방주의자가 주장하는 내용을 추가하여 대타협을 이룬다.

– 〈오즈의 마법사 The Wizard of OZ〉는 대공황 때 미국 국민들에게 희망을 준 영화다. 제작연도는?

16. 오기가미 나오코 감독의 영화와 행복[175]

영화 <토일렛>(2010)은 행복에 있어서 긍정적인 마인드가 중요하고 "모든 것이 마음먹기 나름"이라는 점을 재미있게 잘 보여 주고 있다. 주인공 레이는 어머니의 갑작스런 죽음으로 자신의 삶에 침투해버린 세 명의 사람들과 고양이 한 마리에 대해 불만이 쌓여간다. 모두 자신이 돌보지 않으면 안 될 그런 존재들이고 시시때때로 울려 퍼지는 이들의 도움을 요청하는 전화벨 소리에 노이로제에 걸릴 것만 같다.

그러나 진실은 레이가 이들을 돌본 것이 아니고 지금까지 레이 자신이 돌봄의 대상이었다는 사실을 알게 된다. 레이가 어렸을 때 입양된 사실을 레이 자신만 모르고 있었던 것이다. 절망한 레이는 유일한 동료에게 이 사실을 털어놓지만 그 인도계 동료는 시니컬하게 반응한다. "그래서? 그게 그렇게 중요해? 그렇다고 해도 지금까지 잘 살아왔잖아" 이러한 느낌이 바로 나오코 감독이 바라보는 인생과 행복이 아닐까? 여기에는 단지 혈육으로 만들어진 가족의 한계를 넘어서는 확장된 가족에 대한 따뜻한 시선이 엿보인다. 이러한 대꾸를 한 동료가 인도계라는 점도 상징적인 것 같았다.

나오코 감독의 다른 작품들로는 <요시노 이발관>(2004), <카모메 식당>(2006), <안경>(2007), <고양이를 빌려드립니다>(2012) 등이 있다. 모두 소소한 일상 속에 숨겨진 삶의 의미와 따뜻한 감동을 절제된 구성 속에서 감독 특유의 유머러스함과 투명한 감성으로 녹여 내는 '오기가미 표' 영화들이다. 원했든 원치 않았든 한 공동체에 속

---

175) 이홍종. 2015. "오기가미 나오코 감독의 영화와 행복" <선진화 포커스> 239호(2015. 3. 19)

하게 된 또는 우연히 함께 지내게 된 사람들의 인연이 만들어가는 성장과 변화의 과정들을 세밀하게 잘 그려내고 있다.

그러나 이 영화들 중에 <안경>은 특이한 메시지를 전해 주고 있다. 우리가 행복해지기 위해서는 정신문화 보다는 물질문화에 치우쳐 있는 것을 역전시켜야 하지만 그러나 부(富), 물질 등을 완전히 무시하거나 소홀히 하면 안 된다. <안경>은 자본주의의 비판으로서 사회주의가 대안이 될 수 없다는 것을 재미있게 보여 주고 있다. 사회주의 보다는 지속가능한 발전을 좋은 대안으로 은연 중 제시하고 있다.

참고문헌

김용구. 1997. 『세계관 충돌의 국제정치학: 동양의 예와 서양의 공법』서울: 나남출판.

로버트 W. 그레그 저. 여문환·윤상용 역. 2007. 『영화 속의 국제정치』서울: 한울아카데미.

윤영철. 2015. 『국제정치학(상)』서울: 도서출판 배움.

이홍종. 2015. "오기가미 나오코 감독의 영화와 행복" <선진화 포커스> 239호(2015. 3. 19).

이홍종. 2017. 『미국의 이해』부산: 부경대학교 출판부.

이홍종. 2017. "진정한 파워는 사람을 죽일 수 있는 것이 아니라, 사람을 용서하고 살릴 수 있는 것이다."『물처럼 바닷처럼』2017 통권 제11호, pp. 157-160.

이홍종. 2017. 『비교문화연구』부산: 부경대학교 출판부.

이홍종. 2018. 『영화 속의 국제관계』부산: 도서출판 누리.

이홍종·염동용. 2003. 『국제관계의 이해』부산: 부경대학교 출판부.

조지프 콘래드 저. 장왕록 역. 2012. 『암흑의 오지』서울: 큰글.

한스 모겐소 저. 이호재·엄태암 역. 2014. 『국가 간의 정치 1: 세계평화의 권력이론적 접근』서울: 김영사.

- 오기가미 나오코 감독의 2010년 작품으로 행복에 있어서 긍정적인 마인드가 중요하고 "모든 것이 마음먹기 나름"이라는 점을 재미있게 잘 보여 주는 영화는?

- 오기가미 나오코 감독의 첫 장편영화는?

- 나오코 감독의 영화들 중에 (   )은 특이한 메시지를 전해 주고 있다. 우리가 행복해지기 위해서는 정신문화 보다는 물질문화에 치우쳐 있는 것을 역전시켜야 하지만 그러나 부(富), 물질 등을 완전히 무시하거나 소홀히 하면 안 된다. (   )은 자본주의의 비판으로서 사회주의가 대안이 될 수 없다는 것을 재미있게 보여 주고 있다. 사회주의 보다는 지속가능한 발전을 좋은 대안으로 은연 중 제시하고 있다.

17. "사람이 죽으면 사랑도 죽나요?"

- 〈영화〉 세상의 중심에서 사랑을 외치다[176)

"네가 세상에 태어난 후 내가 없었던 적은 1초도 없었어…" "내가 없어져도 너의 세계는 계속 이어지겠지…" 보고 싶었던 일본 영화 <세상의 중심에서 사랑을 외치다>(2004)를 최근에 EBS에서 보았다. "사람이 죽으면 사랑도 죽나요?" 이 대사에 대한 이 영화의 답은? "사람이 죽어도 사랑은 죽지 않습니다."

<세상의 중심에서 사랑을 외치다>는 17세 소년의 순애보적 첫사랑을 그린 영화다. 카타야마 쿄이치의 동명 소설 『세상의 중심에서 사랑을 외치다』가 원작으로 영화에서는 성인이 된 사쿠타로(오사와 타카오 분)의 관점에서 이야기가 그려져 고향을 여행하면서 과거와 현재를 넘나드는 스토리로 개편되었다.

영화 <세상의 중심에서 사랑을 외치다>는 어린 시절 순수한 사랑을 성인이 되어서 그렇게 잊어 버렸는지? 어린 시절 수줍게 했던 고백도 처음 손잡았던 날들, 순수한 어린 시절의 첫사랑을 떠올리게 해주는 영화다. 이 영화는 "우리가 가질 수 있는 행복에서 사랑이 얼마나 중요한가?"를 잘 보여주는 드라마이다.

필자는 <세상의 중심에서 사랑을 외치다>를 보면서 한국과 일본의 문화 차이를 다시금 생각하였다. 일본인들의 삶의 방식, 사랑의 방식 등… 일본인들은 왜 한류에 열광하는가? 일본은 왜 배용준에 열광하여 "욘사마"라는 최고의 호칭을 주었는가? '～사마'란 일본에서 왕족

---

176) 이홍종. 2017. ".사람이 죽으면 사랑도 죽나요?" - <영화> 세상의 중심에서 사랑을 외치다 - "<해운대라이프 440호(2017. 3. 14)

과 같이 고귀한 신분이나 존경받는 사람 뒤에 붙이는 칭호다.

일본인들은 왜 한류에 열광하는가? 일본 사회 내부의 다양한 갈등들, 성별 정체성이나 세대 간 의사소통의 불가능성 등을 가장 잘 포장해 내는 한국 대중문화의 '능력' 덕분이다. 심지어 '한국에 이민가고 싶다'는 50대 주부들이 나오고 있는 정도이다. 한국의 남성 배우들은 일본인에게 없는 러브파워를 갖고 있다. 예의바르면서도 여성을 즐겁게 하는 테크닉이 뛰어나다.

일본인들을 가장 사로잡는 한국적 가치는 정(情)이며 바로 일본도 '정을 그리워하는 사회'에 접어들었기 때문에 '한류 열풍'이 일어났다. 일본인들도 자녀나 부부간의 속정은 깊지만 겉으로 표현하지 않는 문화적 전통을 이어온 데다 자녀들이 20세가 되면 대부분 부모와 따로 살기 때문에 직접적인 애정 표현이 듬뿍 녹아 있는 한국 드라마를 보고 충격을 받았다. 일본은 한국 이상으로 가부장제가 강하다. 그리고 속정을 겉으로 표현하지 않는 전통도 있어 퇴근한 남편들은 대개 무표정하다. 일본인들의 표현은 한국인처럼 직설적이지도 않고 우회적이다. 특히 중년 일본 주부들은 고도 성장기에 직장 일에만 묻혀 산 남편과 무미건조한 가정생활을 해 왔다.

한국 드라마는 소재의 특징이라고 할 수 있는 인간의 기본적인 감정을 건드리는 부분이 많아서 서로에게 피해를 끼치지 않으려고 주의하면서 '친절하게' 살아가는 일본인들의 잠자고 있던 감성을 자극하고 있다. 일본 문화의 특징은 나약하고, 음울하면서도 '쿨'하다. 한국 문화는 과거 일본의 활력을 추억처럼 떠올리게 한다. "풋, 이런 세상 따위……" 같은 말을 뇌까리는 일본의 청춘들과는 달리 드라마 속의 한국 청년들은 사랑 때문에 울고불고 쟁취하며 복수한다.

필자는 영화 <세상의 중심에서 사랑을 외치다>를 보면서 "우리가 가질 수 있는 행복에서 사랑이 얼마나 중요한가?"를 생각하였다. 그리고 이 영화로 한국과 일본의 문화를 비교하게 되었고 한류에 대해 다시금 생각하게 되었다.

참고문헌

김용구. 1997. 『세계관 충돌의 국제정치학: 동양의 예와 서양의 공법』서울: 나남출판.

로버트 W. 그레그 저. 여문환·윤상용 역. 2007. 『영화 속의 국제정치』서울: 한울아카데미.

윤영철. 2015. 『국제정치학(상)』서울: 도서출판 배움.

이홍종. 2015. "오기가미 나오코 감독의 영화와 행복" <선진화 포커스> 239호(2015. 3. 19).

이홍종. 2017. 『미국의 이해』부산: 부경대학교 출판부.

이홍종. 2017. "진정한 파워는 사람을 죽일 수 있는 것이 아니라, 사람을 용서하고 살릴 수 있는 것이다."『물처럼 바닷처럼』2017 통권 제11호, pp. 157-160.

이홍종. 2017. 『비교문화연구』부산: 부경대학교 출판부.

이홍종. 2018. 『영화 속의 국제관계』부산: 도서출판 누리.

이홍종·염동용. 2003. 『국제관계의 이해』부산: 부경대학교 출판부.

조지프 콘래드 저. 장왕록 역. 2012. 『암흑의 오지』서울: 큰글.

한스 모겐소 저. 이호재·엄태암 역. 2014. 『국가 간의 정치 1: 세계평화의 권력이론적 접근』서울: 김영사.

- (   )는 17세 소년의 순애보적 첫사랑을 그린 영화다. 카타야마 쿄이치의 동명
  소설이 원작으로 영화에서는 성인이 된 사쿠타로(오사와 타카오 분)의 관점에서 이야기가
  그려져 고향을 여행하면서 과거와 현재를 넘나드는 스토리로 개편되었다.

- 일본은 왜 (   )에 열광하여 "욘사마"라는 최고의 호칭을 주었는가? '～사마'란
  일본에서 왕족과 같이 고귀한 신분이나 존경받는 사람 뒤에 붙이는 칭호다.

18. 위기 시에도 쉽게 흥분하지 않는 리더![177]

몇 년 전 KTX를 빨리 타려고 본의 아니게 영화 <드래프트 데이 Draft Day>(2014) 보았다. 미식축구 영화로 올리버 스톤 감독의 <애니 기븐 선데이 Any Given Sunday>(1999)을 본 적이 있지만 미식축구 영화, 그것도 '드래프트 데이'(팀의 운명을 결정할 신인 선수 선발전) 하루를 그린 영화가 미식축구를 잘 모르는 한국에서 흥행할까 의심했다. 그러나 현대 오락영화의 특징인 반전도 있고 기대보다 재미있었다.

미국만의 최대 스포츠, 미식축구의 빅 이벤트인 드래프트 데이을 앞두고 있는 클리브랜드 브라운스 단장 써니(케빈 코스트너 역)는 우여곡절 끝에 획득한 1순위 지명권을 두고 깊은 고민에 빠진다. 당연히 가장 큰 주목을 끌면서 1순위로 지명된다면 그 해의 드래프트에서 최고의 실력을 가진 선수라는 걸 증명하는 것이다. 그렇다고 이것이 곧장 프로에서의 진짜 실력으로 이어지는 건 아니다.

수많은 구단과 선수, 팬들의 시선이 모두 집중된 운명의 날! 최고의 선수를 차지하기 위한 끊임없는 물밑작업과 치열한 심리전 속에서 갈등하던 써니는 누구도 예상치 못한 과감한 승부수를 던져 숨막히는 심리전을 이기고 짜릿한 승리를 거둔다.

써니가 누구나 예상한 위스콘신대 쿼터백 보 칼라한을 제1라운드에서 마지막 순간에 포기한 이유는 첫째 팀에 친한 친구 한 명 없을 만큼 평판이 나쁜 선수를 들이는 것은 써니 자신이 용납할 수 없기 때문이다. 스포츠 팀 뿐 아니라 모든 조직에서 조화를 고려한 인사

---

177) 『해운대라이프』 425호(2016. 7. 15)

는 얼마나 중요한가를 잘 보여 주고 있다. 둘째는 첫째 이유와도 연결되지만 보 칼라한이 "기억이 안 난다"고 하는 등 믿을 수 없다는 점이다.

세 번째 이유는 보 칼라한이 위기 시 쉽게 흥분된다는 점이다. 영화에서 전설적인 샌프란시스코 포티나이너스 쿼터백 조 몬타나가 비교되어 설명된다. 1989년 슈퍼볼에서 시간이 별로 없는데 신시내티 벵갈스에서 지고 있고 마지막으로 어려운 터치다운을 해야 역전을 할 수 있는 위기에 조 몬타나는 갑자기 주위의 선수들에게 "관중석에 배우 OOO 와 있던데 봤니?"하면서 긴장을 풀어 주면서 극적인 터치다운을 성공시키고 대역전!

보 칼라한은 운동선수로서 뛰어나다. 그러나 쉽게 흥분하고 거짓말 밥 먹듯이 하고 인간관계 안 좋은 그를 영화에서 보면서 자꾸만 한국 정치, 정치인들이 생각났다. 18년 만에 노동당 정권을 되찾은 토니 블레어 전 영국 총리는 자서전에서 "나라를 바꾸는 것보다 당을 바꾸는 것이 더 어려웠다"고 토로했다.

참고문헌

김용구. 1997. 『세계관 충돌의 국제정치학: 동양의 예와 서양의 공법』서울: 나남출판.

로버트 W. 그레그 저. 여문환·윤상용 역. 2007. 『영화 속의 국제정치』서울: 한울아카데미.

윤영철. 2015. 『국제정치학(상)』서울: 도서출판 배움.

이홍종. 2015. "오기가미 나오코 감독의 영화와 행복" <선진화 포커스> 239호(2015. 3. 19).

이홍종. 2017. 『미국의 이해』부산: 부경대학교 출판부.

이홍종. 2017. "진정한 파워는 사람을 죽일 수 있는 것이 아니라, 사람을 용서하고 살릴 수 있는 것이다." 『물처럼 바닷처럼』2017 통권 제11호, pp. 157-160.

이홍종. 2017. 『비교문화연구』부산: 부경대학교 출판부.

이홍종. 2018. 『영화 속의 국제관계』부산: 도서출판 누리.

이홍종·염동용. 2003. 『국제관계의 이해』부산: 부경대학교 출판부.

조지프 콘래드 저. 장왕록 역. 2012. 『암흑의 오지』서울: 큰글.

한스 모겐소 저. 이호재·엄태암 역. 2014. 『국가 간의 정치 1: 세계평화의 권력이론적 접근』서울: 김영사.

◢ 복 습

- 몇 년 전 KTX를 빨리 타려고 본의 아니게 영화 〈드래프트 데이 Draft Day〉(2014) 보았다. 미식축구 영화로 (   )감독의 〈애니 기븐 선데이 Any Given Sunday〉(1999)을 본 적이 있지만 미식축구 영화. 그것도 '드래프트 데이'(팀의 운명을 결정할 신인 선수 선발 전) 하루를 그린 영화가 미식축구를 잘 모르는 한국에서 흥행할 까 의심했다. 그러나 현대 오락영화의 특징인 반전도 있고 기대보다 재미있었다.

- 18년 만에 (   )정권을 되찾은 토니 블레어 전 영국 총리는 자서전에서 "나라를 바꾸는 것보다 당을 바꾸는 것이 더 어려웠다"고 토로했다.

19. 컴퓨터의 운영체제와 사랑, 그리고 행복?178)

<존 말코비치 되기 Being John Malkovich>(1999), <어댑테이션 Adaptation>(2002), <괴물들이 사는 나라 Where The Wild Things Are>(2009) 등으로 이름을 알린 감독 스파이크 존즈(Spike Jonze) 특유의 상상력이 기대되는 영화 <그녀 Her>(2013)에 대한 소개는 "외로운 작가가 새로 구입한 컴퓨터의 운영체제와 사랑에 빠지는 SF 영화"라고 되어있다. 테오도르(호아킨 피닉스)는 다른 사람들의 편지를 대신 써주는 대필 작가로서 아내(루니 마라)와 이혼 절차의 마지막을 준비하는 중이다. 타인의 마음을 전해주는 일을 하고 있지만 자신은 외롭고 공허한 삶을 살고 있다. 호아킨 피닉스는 뛰어난 연기로 보여준 심장이 뻥 뚫려있는 것 같은 공허감과 허무함! 침대에 누워 잠에서 깼을 때 옆에 사랑하는 누군가가 있었으면 누워 있다가 눈을 뜨고 머릿결을 매만지고 싶은 그런 감정들을 전달해 낸다.

테오도르는 스스로 생각하고 느끼는 인공지능 운영체제인 사만다(스칼렛 요한슨)를 만나게 된다. 자신의 말에 귀 기울이고 이해해주는 사만다로 인해 행복을 되찾기 시작한 테오도르는 그녀에게 사랑을 느끼게 된다. 이 영화는 로맨스 영화임에도 불구하고 당연히 사랑하는 상대배역은 목소리로만 출연한다. '사만다'는 영화 속의 엘리먼트소프트웨어사의 설명 그대로 "인공지능 운영체제로서 당신의 말에 귀 기울이고, 당신을 이해하고, 당신을 아는 직관적 실체"이다. 상대방과 의견차이로 말다툼을 하던 우리들 사랑 속에서 언제부터인가 모르게 속으로 바라던 그런 이상적인 사랑을 할 수 있는 이유

---

178) 『물처럼 바닷처럼』2016 통권 제10호.

를 이런 설정을 빌려 신선하게 제시한다. 이 영화는 우리에게 사랑과 외로움에 대해서 다시 생각하게 된다.

그들은 서로의 감정을 확인하고 테오도르는 사만다가 들어 있는 하드웨어를 셔츠 주머니에 넣고 이어폰과 카메라를 통해 언제, 어디서든지 사만다와 모든 생활을 함께 한다. 행복한 하루하루를 보내던 두 사람! 그러나 어느 날 갑작스럽게 사만다가 하드웨어에서 사라지게 되고 테오도르는 극도의 불안에 떨며 사만다를 찾아 나선다. 과연 테오도르는 사만다의 곁에서 행복하게 살 수 있을까? 답은 아니다. 더 이상 제가 스포일러가 되지 않고 영화 강추!

영화 <Her>는 또한 '소통'에 대한 영화로 평가받는다. 소통의 부재 속에 살고 있는 외로운 테오도르가 운영체제와 사랑을 하고 소통을 하며 결핍되었던 것을 채워나가는 것이다. 결혼했던 여자 캐서린과의 행복했던 시간들을 플래쉬 백으로 제시하면서 중간 중간 현재의 실체 없는 사랑과 대비되는 그리움의 대상으로 비춘다. 현실속의 그는 그가 그리워하는 소통의 부재 속에서 누군가의 소통의 방식인 '편지'를 대신 써주는 대필 작가로 살아가고 인공지능 운영체제와 사랑을 하는 슬픈 사람이다. 감독은 테오도르가 처져있던 이전과 달리 쾌활한 모습으로 지내고, 하는 일을 완벽히 수행하면서 동료에게 진심어린 칭찬을 받게 하고, 그가 좋아하는 출판사에서 책을 내주겠다는 답신을 받게 하는 장면을 넣음으로써 그런 자기만의 소통을 통해 치유되어서 행복해지는 과정을 아이러니하게 보여 준다.

재미있는 것은 테오도르 못지않게 사만다도 내면적 성숙을 이뤄낸다. 마지막에 그와의 진짜 사랑을 위해 그가 더 이상 실체 없는 자신에게 얽매이지 않게, 더 이상 자신에게 상처를 주고 싶지 않아서, 인간의 감정으로 느끼는 진정한 사랑을 깨달아버린 사만다는 이별을 택하고 떠나간다. 이 영화는 허무맹랑한 소재를 가지고 있지만 누군가의 마음속엔 아물지 않았을, 누군가에겐 오래 전에 겪어서 지금은 무감각해진 그런 상처에 약을 발라 주었다는 평가를 받았다.

이 영화가 보여주는 타자의 모습은 비유적으로 들뢰즈의 말처럼 나를 보완시켜 주는 존재이다. 타자와의 관계를 통하여 나는 변화하며 타자를 만나는 순간 나는 더 이상 과거의 나로서 존재할 수 없다. 이 영화는 타자를 통한 변화의 긍정성을 역설한다기보다는 이미지를 통한 일종의 선전을 수행한다. 영화 <Her>는 정보화로 인한 극단적인 유토피아와 극단적인 디스토피아를 같이 보여줌으로써 우리에게 사랑과 행복에 대해 다시 생각하게 만들었다.

참고문헌

김용구. 1997.『세계관 충돌의 국제정치학: 동양의 예와 서양의 공법』서울: 나남출판.

로버트 W. 그레그 저. 여문환·윤상용 역. 2007.『영화 속의 국제정치』서울: 한울아카데미.

윤영철. 2015.『국제정치학(상)』서울: 도서출판 배움.

이홍종. 2015. "오기가미 나오코 감독의 영화와 행복" <선진화 포커스> 239호(2015. 3. 19).

이홍종. 2017.『미국의 이해』부산: 부경대학교 출판부.

이홍종. 2017. "진정한 파워는 사람을 죽일 수 있는 것이 아니라, 사람을 용서하고 살릴 수 있는 것이다."『물처럼 바닷처럼』2017 통권 제11호, pp. 157-160.

이홍종. 2017.『비교문화연구』부산: 부경대학교 출판부.

이홍종. 2018.『영화 속의 국제관계』부산: 도서출판 누리.

이홍종·염동용. 2003.『국제관계의 이해』부산: 부경대학교 출판부.

조지프 콘래드 저. 장왕록 역. 2012.『암흑의 오지』서울: 큰글.

한스 모겐소 저. 이호재·엄태암 역. 2014.『국가 간의 정치 1: 세계평화의 권력이론적 접근』서울: 김영사.

- 〈존 말코비치 되기 Being John Malkovich〉(1999), 〈어댑테이션 Adaptation〉(2002), 〈괴물들이 사는 나라 Where The Wild Things Are〉(2009) 등으로 이름을 알린 감독 ( ) 특유의 상상력이 기대되는 영화 〈그녀 Her〉(2013)에 대한 소개는 "외로운 작가가 새로 구입한 컴퓨터의 운영체제와 사랑에 빠지는 SF 영화"라고 되어있다.

- 영화〈Her〉가 보여주는 타자의 모습은 비유적으로 ( )의 말처럼 나를 보완시켜 주는 존재이다. 타자와의 관계를 통하여 나는 변화하며 타자를 만나는 순간 나는 더 이상 과거의 나로서 존재할 수 없다. 이 영화는 타자를 통한 변화의 긍정성을 역설한다기 보다는 이미지를 통한 일종의 선전을 수행한다.

- 영화 〈Her〉는 정보화로 인한 극단적인 유토피아와 극단적인 ( )를 같이 보여줌으로써 우리에게 사랑과 행복에 대해 다시 생각하게 만들었다.

20. It could't be more beautiful. It could't be more gentle.

이순재 "어르신"이 TV보험광고에 나와 "저는 인턴 이순재입니다"라고 하는 장면을 보면 영화 <인턴 The Intern>(2015)이 생각난다. 동서대 평생교육원에서는 실버대학을 "어르신대학 "이라고 한다. <인턴>은"어르신"들의 삶을 그린 실버영화이다. 대부분의 영화에서 노인들은 주인공보다는 부모, 시부모, 할아버지, 할머니와 같은 주변 인물로 등장하나 실버영화는 노인들이 주인공으로 나온다.

유명한 실버영화로는 버킷 리스트(The Bucket List)> <오슬로의 이상한 밤(O' Horten)> <철의 여인(The Iron Lady)> <어웨이 프럼 허(Away From Her)> <우리도 사랑한다(Wolke 9)> <라벤더의 연인들(Ladies In Lavender)> <내 슬픈 창녀들의 추억(Memoria de mis putas tristes)> <베스트 엑조틱 메리골드 호텔(The Best Exotic Marigold Hotel)> <밀리언 달러 베이비(Million Dollar Baby)> <우리 의사 선생님(ディア・ドクター)> <영원히 멈추지 않을 로큰롤 인생(Young@Heart)> <업(Up)> <라스트베가스(Last Vegas)> 등이 있다. 한국 영화로는 <까불지 마> <마파도> <무도리> <죽어도 좋아> <그대를 사랑합니다> <시>등이 실버영화라고 할 수 있다.

<인턴>은 특이하게 노년 직업을 보여주는데 주인공이 수트 입은 70세 인턴 '로버트 드 니로'이다. 그는 현재의 삶에 지루함을 느끼고 자신이 "살아있다 '는 것을 느끼고 싶어 한다. 집에 혼자 있는 것부터 시작해서 자신의 삶에 행복을 느끼지 못하고 있다.

여주인공은 <악마는 프라다를 입는다>로 유명한 '앤 해서웨이'가

"프라다 입은 악마를 벗어난다." 패션회사 창업 1년 반 만에 직원 220명의 성공신화를 이룬 '앤 해서웨이'의 패션센스, 업무를 위해 사무실에서도 끊임없는 체력관리... 그녀는 야근하는 직원까지 챙겨 주고 고객을 위해 박스포장까지 직접 하는 열정적인 30세 여성 CEO이다. 그녀는 수십 년 직장생활에서 비롯된 노하우와 나이만큼 풍부한 인생경험이 무기인 만능 70세의 '로버트 드 니로'를 인턴으로 채용한다. 그는 엄청난 인기를 끌게 되는데 이유는 현명하게 대처를 할 수 있는 방법을 알고 있기 때문이다.

<인턴>은 재미있고 인상적인 영화다. 또한 아름답고 사랑스러운 영화다. 예쁘게 꾸며진 회사, 공원, 도시의 거리 등 장면 한 컷 한 컷, 영상미가 정말 좋고 OST도 적재적소에 잔잔하게 들어가 있다. '앤 해서웨이' It could not be more beautiful. '로버트 드 니로' It could be more gentle. 주인공들의 패션센스 보는 재미도 있다. 풍부한 인생경험의 '로버트 드 니로'가 '앤 해서웨이'에게 해 주는 말들이 하나하나 교훈적으로 다가오고 행복과 힐링이 되는 영화다.

참고문헌

김용구. 1997. 『세계관 충돌의 국제정치학: 동양의 예와 서양의 공법』서울: 나남출판.

로버트 W. 그레그 저. 여문환·윤상용 역. 2007. 『영화 속의 국제정치』서울: 한울아카데미.

윤영철. 2015. 『국제정치학(상)』서울: 도서출판 배움.

이홍종. 2015. "오기가미 나오코 감독의 영화와 행복" <선진화 포커스> 239호(2015. 3. 19).

이홍종. 2017. 『미국의 이해』부산: 부경대학교 출판부.

이홍종. 2017. "진정한 파워는 사람을 죽일 수 있는 것이 아니라, 사람을 용서하고 살릴 수 있는 것이다." 『물처럼 바닷처럼』2017 통권 제11호, pp. 157-160.

이홍종. 2017. 『비교문화연구』부산: 부경대학교 출판부.

이홍종. 2018. 『영화 속의 국제관계』부산: 도서출판 누리.

이홍종·염동용. 2003. 『국제관계의 이해』부산: 부경대학교 출판부.

조지프 콘래드 저. 장왕록 역. 2012. 『암흑의 오지』서울: 큰글.

한스 모겐소 저. 이호재·엄태암 역. 2014. 『국가 간의 정치 1: 세계평화의 권력이론적 접근』서울: 김영사.

- 〈인턴〉 여주인공은 〈악마는 프라다를 입는다〉로 유명한 (   )가 "프라다 입은 악마를 벗어난다."

21. "There'll always be bad things,
but my life is good."

<라스베가스를 떠나며 Leaving Las Vegas>(1995)는 슬프면서도 따뜻한 영화이다. 절망 끝에 선 인간의 절박한 토로! 영화를 보는 내내 머리를 한대 맞은 듯 사랑, 행복, 그리고 삶과 죽음에 대해서 다시금 생각하게 하는 좋은 작품이다. 할리우드의 극작가 벤은 의사도, 가족도 포기해버린 중증의 알콜 중독자다. 그는 자포자기한 심정으로 좋아하는 술을 실컷 마시다 죽어버릴 결심을 한 후, 라스베가스로로 향한다. 그런 그의 앞에 창녀 세라가 나타난다. 죽기 위해 라스베이거스로 간 알코올중독자와 막장 인생이지만 악착같이 라스베이거스에서 살아가는 창녀의 만남! 가진 것이 없기에 잃을 것도 없어 보이는 두 남녀의 만남에서 두 사람은 오히려 서로 순수함을 발견하고 의지한다.

"이제야 자신을 진정으로 이해하는 여자를 만났다." 두 사람의 반복되는 자기 파괴적인 행동이 있지만 서로의 아픔을 공유하고 서로를 이해하면서 '있는 그대로 서로를 사랑하기'로 한다. "난 그 사람을 있는 그대로 받아들였다. 변화하길 기대하지 않았다. 그사람도 마찬가지였다." 알코올중독으로 죽어가는 남자를 위해 휴대용 술병을 선물하는 여자! 대가 없이 사랑했던 두 사람은 함께 하는 것만으로도 행복했다. "단지 여기 있어만 줘요. 내가 원하는 건 그거요. 당신이 말을 하든지 아니면 내말을 듣든지. 단지 있어만 줘요."

그들의 관계는 결국 파국으로 치닫게 된다. 죽음을 앞둔 남자는 그래도 자신을 진정으로 이해했던 그리고 진심으로 자신을 사랑했던 여자에게 연락을 하고 남자를 찾아온 여자는 남자를 위해 자신이 유일하게 해줄 수 있는 방식으로 그의 마지막을 위로해준다.

<라스베가스를 떠나며>가 감동적인 큰 이유는 두 주인공의 연기다. 벤 샌더슨 역을 맡은 니콜라스 케이지는 "그를 위해 이 영화를 만들었나?" 생각할 정도로 적역이다. 창녀 세라 역의 엘리자베스 슈도 세라의 감성을 뛰어나게 캐치해낸다. 그녀는 기존의 영화들에서 등장했던 그 어떤 클리셰도 사용하지 않는다. 예컨대 껌을 씹거나, 값싼 시선으로 남자 손님을 꾀어낸다거나 하는 등 우리가 보아 왔던 창녀의 전형적인 이미지에서 탈피한다. 그녀는 창녀로 일할 수밖에 없었던 여성의 상처에 집중한다. 그녀가 벤을 제외한 남자들을 바라보는 시선은 두려움으로 가득 차 있고 사람들과의 충돌이 있는 순간에서는 억울함이 얼굴 가득 묻어난다.

마지막으로 윤종빈 감독의 <라스베가스을 떠나며>에 대한 평을 격하게 공감하면서 옮겨 놓겠다.[179]

"이 느낌은 뭐지. 왜 이렇게 이상하지…." 영화가 끝난 뒤 처음으로 '이상한' 느낌이 들었다. 그 영화에서는 '현실에 꼭 있을 법한' 인물들이 나와 영화가 저래도 되나 싶을 정도의 '현실적인' 장면들을 만들어 내고 있었다. 심각한 알코올 중독으로 비틀거리며 술값을 빌리러 다니는 벤, 반짝거리는 도시 라스베이거스에서 비참한 모습으로 몸을 파는 세라. 꾸밈없는 장면들과 멋지지 않은 배우들의 자연스러운 연기. 현실은 정교한 묘사가 보태진 채 영화에 그대로 옮겨져 있었다. "영화가 이럴 수도 있구나…." 야할 거라고만 생각했던 영화의 야하지 않은 잔상이 꽤나 오래 남았다.

---

179) http://news.donga.com/3/all/20130302/53403417/1(검색일: 2017. 5. 2).

참고문헌

김용구. 1997. 『세계관 충돌의 국제정치학: 동양의 예와 서양의 공법』서울: 나남출판.

로버트 W. 그레그 저. 여문환·윤상용 역. 2007. 『영화 속의 국제정치』서울: 한울아카데미.

윤영철. 2015. 『국제정치학(상)』서울: 도서출판 배움.

이홍종. 2015. "오기가미 나오코 감독의 영화와 행복" <선진화 포커스> 239호(2015. 3. 19).

이홍종. 2017. 『미국의 이해』부산: 부경대학교 출판부.

이홍종. 2017. "진정한 파워는 사람을 죽일 수 있는 것이 아니라, 사람을 용서하고 살릴 수 있는 것이다." 『물처럼 바닷처럼』2017 통권 제11호, pp. 157-160.

이홍종. 2017. 『비교문화연구』부산: 부경대학교 출판부.

이홍종. 2018. 『영화 속의 국제관계』부산: 도서출판 누리.

이홍종·염동용. 2003. 『국제관계의 이해』부산: 부경대학교 출판부.

조지프 콘래드 저. 장왕록 역. 2012. 『암흑의 오지』서울: 큰글.

한스 모겐소 저. 이호재·엄태암 역. 2014. 『국가 간의 정치 1: 세계평화의 권력이론적 접근』서울: 김영사.

- 〈라스베가스를 떠나며 Leaving Las Vegas〉는 슬프면서도 따뜻한 영화이다. 절망 끝에 선 인간의 절박한 토로! 영화를 보는 내내 머리를 한대 맞은 듯 사랑, 행복, 그리고 삶과 죽음에 대해서 다시금 생각하게 하는 좋은 작품이다. 이 영화가 제작된 연도는?

- 〈라스베가스를 떠나며〉가 감동적인 큰 이유는 두 주인공의 연기다. 벤 샌더슨 역을 맡은 (   )는 "그를 위해 이 영화를 만들었나?" 생각할 정도로 적역이다. 창녀 세라 역의 엘리자베스 슈도 세라의 감성을 뛰어나게 캐치해낸다.

22. "Sometimes I think I'm fighting for a life. I ain't got time to live"

몇 달 전, 한 밤중에 서울역에서 기차 시간이 남아 주위에 있는 DVD방을 찾았다. 들어가면서 박찬욱 감독의 <아가씨>(2016)를 보려고 "아가씨 있어요?" 하니 거기 알바생이 "여기 그런 곳이 아니에요!" ㅎㅎ 결국 그날 좋은 영화를 건졌다. <달라스 바이어스 클럽 Dallas Buyers Club>(2013)! 감동을 받고 재미있게 보아서 주위에 추천하니 "취향이 아니어서..." 에이즈 이야기가 나오니 동성애 영화로 생각 ㅜㅜ

방탕한 생활을 하며 로데오를 즐기는 전기 기술자 '론 우드루프' (매튜 맥커너히)는 의사 '이브 삭스'(제니퍼 가너)로부터 HIV 바이러스 감염에 의한 에이즈진단을 받게 된다. 그에게 남은 시간은 단 30일! (그러나 시한부 선고 후 7년을 더 살았던 한 남자의 기적 같은 실화!) 죽음을 맞이할 준비가 되어있지 않던 '론'은 치료제로 복용했던 약물이 효과가 없다는 사실을 알게 된 후 자국에서는 금지된 약물을 멕시코 등 다른 나라에서 밀수해 들여오기 시작한다. 그러던 중 우연히 알게 된 에이즈 감염자 '레이언'(자레드 레토)과 함께 '달라스 바이어스 클럽'을 만들어 회원제로 자신과 같은 병을 앓는 환자들에게 밀수한 치료 약물을 판매하기 시작한다. 한 달에 400달러만 내면 금지 약물을 마음껏 먹을 수 있는 '달라스 바이어스 클럽'을 만들지만 FDA의 단속이 시작되면서 수세에 몰린다.

우드루프에게 호의적인 단 한명의 의사는 이브라는 여의사로 그녀는 우드루프가 검증이 안 된 불법 약품을 환자들에게 제공하는 것

이 바람직한 것은 아니지만 죽어가는 사람을 위한 연구와 처방이 아
닌 병원과 당국간의 적폐에 대한 문제도 인식한다. 절박한 시한부
인생을 사는 환자들과 부조리한 의료 당국간의 문제를 관객들에게
제시하고 있는 영화! 좀 더 넓은 주제와 깊이 있는 의제를 던지고 있
다. 제도의 개선과 더 나은 적폐청산을 추구하는 것으로 흘러가는
것은 굉장히 의미 있는 것이다. 우드루프가 FDA와 싸운 후 그에게
부분적인 승리(본인 사용은 허가)를 안겨 준 법원의 판결에서 필자
가 아메리카니즘이나 아메리칸 드림을 보았다면 오버일까?

　<달라스 바이어스 클럽>은 2014년 세계가 주목한 영화이다. 제71
회 골든글로브 남우주연상, 남우조연상 수상! 제86회 아카데미 작품
상, 남우주연상 포함 6개 부문 노미네이트! 결국 아카데미 남우주연
상, 남우조연상, 분장상 등도 수상하였다. '자신을 두려워하지 않은
그의 이야기는 세상을 변화시켰다'(Washington Post), '전 세계 많은
사람들에게 가르침을 주는 영화'(Miami Herald) 등 언론의 호평이
이어졌다.

　1992년 9월, 미국 서부 텍사스에 살던 '론 우드루프'는 결국 에이
즈로 사망했다. 30일밖에 못 산다는 의사의 소견을 들은 지 7년 만
의 일이었다. 그가 죽기 한 달 전, 영화의 각본을 쓴 크레이즈 보텐
은 며칠을 함께 보내면서 복합 약물 요법으로 수백만 명 환자들의
생명을 연장시켜주었던 '달라스 바이어스 클럽'에 대해 긴 인터뷰를
했고, 추가적인 조사를 계속해서 20년 후에 영화로 나와도 손색이
없을 만큼의 완벽한 시나리오를 완성했다.

　<달라스 바이어스 클럽>은 저예산 영화로 아카데미상에 의해서
발굴된 수작이다. 아카데미상의 상업성을 수십 년 전부터 비판해 온
분들이 많지만 블록버스터나 슈퍼히어로 영화들 위주로 흥행되는

영화산업에서 '수상'이라는 것 때문에 우수한 작품들에게 눈길을 돌리게 하는 역할은 아카데미상의 높은 인지도를 활용한 순기능이다. 아카데미상은 예술로서 우수한 영화에게 상을 주겠지만 주제로서는 "미국의 자기비판"과 함께 좋게 평가되는 주제가 아메리칸 드림이다.

참고문헌

김용구. 1997. 『세계관 충돌의 국제정치학: 동양의 예와 서양의 공법』서울: 나남출판.

로버트 W. 그레그 저. 여문환·윤상용 역. 2007. 『영화 속의 국제정치』서울: 한울아카데미.

윤영철. 2015. 『국제정치학(상)』서울: 도서출판 배움.

이홍종. 2015. "오기가미 나오코 감독의 영화와 행복" <선진화 포커스> 239호(2015. 3. 19).

이홍종. 2017. 『미국의 이해』부산: 부경대학교 출판부.

이홍종. 2017. "진정한 파워는 사람을 죽일 수 있는 것이 아니라, 사람을 용서하고 살릴 수 있는 것이다." 『물처럼 바닷처럼』2017 통권 제11호, pp. 157-160.

이홍종. 2017. 『비교문화연구』부산: 부경대학교 출판부.

이홍종. 2018. 『영화 속의 국제관계』부산: 도서출판 누리.

이홍종·염동용. 2003. 『국제관계의 이해』부산: 부경대학교 출판부.

조지프 콘래드 저. 장왕록 역. 2012. 『암흑의 오지』서울: 큰글.

한스 모겐소 저. 이호재·엄태암 역. 2014. 『국가 간의 정치 1: 세계평화의 권력이론적 접근』서울: 김영사.

복 습

- 영화 〈달라스 바이어스 클럽 Dallas Buyers Club〉가 제작된 연도는?

- 1992년 9월, 미국 서부 텍사스에 살던 (   )는 결국 에이즈로 사망했다. 30일밖에 못 산다는 의사의 소견을 들은 지 7년 만의 일이었다. 그가 죽기 한 달 전, 영화〈달라스 바이어스 클럽 Dallas Buyers Club〉의 각본을 쓴 크레이즈 보텐은 며칠을 함께 보내면서 복합 약물 요법으로 수백만 명 환자들의 생명을 연장시켜주었던 '달라스 바이어스 클럽'에 대해 긴 인터뷰를 했고, 추가적인 조사를 계속해서 20년 후에 영화로 나와도 손색이 없을 만큼의 완벽한 시나리오를 완성했다.

23. "당신의 마지막 인생 로맨스는 언제였나요?"[180]

그야말로 인간 영혼을 맑게 해 주는 영화를 보았다. 지난 8월 9일 아침 9시에 본 <내 사랑 Maudie, My Love>(2016)! 조조로 본 이유는 소위 '예술영화'는 아침 일찍 이나 밤늦게 하기 때문이다. 아일랜드와 캐나다 합작영화의 원래 제목은 <Maudie>, 미국 제목은 <My Love>, 그리고 한국에서는 <내 사랑>!!!

캐나다 노바 스코샤(Nova Scotia)의 작은 마을의 아마도 세상에서 가장 작은 집에서 운명처럼 만난 모드(샐리 호킨스 분)와 에버렛(에단 호크 분)! 혼자인 게 익숙했던 이들은 서서히 서로에게 물들어가며 깊은 사랑을 하게 되고 서로의 사랑을 풍경처럼 담는다. 에단 호크는 "대본을 읽는 순간 흥분을 감출 수 없었고, 모드 루이스(Maud Lewis)의 일과 열정에 매료되었다"고 말했고 실존 인물인 화가 모드 루이스의 오랜 팬이었음을 밝히기도 했다. <내 사랑>은 사랑에 서툰 남자 에버렛과 솔직해서 사랑스러운 여인 모드가 아름다운 사랑을 그려가는 로맨스로 캐나다 화가 모드 루이스의 실화를 스크린에 옮긴 작품이다. 영화 제목 Maudie는 Maud의 애칭이다.

필자가 에단 호크를 처음 본 영화는 <죽은 시인의 사회 Dead Poets Society>(1989)이다. 존 키팅(로빈 윌리암스 분) 선생님을 마지막까지 지지했던 순수하고 여린 앤더슨 역을 맡은 에단 호크! <비포 선라이즈 Before Sunrise>(1995)에서 주연을 맡은 호크를 못 알아 본 필자는 <내 사랑>에서도 다시 처음에는 못 알아 봤다. 호크의 연기의 폭이 크고 연기력도 뛰어난 것이겠지만 호크는 "여린 학생"에서

---

180) 『물처럼 바닷처럼』2017 통권 제11호

거의 "야수"로 변했다. 영화 초반 폭력과 폭언을 가하는 에버렛은 모드에게 "나, 개들, 닭 그리고 그 밑에 너야! 서열을 알아야지!"

"당신의 마지막 인생 로맨스는 언제였나요?" "사랑한다"라는 그 흔한 대사가 한 번도 나오지 않지만 모드가 회고하면서 했던 말, "I was loved." 인상적이었다. <내 사랑>을 가만히 보노라면 여자와 남자가 서로 사랑하고 있음을 확인하게 된다."요즘 같은 시대에 이와 같은 아름다운 사랑의 시작이 존재나 할 수 있을까? "한 선배 아들이"아빠가 돈도 없고 난 중소기업에 다니니 결혼을 포기하겠다. "고ㅠㅠ 혜민 스님이 이야기했던가요? "조건보고 결혼 하면 그것 때문에 실패하기 쉽다. "

인생 후반에 꽃을 피운 모드! 어렸을 때 관절염을 앓아 절름발이로 살아가는 모드는 엄마가 죽자 숙모에게 맡겨진다. 사업한다고 집안의 돈을 다 말아먹는 오빠! 오빠가 숙모 집에서 자신을 데리고 집으로 가지 않을 것이라는 걸 깨닫고 독립을 결심하고 생선장수 에버렛의 가정부로 취직을 한다. 몸이 불편한 모드를 가정부로 고용하기에는 미덥지 않았던 에버렛은 모드를 그냥 돌려보내기도 하지만 결국 에버렛의 집에 남게 된다.

난생 처음 바깥 생활이자 사회생활을 시작한 모드는 서툴기만 하고 에버렛은 이에 모욕적인 말을 서슴지 않는다. "나는 내 뒤치다꺼리 해줄 사람이 필요한 거지, 내가 뒤치다꺼리를 할 생각은 없어. 나가"라는 식이다. 마을 사람들조차 모드가 에버렛의 '성노예(love slave)'라는 따가운 시선을 보낼 정도였다.

에버렛과 모드가 서로에게 빠져들며 없어서는 안 될 존재가 되어가는 순간 모드는 자신의 마음을 에버렛에게 말한다. "사람들은 이러면 결혼해요"라고 말하는 모드에게 에버렛은 "난 사람들 싫어"라고 말한다. "사람들도 당신 싫어해요"라고 받아친 모드는 "난 좋아해요", "당신은 내가 필요해요"라고 말하며 에버렛의 마음을 변화시킨다. 에단 호크는 자신이 길들이려고 했던 여인에 도리어 길들여지고 상처받는 것이 두려워 사랑을 멀리했던 외톨이 같은 남자의 깊은 사랑의 감정을 온몸으로 연기한다.

모드는 살림을 배우고 집을 깨끗하게 정리하며 취미인 그림으로 집안을 장식한다. 우연히 그녀의 그림이 누군가의 눈에 띄어 차차 팔려가고, 남자와 서서히 끓어오르는 뚝배기처럼 정이 깊어지고, 서로의 약점과 아픔을 하나씩 헤아려가고 들어주고... 결국 서로에게 없어서는 안 될 영혼의 동반자가 되는 과정이 <내 사랑>에 아름답게 그려진다. 둘은 결혼을 하게 되고 모드는 유명한 화가가 된다.

여성 감독 에이슬링 월쉬는 <내 사랑>을 통해 색다른 로맨스를 선보이는 연출력과 당시 시대를 그대로 반영한 풍경화 같은 색감으로 극찬을 받았다. 모드 루이스의 작품 세계는 어린아이와 같은 순수함과 솔직함이 묻어났고, 비록 몸은 불편했지만 화폭에 쏟아낸 내면의 기쁨만큼은 누구보다도 생기발랄하고 선명했다. "내 인생 전부가 액자 속에 담겨있다"라고 했던 모드의 말 그대로를 표현하기 위해 모드가 평생 창밖을 바라보며 그림으로 표현했을 캐나다의 작은 시골 마을의 풍광을 따뜻하고 아름답게 표현했다.

모드와 에버렛의 사랑은 심지어 서로의 마음을 확인하는 순간조차도 서로를 바라볼 뿐이다. 둘의 사랑에서 보듯 사랑이란 어쩌면 서로 곁에 있고 싶은 마음이다. <내 사랑>을 보면서 필자는 같은 메시지를 전하는 영화 <라스베가스를 떠나며 Leaving Las Vegas>(1995)가 떠올랐다. 사람을 진정으로 대한다는 것이 얼마나 아름다운지...

모자라 보이는 한 여자, 모드와 고아원에서 외롭게 자라 폐쇄적이고 피팍한 성격을 가진 에버렛은 서로를 진정으로 대하는 영화 <내 사랑>! 남자 주인공은 한 없이 감정적이며 충동적이다. 여자 주인공은 실존 인물 그대로를 연기하다 못 해 본인이 마치 장애를 가진 사람인 마냥 행동하고 감정을 드러낸다. <내 사랑>의 모드와 에버렛의 사랑은 아름답고 담백하고 감동적이다.

참고문헌

김용구. 1997. 『세계관 충돌의 국제정치학: 동양의 예와 서양의 공법』서울: 나남출판.

로버트 W. 그레그 저. 여문환·윤상용 역. 2007. 『영화 속의 국제정치』서울: 한울아카데미.

윤영철. 2015. 『국제정치학(상)』서울: 도서출판 배움.

이홍종. 2015. "오기가미 나오코 감독의 영화와 행복" <선진화 포커스> 239호(2015. 3. 19).

이홍종. 2017. 『미국의 이해』부산: 부경대학교 출판부.

이홍종. 2017. "진정한 파워는 사람을 죽일 수 있는 것이 아니라, 사람을 용서하고 살릴 수 있는 것이다." 『물처럼 바닷처럼』2017 통권 제11호, pp. 157-160.

이홍종. 2017. 『비교문화연구』부산: 부경대학교 출판부.

이홍종. 2018. 『영화 속의 국제관계』부산: 도서출판 누리.

이홍종·염동용. 2003. 『국제관계의 이해』부산: 부경대학교 출판부.

조지프 콘래드 저. 장왕록 역. 2012. 『암흑의 오지』서울: 큰글.

한스 모겐소 저. 이호재·엄태암 역. 2014. 『국가 간의 정치 1: 세계평화의 권력이론적 접근』서울: 김영사.

◀ 복 습

- 〈내 사랑〉은 사랑에 서툰 남자 에버렛과 솔직해서 사랑스러운 여인 모드가 아름다운
  사랑을 그려가는 로맨스로 캐나다 화가 (   )의 실화를 스크린에 옮긴 작품이다.

24. 「타인의 삶」을 훔쳤지만 주인공은
   인생이 바뀌었다.[181]

  행복은 긍정마인드로 시작한다. 그러나 긍정심리학을 넘어 종교를 포함한 철학의 단계, 삶과 죽음, 그리고 영혼의 의미를 아는 단계로 나아가야 진정한 행복을 얻을 수 있다. 필자가 부경대에서 담당하고 있는 행복학 과목 '글로벌시대의 행복'의 마지막 수업에 보여주는 영화가 있다.<타인의 삶 Das Leben Der Anderen The Lives Of Others>(2006)이다.

  <타인의 삶>은 국민의 모든 움직임을 추적해야 한다는 동독정부의 집착을 그렸다. 주인공인 비밀경찰의 시선을 통해 동독의 비인간적이고 억압적이었던 인권탄압을 다루고 있다. 1984년 비밀경찰인 슈타지(동독국가보위부)의 강경파 게르트 비즐러(울리히 뮈에) 경감은 흠잡을 데 없어 보이는 극작가 게오르크 드라이만(제바스티안 코흐)을 감시하기로 결심한다. 베를린의 아파트에 심어놓은 도청기를 통해 비즐러는 드라이만이 여배우인 아름다운 연인 크리스타 마리아(마르티나 게데크)와 함께 하는 세련된 가정생활에 점점 매혹되고 있는 자신을 발견한다.

  드라이만의 생일 파티에서 그의 친구인 알베르트 예스카는 선물로 "아름다운 영혼의 소나타"라는 악보를 드라이만에게 건넨다. 정부로부터 요주의 인물로 지목되어 있는 예스카는 얼마 뒤 스스로 목을 메달아 자살한다. 그 소식을 들은 드라이만은 "아름다운 영혼의 소나타"를 피아노로 연주하고 그것을 헤드폰을 통해 들은 비즐러는

---

181) 『해운대라이프』431호(2016. 10. 14)

감동의 눈물을 흘린다. 예스카의 죽음에 드라이만은 자살률을 숨기고 있던 동독의 현실을 서독의 유명한 시사잡지였던 『슈피겔』에 폭로하기로 결심했다. 비즐러는 드라이만의 행동을 거짓으로 보고했다. 그는 드라이만의 생활을 지켜보면서 그동안 자신이 얼마나 공허한 인생을 살아왔는지를 깨닫게 되고 점점 인간적인 성격으로 변하기 시작했다. 「타인의 삶」을 감시하다 비즐러는 심경과 행동에 큰 변화를 맞게 된다. 그는 점점 자신이 하고 있는 일의 정당성에 회의를 품게 된다.

"아름다운 영혼을 위한 소나타"를 들고 브레히트의 시집을 훔쳐와 읽으면서 비즐러가 알게 된 것은 '배신자' 아니면 '동지'로만 보았던 인간을 '사람'으로 보는 법이었다. 예술 활동 계속을 위해 문화부 장관에게 "성상납"을 하러 가는 마리아! 그러나 비즐러는 그녀가 가던 술집에 들러 예술을 위해 타협하지 않아도 당신을 기억하는 사람이 있음을 알려주며 당당해지라고 한다. 그래서 마리아는 드라이만에게 다시 돌아가게 되는데 정말 감동적인 장면이다. 비즐러의 반동행위는 결국 그들을 지켰고 그 대가로 비즐러은 비밀경찰에서 우편물 담당으로 떨어지게 된다.

독일은 통일된 후 드라이만은 자신을 감시한 요원(HGW/XX7)의 지문을 보고 그가 의도적으로 드라이만을 보호했음을 깨달았다. 다시 시간이 흐르고 비즐러는 편지를 담은 수레와 함께 서점 앞을 걸어가다가 드라이만의 소설인 『아름다운 영혼의 소나타』를 발견한다. 서점으로 들어간 그는 드라이만의 소설을 펼치고 소설에는 "이 책을 'HGW/XX7'에게 바칩니다."라는 문구를 발견한다. 비즐러는 책을 들고 와 계산대 앞에 서고 "포장할 것이냐"는 점원의 질문에 대답한다. "아니오. 이 책은 나를 위한 겁니다." 비즐러 자신을 위해 썼다는 의미와 선물하지 않고 자신이 볼 것이라는 중어(重語)적인 표현으로 영화가 끝난다.

비즐러는 「타인의 삶」을 살려낸 것만이 아니었다. 「타인의 삶」을 돌아서 그에게로 온 삶! 그는 그 자신의 삶을 살아낸 것이다. 비즐러는 「타인의 삶」을 훔쳤지만 그는 오히려 영혼의 의미를 찾고 자신의 진정한 행복을 찾았다.

참고문헌

김용구. 1997. 『세계관 충돌의 국제정치학: 동양의 예와 서양의 공법』서울: 나남출판.

로버트 W. 그레그 저. 여문환·윤상용 역. 2007. 『영화 속의 국제정치』서울: 한울아카데미.

윤영철. 2015. 『국제정치학(상)』서울: 도서출판 배움.

이홍종. 2015. "오기가미 나오코 감독의 영화와 행복" <선진화 포커스> 239호(2015. 3. 19).

이홍종. 2017. 『미국의 이해』부산: 부경대학교 출판부.

이홍종. 2017. "진정한 파워는 사람을 죽일 수 있는 것이 아니라, 사람을 용서하고 살릴 수 있는 것이다."『물처럼 바닷처럼』2017 통권 제11호, pp. 157-160.

이홍종. 2017. 『비교문화연구』부산: 부경대학교 출판부.

이홍종. 2018. 『영화 속의 국제관계』부산: 도서출판 누리.

이홍종·염동용. 2003. 『국제관계의 이해』부산: 부경대학교 출판부.

조지프 콘래드 저. 장왕록 역. 2012. 『암흑의 오지』서울: 큰글.

한스 모겐소 저. 이호재·엄태암 역. 2014. 『국가 간의 정치 1: 세계평화의 권력이론적 접근』서울: 김영사.

- 영화 〈타인의 삶 Das Leben Der Anderen The Lives Of Others〉의 제작연도는?

- 〈타인의 삶〉은 국민의 모든 움직임을 추적해야 한다는 동독정부의 집착을 그렸다. 주인공인 비밀경찰의 시선을 통해 동독의 비인간적이고 억압적이었던 인권탄압을 다루고 있다. 1984년 비밀경찰인 ( )의 강경파 게르트 비즐러(울리히 뮈에) 경감은 흠잡을 데 없어 보이는 극작가 게오르크 드라이만(제바스티안 코흐)을 감시하기로 결심한다. 베를린의 아파트에 심어놓은 도청기를 통해 비즐러는 드라이만이 여배우인 아름다운 연인 크리스타 마리아(마르티나 게데크)와 함께 하는 세련된 가정생활에 점점 매혹되고 있는 자신을 발견한다.

25. 영화 속의 글로벌거버넌스

국제기구와 함께 글로벌거버넌스로 해결해야 될 글로벌 이슈들이 많지만 여기서는 환경과 마약 문제를 각각 다룬 두 편의 영화를 살펴보겠다. 롤랜드 에머리히(Roland Emmerich) 감독의 <투모로우 The Day After Tomorrow>(2004)과 스티븐 소더버그(Steven A. Soderbergh) 감독의 <트래픽 Traffic>(2000)이다.

<투모로우 The Day After Tomorrow>의 줄거리는 다음과 같다. "깨어있어라, 그날이 다가온다!" 기후학자인 잭 홀 박사는 남극에서 빙하 코어를 탐사하던 중 지구에 이상변화가 일어날 것을 감지하고 얼마 후 국제회의에서 지구의 기온 하락에 관한 연구발표를 하게 된다. 급격한 지구온난화로 인해 남극, 북극의 빙하가 녹고 바닷물이 차가워지면서 해류의 흐름이 바뀌게 되어 결국 지구 전체가 빙하로 뒤덮이는 거대한 재앙이 올 것이라고 경고한다. 그러나 그의 주장은 비웃음만 당하고 상사와의 갈등만 일으키게 된다. 잭은 상사와의 논쟁으로 퀴즈대회 참가를 위해 뉴욕으로 가는 아들 샘을 데려다 주는 것을 잊어버리고 만다. 얼마 후 아들이 탄 비행기가 이상난기류를 겪게 되고 일본에서는 우박으로 인한 피해가 TV를 통해 보도되는 등 지구 곳곳에 이상기후 증세가 나타나게 된다. 잭은 해양 온도가 13도나 떨어졌다는 소식을 듣게 되고 자신이 예견했던 빙하시대가 곧 닥칠 것이라는 두려움에 떨게 된다. 잭은 앞으로 일어날 재앙으로부터 아들을 구하러 가려던 중 백악관으로부터 연락을 받는다. 잭은 브리핑을 통해 현재 인류의 생존을 위해서는 지구 북부에 위치한 사람들은 이동하기 너무 늦었으므로 포기하고 우선 중부지역부터

최대한 사람들을 멕시코 국경 아래인 남쪽으로 이동시켜야 한다는 과감한 주장을 하면서 또다시 관료들과 갈등을 겪게 된다. 이동을 시작한 사람들은 일대 혼란에 휩싸이게 되고 그럼에도 불구하고 잭은 아들이 있는 북쪽 뉴욕으로 향한다. 인류를 구조할 방법을 제시한 채 아들을 구하기 위해 역진하는 잭의 운명은 어떻게 될 것인가? 또, 인류는 지구의 대재앙을 극복할 수 있을 것인가?182)

<투모로우>는 공상과학영화라기보다는 재난영화라고 볼 수 있다. 왜냐하면 지구온난화 등으로 나타나는 기상이상이 우리들 현실에 지금 나타나고 있기 때문이다. 세계정부가 없고 국제기구가 없는 현실에서 글로벌 환경문제는 글로벌거버넌스로 접근하여 해결해야만 한다.

<트래픽>은 미국과 멕시코 국경에서 벌어지는 마약 밀거래의 현실과 마약 문제의 복합성을 탁월하게 형상화하고 있는 영화다. 제목 '트래픽'은 불법 마약 거래를 뜻하는 은어다. 26살에 데뷔작 <섹스, 거짓말 그리고 비디오테이프>로 칸영화제에서 대상을 수상한 스티븐 소더버그가 1980년대 영국에서 인기리에 방영된 동명의 TV시리즈를 각색하여 연출한 영화이며, 그는 이 영화로 아카데미 감독상을 수상했다.183)

<트래픽 Traffic>의 줄거리는 다음과 같다. 멕시코 티후아나시에서 근무하는 경찰 하비에르(베니치오 델 토로)와 그의 동료 마놀로(제이콥 바거스)는 국경지대에서 마약을 밀반출하는 범인을 검거하던 중 멕시코의 권력자이자 마약단속 책임자인 살라자르 장군(토마

---

182) https://movie.naver.com/movie/bi/mi/basic.nhn?code=37758(검색일: 2018. 9. 28).

183) https://terms.naver.com/entry.nhn?docId=2052783&cid=42621&categoryId=44421(검색일: 2018. 9. 28).

스 밀리안)의 눈에 띄어 그가 이끄는 마약소탕전담부대에서 일하게 된다. 두 경찰은 살라자르 장군을 도와 마약조직 오브레곤파를 소탕하는 데 일조하지만, 그 과정에서 살라자르 장군이 사실은 다른 마약조직인 마드리칼파와 결탁하고 있음을 알게 된다. 돈의 유혹에 빠진 마놀로는 이 정보를 미국 법무성 산하 마약단속국 요원들에게 넘겨주려다 마약조직에 살해당한다. 미국 샌디에이고 마약단속국 요원들이 마약공급 중간책인 루이즈(미구엘 파라)를 체포한 뒤 그를 회유하여 유령회사를 운영하며 지역 유지 행세를 하던 마약 판매상 카를(스티븐 바우어)를 검거하는 데 성공한다. 카를의 아내 헬레나(캐서린 제타 존스)는 남편이 마약상이라는 사실에 충격을 받는다. 미수금을 받아내려는 오브레곤 조직의 협박과 증거를 잡으려는 마약단속국의 감시를 받으며 절망에 빠져 있던 그녀는, 생존을 위해 킬러를 고용해 남편의 유죄를 입증할 결정적 증인인 루이즈를 암살하고 남편을 대신해 멕시코 마약조직과 직접 거래를 시도한다. 미국 오하이오주 판사 로버트(마이클 더글러스)는 '마약과의 전쟁'을 선포한 대통령에게 발탁되어 대통령 직속 마약단속국장에 임명된 뒤, '현장' 실태를 파악하기 위해 국경지대를 방문하고, 두 나라의 공조를 위해 멕시코를 방문하는 등 적극적인 노력을 한다. 하지만 정작 모범생이라 믿었던 딸 캐롤린(에리카 크리스틴슨)이 마약에 중독됐다는 사실을 알고 부인 바바라(에이미 어빙)와 함께 혼란에 빠진다.[184]

스티븐 소더버그는 1963년 미국 조지아주에서 태어났다. 고교 시절부터 단편영화를 찍기 시작했던 그는 8일 만에 각본을 썼다는 첫

---

184) https://terms.naver.com/entry.nhn?docId=2052783&cid=42621&categoryId=44421(검색일: 2018. 9. 28).

장편영화 <섹스, 거짓말 그리고 비디오테이프>로 칸영화제에서 황금
종려상, 국제비평가상, 남우주연상을 거머쥐면서 26살에 일약 세계
영화계가 주목하는 인물로 떠올랐다. 이후 <카프카>(1991), <리틀
킹>(1993), <심층>(1995), <그레이스 아나토미>(1996) 등 예술적 야
심이 담긴 일련의 영화를 만들지만 데뷔작과의 비교 속에서 크게 주
목받지 못하다가, 1998년 납치범과 사랑에 빠진 여형사 이야기를 그
린 스릴러 <조지 클루니의 표적>(1998)으로 화려하게 재기한다. 2000
년 환경 문제를 다룬 드라마 <에린 브로코비치>로 흥행에 크게 성공
했고, 2001년 <에린 브로코비치>와 마약 문제를 다룬 <트래픽> 두편
을 아카데미 감독상 후보에 올려 <트래픽>으로 감독상을 받는 진기
한 기록을 세웠다. 이후 <오션스 일레븐>(2001), <오션스 13>(2007)
등 경쾌한 장르영화와 <버블>(2005), <체>(2008) 등의 문제작을 통
해 대중영화와 예술영화의 경계를 오가며 왕성한 작품 활동을 하고
있다. 소더버그는 <트래픽>의 제작 동기를 묻는 질문에 마약 중독에
관심을 갖고 있던 중 한 친구로부터 영국의 TV시리즈 <트래픽>을
소개받아 본 뒤 영화화할 결심을 했다고 말했다. 그가 그 TV시리즈
를 선택한 이유는, '마약 문제가 굉장히 복잡하고 구조적인 문제'라
고 생각하고 있었는데, 그 작품에 그런 점이 잘 나타나 있었기 때문
이라고 했다. 영화 <트래픽>의 주제 역시 마약 문제가 굉장히 복잡
하고 구조적이며, 따라서 해결을 위해서는 근본적이고 다층적인 노
력이 필요하다는 것이다. 영화 <트래픽>을 통해 드러나는 것은, 미
국의 마약 문제가 최대 수요자인 미국과 주요 공급원인 남미(특히
미국 마약 공급의 60%를 차지하고 있는 멕시코) 사이의 국제적 문
제일 뿐만 아니라, 각 나라의 정치, 경제, 사회 문제와 복잡하게 얽
혀 있다는 것이다. 마약 문제는 미국의 정치·경제 상황과 관련돼

있을 뿐만 아니라, 미국 사회의 인종 및 세대 갈등 문제와도 얽혀 있다. 또한 마약 문제는 주요 공급처인 멕시코의 낙후된 경제와 부패한 정치 문제가 해결되지 않는 한 근본적으로 해결될 수 없다. 한마디로, 마약 문제는 대개 정치적인 이유로 선포되곤 하는 '마약과의 전쟁'이라는 단순한 정책만으로는 해결될 수 없다는 것이다. <트래픽>의 주제가 가장 선명하게 부각되는 것은, 결말 부분을 통해서이다. 강직함과 뛰어난 능력으로 대통령 직속 마약단속국의 새로운 국장으로 임명된 로버트 판사는, 정부의 '마약과의 전쟁' 정책을 언론에 홍보하는 자리에서 준비된 연설을 도중에 중단하고 나와 국장직을 사임한다. 탁상이 아니라 '현장'을 둘러보고 나서, 그리고 마약에 중독된 딸 캐롤린의 문제를 겪고 나서, 정치선전용 전쟁선포만으로 해결될 수 없는 문제임을 뼈저리게 깨달았기 때문이다. 아버지의 이해와 인내가 있고 나서 비로소 캐롤린도 치유의 길을 걷기 시작한다. 유령회사를 차려놓고 마약거래를 하던 카를은 결국 석방되어 파티를 즐기지만, 법무부 마약 단속국 요원은 소동 끝에 카를의 집에 도청기를 설치하는 데 성공한다. 멕시코 경찰 하비에르는 목숨을 건 모험의 대가로 마약상과 결탁한 부패한 권력자를 몰아내고, 아이들에게 야간 조명이 설치된 '꿈의 구장'을 선사한다. 말하자면 <트래픽>은 결말에서 '마약과의 전쟁' 실패에 대한 인정과 근본적인 해결에 대한 희망의 싹을 동시에 제시하고 있다. '꿈의 구장'이라는 해피엔딩은 다소 낭만적인 설정임에 틀림없지만 그런 결말에는 미국 마약 문제의 해결을 위해서도 멕시코 정부와의 정치적 '공조'보다는 오히려 실질적인 경제적 원조가 필요하다는 문제의식이 담겨 있다.[185]

    <트래픽>은 멕시코 국경 지대 티후아나, 미국 오하이오주 신시내

티186), 캘리포니아주 샌디에이고 등 세 공간에서 일어나는 서로 다른 세 이야기를 교차시키며 전개해간다. 이 '멀티 플롯' 구성은 마약 문제의 복합성을 드러내기 위한 선택된 방식이다. 서로 독립적인 듯 보이는 세 가지 이야기는 정교한 구성을 통해 하나의 주제로 모아지면서, 마약과 관련되어 있는 다층적인 문제를 자연스럽게 드러내고 있다. <트래픽>은 이야기가 펼쳐지는 세 공간을 필터를 사용하여 각각 다른 색조로 그려내고 있다. 멕시코는 오렌지 톤, 신시내티와 워싱턴은 블루 톤, 샌디에이고는 내추럴 톤이다. 이것은 다소 복잡해 보이는 이야기의 전개를 관객이 좀더 쉽게 따라갈 수 있도록 하기 위한 기능적 장치이지만, 각각의 색조의 선택에는 쉽게 짐작할 수 있는 상징적인 의미도 담겨 있다. 블루와 오렌지는 각각 북쪽에 있는 시장인 미국과 남쪽에 있는 공급처인 멕시코의 분위기를 적절하게 드러내며, 그 사이에 있는 중간 유통경로인 샌디에이고 지역은 내추럴 톤으로 표현되어 있는 것이다. <트래픽>은 마약 문제의 복합성을 탐색하고 드러내기 위해 복잡하고 정교한 퍼즐을 맞추듯 이야기가 전개되어나가는 영화이지만, 시종일관 핸드헬드(직접 카메라를 들고 찍는 촬영 방식)로 촬영되었고, 인공조명과 세트를 사용하지 않는 등 최대한 다큐멘터리 스타일로 촬영됐다. 소더버그는 이런 스타일을 취한 이유에 대해 묻는 질문에, "현실이 영화보다 더 기막히다는 점을 강조하기 위해서"라고 대답했다. 또한 그는 130명이 넘는 배우들과 함께 110군데에 이르는 현장을 돌아다니며 대부분 직접 핸드헬드로 촬영했는데, 이렇게 한 이유에 대해서는 "시간을 절약하

---

185) https://terms.naver.com/entry.nhn?docId=2052783&cid=42621&categoryId=44421(검색일: 2018. 9. 28).

186) 신시내티는 필자가 유학하면서 약 10년간을 보낸 곳이어서 이 영화는 감동이 더욱 크다. 유명 사립학교 '칸트리데이" "생생한 거리 풍경 등…

고 내가 하려는 것을 끝까지 밀어붙이기 위해서"라고 말했다. 현장에서 발생할 수 있는 즉흥적인 것을 그대로 영화에 담는 것을 선호하는 소더버그는, 대부분의 장면을 리허설 없이 촬영했고, 영화에 나오는 조지타운 칵테일 파티 장면에서는 실제로 상하원 의원과 마약단속국 요원들을 등장시키기도 했다. 이 장면에서 그는 미리 준비된 마약 문제에 대한 설문지를 그들에게 보여준 뒤 그것에 대한 자신의 의견을 이야기하도록 한 뒤 그것을 그대로 찍었다고 한다. 이렇듯 생생한 현실에 최대한 가깝게 다가가려는 그의 노력을 통해 <트래픽>은 인물들의 미세한 표정, 몸짓, 숨소리 하나하나까지 예민하게 포착하면서 마약에 얽힌 다양한 인물들의 내면을 생생하게 드러내고, 마약의 복합적이고 구조적인 성격을 탁월하게 형상화해내고 있다.[187]

영화 <트래픽> 흥행에 실패한 이유 세 가지를 들은 적이 있다. 첫째. 영화가 너무 길다. 둘째, 스페인어가 너무 많이 나온다. 셋째, 선과 악의 구분이 불분명하다. 그러나 필자는 "<트래픽>을 보고 마약에 빠질 수 있나?"라고 느낄 정도로 이 영화는 잘 만들어진 영화이다. 강추! 마약 문제야말로 국제공조와 글로벌거버넌스가 필요한 문제이다.

---

187) https://terms.naver.com/entry.nhn?docId=2052783&cid=42621&categoryId=44421(검색일: 2018. 9. 28).

참고문헌

김용구. 1997. 『세계관 충돌의 국제정치학: 동양의 예와 서양의 공법』서울: 나남출판.

로버트 W. 그레그 저. 여문환·윤상용 역. 2007. 『영화 속의 국제정치』서울: 한울아카데미.

윤영철. 2015. 『국제정치학(상)』서울: 도서출판 배움.

이홍종. 2015. "오기가미 나오코 감독의 영화와 행복" <선진화 포커스> 239호(2015. 3. 19).

이홍종. 2017. 『미국의 이해』부산: 부경대학교 출판부.

이홍종. 2017. "진정한 파워는 사람을 죽일 수 있는 것이 아니라, 사람을 용서하고 살릴 수 있는 것이다."『물처럼 바닷처럼』2017 통권 제11호, pp. 157-160.

이홍종. 2017. 『비교문화연구』부산: 부경대학교 출판부.

이홍종. 2018. 『영화 속의 국제관계』부산: 도서출판 누리.

이홍종·염동용. 2003. 『국제관계의 이해』부산: 부경대학교 출판부.

조지프 콘래드 저. 장왕록 역. 2012. 『암흑의 오지』서울: 큰글.

한스 모겐소 저. 이호재·엄태암 역. 2014. 『국가 간의 정치 1: 세계평화의 권력이론적 접근』서울: 김영사.

- 〈트래픽 Traffic〉(2000)을 연출한 감독은?

- 〈투모로우 The Day After Tomorrow〉의 줄거리는 다음과 같다. "깨어있어라. 그날이 다가온다!" 기후학자인 잭 홀 박사는 남극에서 빙하 코어를 탐사하던 중 지구에 이상변화가 일어날 것을 감지하고 얼마 후 국제회의에서 지구의 기온 하락에 관한 연구발표를 하게 된다. 급격한 (   )로 인해 남극, 북극의 빙하가 녹고 바닷물이 차가워지면서 해류의 흐름이 바뀌게 되어 결국 지구 전체가 빙하로 뒤덮이는 거대한 재앙이 올 것이라고 경고한다.

- 26살에 데뷔작 〈섹스, 거짓말 그리고 비디오테이프〉로 칸영화제에서 대상을 수상한 감독은?

- 2000년 환경 문제를 다룬 영화 〈에린 브로코비치〉로 흥행에 크게 성공한 감독은?

- 미국 마약 공급의 약 60%를 차지하고 있는 국가는?

참고문헌(전체)

거버넌스 연구회 편. 2009. 『동아시아 거버넌스』서울: 대경.

국제정치연구회 편. 2000. 『20세기로부터의 유산: 세계경제와 국제정치』서울: 사회평론.

권기성·한영춘, 「행정학개론」, 법문사, 1980년.

금정건. 1982. 『현대국제법』서울: 박영사.

김광식. 1999. 『한국 NGO-시민사회단체 21세기의 희망인가』서울: 동명사.

김광웅. 2004. 『비교행정론』서울: 박영사.

김규정. 1999. 『행정학원론』서울: 법문사.

김동욱. 1996. "정부의 생산성 제고를 위한 전자정부 구현 방안" 한국정책학회.

김문성. 2000. 『행정학의 이해』서울: 박영사.

김번웅·김만기·김동현. 1991. 『현대 한국행정론』서울: 박영사.

김석준 외. 2002. 『거버넌스의 이해』서울: 대영문화사.

김연규 역. 2018. 『글로벌 기후변화 거버넌스와 한국의 전략』서울: 한울아카데미.

김영종·김종명·안희남·최봉기. 1997. 『행정학』서울: 법문사.

김용구. 1997. 『세계관 충돌의 국제정치학: 동양의 예와 서양의 공법』서울: 나남출판.

김운태. 1986. 『행정학원론』서울: 박영사.

김운태·강신택·백완기 외. 1982. 『한국 정치행정의 체계』서울: 박영사.

김의곤. 2000. 『국제분쟁의 이해: 이론과 역사』서울: 집문당.

김의영. 2014. 『거버넌스의 정치학: 한국정치의 새로운 패러다임 모색』서울: 명진문화사.

김정균. 1986. 『국제법』서울: 형설출판사.

김찬동. 1994. 『행정학개론』한국방송대학교 출판부.

김항규. 1994. 『행정철학』서울: 대영문화사.

미국국가정보위원회, EU 안보문제연구소 저. 박동철, 박행웅 역. 2011. 『글로벌 거버넌스 2025: 중대한 기로』서울: 한울.

박동서. 1997. 『한국행정론』(제4전정판) 서울: 법문사.

박문옥. 1980. 『행정학』(제5정판) 서울: 신천사.

박배근. 2015. "국제법학의 방법으로서의 국제법에 대한 제3세계의 접근" 『국제법평론』 II.

박상섭. 2008. 『국가·주권』 서울: 소화.

박상필·이명석. 2005. "시민사회와 거버넌스" 조효제·박은홍 역. 『한국, 아시아 시민사회를 말하다』 서울: 아르케. pp. 159～197.

박원순. 1999. 『NGO 시민의 힘이 세상을 바꾼다』 서울: 예담.

박재. 1969. 『국제법』 서울: 일조각.

박재영. 2017. 『NGO와 글로벌 거버넌스』 서울: 법문사.

박찬욱. 2004. 『21세기 미국의 거버넌스』 서울: 서울대학교 출판부.

송병준. 2016. 『유럽연합의 거버넌스. 2』 서울: 높이깊이.

안청시·정진영. 2000. 『현대 정치경제학의 주요 이론가들』 서울: 아카넷.

유병화. 1983. 『국제법총론』 서울: 일조각.

이무성 외 공저. 2008. 『국제정치의 신패러다임』 서울: 높이깊이.

이숙종. 2012. 『글로벌 개발협력 거버넌스와 한국』 서울: 동아시아연구원.

이승철. 2006. 『글로벌 거버넌스와 한국』 서울: 한양대학교출판부.

이한기. 1985. 『국제법강의』 서울: 박영사.

이제민. 2004. 『동아시아 거버넌스』 서울: 오름.

이홍종. 1986. "The Image of Liberated Korea in the American Press (August 15-December 31, 1945)" 「The Korean Journal of International Studies」 1986, 여름호.

이홍종. 1994. "미국 외교정책과 언론-코리아게이트(Koreagate)사건을 중심으로-" 「국제정치논총」 제34집 2호 (1994).

이홍종. 1995. "미디어 정치시대의 TV토론-'95 지방선거를 중심으로-" 「방송 비평」 1995 여름 (창간호).

이홍종. 1996. 「현대 미국정치의 쟁점과 과제」 (공저) 전예원, 1996.

이홍종. 1997. "대통령 선거제도 어떻게 바꿔야 하나-매체유세와 텔레비전 토론회" 「한국인」 1997. 8.

이홍종. 1997. "뉴미디어 시대의 선거와 텔레비전-한국 대통령 선거에 있어서 텔레비전 활용방안-" 「광고홍보연구」 제4호 (1997).

이홍종. 1998. 「정치커뮤니케이션원론」(제2판) (공저) 법문사 1998.

이홍종. 1998. "정치문화와 권력구조-미국과 한국의 경우" 「국제지역연구」

제2권 제2호 (1998. 12).

이홍종. 1999. 「국제정치의 패러다임과 지역질서」 (공저) 도서출판 오름 1999.

이홍종. 1999. "김영삼 정부 시기의 정치와 언론: 언론과 민주주의와의 관계에 대한 평가적 분석" 「21세기정치학회보」 제9집 제1호 (1999. 6).

이홍종. 1999. "뉴미디어와 민주주의: 미디어 기술의 발달이 민주정치에 미치는 영향의 양면적 성격" 「미국학논집」 제30집 1호 (1999 여름).

이홍종. 1999. "한국의 정당과 권력구조: 정치문화 및 책임정당 논의를 중심으로" 「대한정치학회보」 제7집 제1호 (1999 여름).

이홍종. 1999. "정보화, 정치, 그리고 국제정치" 「한국동북아논총」 제12집 (1999. 11).

이홍종.1999. "국제정치 연구패러다임과 신세계질서" 「한국동북아논총」제14집 (2000. 2).

이홍종. 2000. 「국제질서의 전환과 한반도」(공저) 도서출판 오름 2000.

이홍종. 2000. "중국 華夷사상에서 '華夷' 개념의 재해석"(공저) 「세계지역연구 논총」제15집 (2000. 12).

이홍종. 2000. 「우리들의 정치 이야기」(공저) 예맥출판사 2000.

이홍종. 2001. 「정치학」 (공저) 박영사 2001.

이홍종. "지역연구로서의 미국정치 연구의 영역과 과제" 「미국학논집」 제33집 (2001 여름).

이홍종. "The Relationship between the Press and Democracy in South Korea" 「21세기정치학회보」 제11집 (2001. 6).

이홍종. "한국의 정치개혁과 시민사회: 16대 총선과 시민단체의 낙선운동을 중심으로" 「사회과학논집」제19권 (2002. 2).

이홍종. 「동아시아 지역질서와 국제관계」(공저) 도서출판 오름 2002.

이홍종. "동북아공동체의 구축현황과 전망: 정치, 경제, 및 문화공동체를 중심으로" 「국제정치연구」제5집 1호 (2002. 6).

이홍종. "오리엔탈리즘과 아시아적 가치" 「계간 사상」 제14권 제4호 (2002. 12).

이홍종. "The Role of Civil Society in Consolidating Democracy in Korea" 「Comparative Korean Studies」Vol. 10, No. 2 (2002. 12).

이홍종. "스포츠와 세계화-2002 한일 월드컵을 중심으로-" 「국제정치연구」

제5집 2호 (2002. 12).

이홍종. "동서양 국제정치관의 비교-중국적 국제정치와 서구적 국제정치를 중심으로-"「국제지역연구」제7권 제1호 (2003. 6).

이홍종. "Development, Crisis, and Asian Values"「East Asian Review」Vol. 15, No. 2 (2003. 여름).

이홍종. "미국의 미디어, 정당, 그리고 민주주의: 정당민주주의, 미디어민주주의, 그리고 뉴미디어민주주의를 중심으로"「세계지역연구논총」제20집 (2003. 6).

이홍종.「국제관계의 이해」(공저) 부경대학교출판부 2003.

이홍종.「미국학」(공저) 살림출판사 2003.

이홍종. "선거제도의 개혁과 여성의 정치참여"「여성정책논집」제3권 (2003. 12).

이홍종.「매스커뮤니케이션의 이론과 실제」(공저) 부경대학교출판부 2004.

이홍종. "바람직한 대학생 성교육을 위한 정책연구" 「학생생활연구」제20집 (2004).

이홍종. "Comparison between American Primary Election systems and Korean Citizen-Participatory Election Systems"「미국학논집」제36집 1호 (2004. 5) .

이홍종. "사회과학 패러다임과 한국의 지역주의-자유주의, 진보주의, 그리고 구성주의를 중심으로-"「국제정치연구」제7집 1호 (2004. 6).

이홍종. "세계화 시대의 국가의 역할" (공저)「국제지역연구」제8권 제3호 (2004. 10).

이홍종. "The Nation-State at the Crossroads" (공저, 2인)「International Area Review」Vol. 7, No. 2 (2004. 11).

이홍종. "국제지역기구로서의 EU와 APEC의 비교연구-통합이론을 중심으로"「국제지역논총」1권1호 (2004. 12).

이홍종. "Analysis of Korean Regionalism based on Liberal, Progressive, and Constructive Views"「국제지역연구」제9권 제1호 (2005. 2).

이홍종. "미국정치에 있어서 대의제의 '대의원'과 '위탁' 개념"「2005 American Studies Forum in Busan Proceedings」(2005. 5).

이홍종. "Welfare State Restructuring in Sweden"(공저)「한국정치학회보」39권 4호 (2005. 12).

이홍종. "국제기구로서의 APEC과 EU의 비교연구-국제지역기구에서의 미국의 역할을 중심으로-" 「21세기정치학회보」제16집 3호 (2006.12).

이홍종. "미국의 대 '중동관' 및 '이슬람관'에 관한 연구"(공저) 「한국이슬 람학회논총」제18-1집 (2008. 2).

이홍종. "구성주의 이론에 비추어 본 유럽통합과 한반도통일" 「한국동북아 논총」제13권 제3호 (2008. 9).

이홍종. "이란핵문제와 북한핵문제 비교연구-미국의 대북 대이란 핵문제에 대 한 인식을 중심으로-"(공저) 「한국이슬람학회논총」제19-1집 (2009. 2).

이홍종. "자치행정체계의 개편과 부산의 발전" 「시민논단」창간호 (2009. 9).

이홍종. "제3차 남북정상회담의 추진 배경과 전략" 「세종연구소 제22차 세종 국가전략포럼 프로시딩」(2010. 4. 15. 한국프레스센터 국제회의장).

이홍종. "남북정상회담과 이명박정부의 「그랜드 바겐」정책" 「기독교와 통일」 제4권 (2010. 11).

이홍종. "미국의 재외시민 보호 정책의 변화유형"(공저) 「21세기정치학회보」 제21집 3호 (2011. 12).

이홍종. "남북한 환경에너지협력과 저탄소녹색성장-중국의 저탄소녹색성장 과의 비교를 중심으로-" 「中國學」제44집 3호 (2013. 4).

이홍종. "4대강사업과 해양도시로서의 부산의 발전 가능성에 대한 연구" 「국제정치연구」제16집 1호 (2013. 6).

이홍종. "Green Transportation and Gadeokdo New Airport"(공저) 「7th Meeting of the Port-city Universities League」(2013. 10. 18. Pukyong National University, Busan, Korea).

이홍종. "에코델타시티 조성사업과 부산경제 활성화" 「부산정책포럼 추계 세미나 프로시딩」(2013. 10. 25. 부경대학교 경영대학 세미나실) .

이홍종. 2018. 『영화 속의 국제관계』부산: 도서출판 누리.

장세훈. 2006. "이젠 우리가 국제문제 해결 주체로: 유엔 거버넌스센터 원 장 내정자 김호영씨" 『서울신문』(2006년 9월 7일), p. 29.

정은숙. 2012. 『글로벌 거버넌스와 국제안보: 이슈와 행위자』서울: 한울.

정인섭. 2012. 『생활 속의 국제법 읽기』서울: 일조각.

정인섭. 2017. 『신국제법강의: 이론과 사례』(제7판) 서울: 박영사.

조용수. 2015. "오래된 미래 '공유경제' 개방성과 시장원리로 세상 바꾼다." 『LGERI리포트』.

주성수. 2018. 『글로벌 개발 거버넌스』서울: 한양대학교출판부.

한국법교육센터. 2014. 『재미있는 법 이야기』서울: 가나출판사.

한국정치학회 편. 2008. 『정치학이해의 길잡이: 국제정치경제와 새로운 영역』서울: 법문사.

한국NGO총람편찬위원회. 1999. 『한국NGO총람 1999』서울: 한국NGO총람편찬위원회.

홍성화 외. 1984. 『국제법통론』서울: 학연사.

Dahl, Robert. 1961. *Who Governs?: Democracy and Power in an American City.* Yale University Press.

Goldstein, Joshua S. 저. 김연각·김진국·백창재 역. 2002. 『국제관계의 이해』서울: 인간사랑.

Han, Sang-hee. 2010. *The Circulation of International Legal Terms in East Asia.* Asian Law Institute Working Paper Series. No. 014.

Jessup, P. 1956. *Transnational Law.* Yale University Press.

Joyner, C. 2005. *International Law in the 21st Century.* Rowman & Littlefield Publishers.

Karns, Margaret P 외. 저. 김계동·김현욱·민병오·이상현·이유진·황규득. 역. 2017. 『국제기구의 이해: 글로벌 거버넌스의 정치와 과정』서울: 명인문화사.

Mosler, M. 1999. "General Principles of International Law" in R. Bernhardt ed. *Encyclopedia of Public International Law.* vol. 2. Elsevier B.V.

Reiss, H. 1977. *Kants politisches Denken,* Lang, 1977(樽井正義 譯 『カントの政治思想』藝立出版, 1989).

Steiner, H. *et al.,* 1986. *Transnational Legal Problems.* Foundation Press.

Weiss, Thomas G. & Wilkinson, Rorden. 2018. *International Organization and Global Governance.* Routledge.

Williams, H. 1983. *Kant's Political Philosophy,* Blackwell.

小野原雅夫 「平和の定言命法-カントの規範的政治哲學」 樽井・円谷 編 『社會哲學の領野』晃洋書房, 1995.

이홍종

- 한국외대 정치외교학과 졸업
- 미국 신시내티대학교 정치학석·박사
- 한국시민윤리학회장, 한국세계지역학회장, 21세기정치학회장 역임
- 부경대학교 학생처장, 인문사회과학연구소장 역임
- 현재: 부경대학교 국제지역학부교수 (사)정책연구원풀올림 원장 (사)부산국제교류협회 대표

- 저서
- "The Image of Liberated Korea in the American Press" *The Korean Journal of International Studies* 1986 여름
- "미국 외교정책과 언론"「국제정치논총」 34집 2호 1994
- 「현대 미국정치의 쟁점과 과제」 전예원 1996
- 「정치커뮤니케이션원론」 법문사 1998
- "정차문화와 권력구조"「국제지역연구」 2권 2호 1998
- "뉴미디어와 민주주의"「미국학논집」 30집 1호 1999
- "정보화, 정치, 그리고 국제정치"「한국동북아논총」 12집 1999
- 「정치학」 박영사 2001
- 「국제관계의 이해」 부경대학교 출판부 2003
- 「미국학」 살림출판사 2003
- "Comparison between American Primary Election Systems and Korean Citizen Participatory Election Systems"「미국학논집」 36집 1호 2004
- "세계화 시대의 국가의 역할"「국제지역연구」 8권 3호 2004
- "The Nation-State at the Crossroads" *International Area Review* Vol. 7 No. 2 2004
- "국제기구로서의 APEC과 EU의 비교연구: 국제지역기구에서의 미국의 역할을 중심으로"「21세기정치학회보」 16집 3호 2006
- "미국의 대 '중동관' 및 '이슬람관'에 관한 연구"「한국이슬람학회논총」 18-1집 2008
- "이란핵문제와 북한핵문제 비교연구: 미국의 대북 대 이란 핵문제에 대한 인식을 중심으로"「한국이슬람학회논총」 19-1집 2009
- "미국의 재외시민 보호 정책의 변화유형"「21세기정치학회보」 21집 3호 2011
- 「글로벌 시대의 행복학」 부경대학교 출판부 2016
- 「미국의 이해」 부경대학교 출판부 2017
- 「글로벌 시대의 여성」 도서출판 누리 2017
- 「비교문화연구」 부경대학교 출판부 2017
- "변화하는 동북아 국제정치와 북한 핵문제"「통일전략」 제17권 4호 2017

· 「한반도 통일외교-공감의 확산과 국제협력」 부산외국어대학교 출판부 2018
· "2018 평창동계올림픽과 북한의 비핵화" 「한국과 국제사회」 제2권 1호 2018
· 「영화 속의 국제관계」 도서출판 누리 2018
· "영화 속의 뮌헨회담(Munich Agreement)" 「물처럼 바람처럼」 제12권 2018
· "영화 〈킬링필드*the Killing Field*〉" 「물처럼 바람처럼」 제12권 2018
· "도널드 트럼프와 시진핑의 리더십 비교연구" 「국제정치연구」 제21집 2호 2018

국제기구와 글로벌거버넌스

초판인쇄 2019년 1월 25일
초판발행 2019년 1월 25일

지은이 이홍종
펴낸이 채종준
펴낸곳 한국학술정보㈜
주소 경기도 파주시 회동길 230(문발동)
전화 031) 908-3181(대표)
팩스 031) 908-3189
홈페이지 http://ebook.kstudy.com
전자우편 출판사업부 publish@kstudy.com
등록 제일산-115호(2000. 6. 19)

ISBN 978-89-268-8710-3 93340